河北省社会科学基金项目（HB20JY

数据驱动的嵌入式教师教学评价研究

史晓燕　赵利曼◎著

吉林大学出版社

·长春·

图书在版编目（CIP）数据

数据驱动的嵌入式教师教学评价研究 / 史晓燕, 赵利曼著 . -- 长春：吉林大学出版社, 2023.10
ISBN 978-7-5768-2841-2

Ⅰ.①数… Ⅱ.①史…②赵… Ⅲ.①师资培养-研究 Ⅳ.① G451.2

中国国家版本馆 CIP 数据核字 (2023) 第 246253 号

书　　名	数据驱动的嵌入式教师教学评价研究
	SHUJU QUDONG DE QIANRUSHI JIAOSHI JIAOXUE PINGJIA YANJIU
作　　者	史晓燕　赵利曼　著
策划编辑	殷丽爽
责任编辑	殷丽爽
责任校对	李适存
装帧设计	守正文化
出版发行	吉林大学出版社
社　　址	长春市人民大街 4059 号
邮政编码	130021
发行电话	0431-89580036/58
网　　址	http://www.jlup.com.cn
电子邮箱	jldxcbs@sina.com
印　　刷	天津和萱印刷有限公司
开　　本	787mm×1092mm　1/16
印　　张	15.75
字　　数	280 千字
版　　次	2024 年 3 月　第 1 版
印　　次	2024 年 3 月　第 1 次
书　　号	ISBN 978-7-5768-2841-2
定　　价	72.00 元

版权所有　翻印必究

前　言

从"目标导向"走向"价值导向"使教学评价模式完成了从鉴定功能到教学改进的转变，也是教育评价理念变化及技术条件支持的产物。在教学与评价可实现"共域"（同时进行）的信息化条件下，以促进教师发展、实现教学改进的嵌入式评价应运而生。中共中央、国务院《深化新时代教育评价改革总体方案》提出的"改进结果评价，强化过程评价，探索增值评价，健全综合评价"基本原则，确立了"建构-价值导向"的评价理念，也是本书"数据驱动的嵌入式教师教学评价研究"的指导思想。

教师教学评价是对教师教学而进行的价值判断活动，对应教师教学过程的学生学习，强调教师组织教学的一面。传统的评价理念下，教学与评价处于分离状态，各自依所设目标独立进行。嵌入式教师教学评价是随着教育信息化及教育评价理念转变而提出的教师教学评价新概念，反映了教学与评价关系的改变，使教学与评价呈现了"共域性""融入性""互动性"的关系特征。

本书共分三大部分，九章。第一部分研究嵌入式教师教学评价与数据驱动的关系，包含一、二、三章，探索嵌入式教师教学评价的内涵及特点、嵌入式教师教学评价产生与发展的基础以及数据在嵌入式教师教学评价中的作用。第二部分研究数据驱动的伴随式评价信息反馈系统，包含四、五、六章，探究伴随式评价信息反馈系统的多模态数据、伴随式评价信息反馈系统的构建与运行以及伴随式评价信息反馈系统对嵌入式评价的支持。第三部分研究数据驱动的教师教学自我纠正系统，包含七、八、九章，探索教师教学自我纠正系统的数据源、教师个体的教学反映性实践以及教师教学自我纠正系统的运行。

王志梅、王桂平等参与了本书的部分研究和撰写工作，特表谢意。同时，笔者本书撰写中参阅了许多专家、学者的观点和相关研究成果，在此谨表谢意！同时敬请广大同仁对书中的疏漏不吝指正！

史晓燕
2023 年 6 月

目录

第一部分　嵌入式教师教学评价与数据驱动 ... 1

第一章　嵌入式教师教学评价的内涵及特点 ... 3
　　一、教学与评价的共域性 ... 3
　　二、教学与评价的融入性 ... 16
　　三、教学与评价的互动性 ... 23

第二章　嵌入式教师教学评价产生与发展的基础 ... 30
　　一、由测量走向建构 ... 30
　　二、由鉴定走向改进 ... 40

第三章　数据在嵌入式教师教学评价中的作用 ... 47
　　一、构建伴随式评价信息反馈系统 ... 47
　　二、构建教师教学"自我纠正系统" ... 61

第二部分　数据驱动的伴随式评价信息反馈系统 ... 75

第四章　伴随式评价信息反馈系统的多模态数据 ... 77
　　一、师生外在行为表征数据 ... 77
　　二、学生神经生理信息数据 ... 86
　　三、教学过程的人机交互数据 ... 90
　　四、教学情境的感知数据 ... 94

第五章　伴随式评价信息反馈系统的构建与运行 ······ 99
一、伴随式评价信息反馈系统的信息源 ······ 99
二、伴随式评价信息反馈系统的技术支持 ······ 112
三、伴随式评价信息反馈系统的运行维护 ······ 127

第六章　伴随式评价信息反馈系统对评价的支持 ······ 134
一、为教学准备阶段提供评价信息 ······ 134
二、为教学实施阶段提供评价信息 ······ 141
三、为教学总结阶段提供评价信息 ······ 149

第三部分　数据驱动的教师教学自我纠正系统 ······ 159

第七章　教师教学自我纠正系统的数据源 ······ 161
一、教师实践共同体成员供给 ······ 161
二、学生学习过程分析数据 ······ 170
三、互联网、人工智能生成的大数据 ······ 179

第八章　教师个体教学反映性实践的作用 ······ 188
一、教师个体教学反映性实践特征 ······ 188
二、教师个体教学反映性实践过程 ······ 199
三、教师个体教学反映性实践贡献 ······ 206

第九章　教师教学自我纠正系统的运行 ······ 213
一、教师教学的"自适应系统" ······ 213
二、教师教学自我纠正系统技术支持 ······ 218
三、教师教学自我纠正系统的工作流程 ······ 224

参考文献 ······ 233

第一部分
嵌入式教师教学评价与数据驱动

嵌入式教师教学评价反映了教学与评价存在共域性、融入性、互动性的关系。在教学与评价的共域性方面，嵌入式教师教学评价通过整合彼此孤立的教学与评价活动实现空间共在，通过评价活动与教学活动共时实现时间共在，以及通过数据驱动的教师教学评价改革实现时空共在。在教学与评价的融入性方面，嵌入式教师教学评价使得教学与评价成为相互依存、相互促进的系统，并且教学与评价相互配合构成了高效的教学过程。在教学与评价的互动性方面，嵌入式教师教学评价可以及时、连续地为教学提供信息，并且教学随评价提供的信息而及时调整。之所以产生嵌入式教师教学评价，是因为教育评价理念及评价功能的持续变化。教育评价由"测量"走向"建构"经历了四代，即以测量为标志的评价、以描述为标志的评价、以判断为标志的评价和以回应协商为标志的评价，也标示着教育评价功能的不断转向，由强调鉴定功能转向了强调改进功能。而嵌入式教师教学评价的开展又离不开数据的驱动，其助力构建嵌入式教师教学评价的"伴随式评价信息反馈系统""教师自我纠正系统"。构建伴随式评价信息反馈系统可以为教师提供实时的教学反馈，并且为教师的教学决策提供个性化的指导，指导教师支持学生有效学习。同时，构建教师教学"自我纠正系统"，通过数据在教师"自适应"中的作用，使教师得以更好地进行教学改进。

第一章　嵌入式教师教学评价的内涵及特点

嵌入式教师教学评价是随着教育信息化及教育评价理念转变而提出的教师教学评价新概念。教师教学评价是对教师教学进行的价值判断活动，对应教师教学过程的学生学习，强调教师组织教学的一面。嵌入式教师教学评价反映的是教师教学评价过程与教学的关系。传统的评价理念下，教学与评价处于分离状态，各自依所设目标独立进行；开展嵌入式教师教学评价则改变了教学与评价的关系，使教学与评价呈现了"共域性""融入性""互动性"的特征。

一、教学与评价的共域性

教学与评价的共域性反映了教学与评价存在的一种时空共在关系，实则是"教学与评价一体化"思想和原则的体现。传统的评价理念下，教学与评价是各自孤立存在的，各有各的目标，分别进行，往往教学在先、评价在后。因为评价与教学是不同的两个概念，其开展的目的、形式、方法等均不相同。"一体化"是要将两个互不相同的事物有机地融合为一个整体，形成协同效应。这也就表明了，教师教学评价与教学共域（时空共在）是要张扬其独自存在的价值，形成合力，彰显整体价值。

（一）空间共在：整合彼此孤立的教学与评价活动

教学与评价的空间共在，反映了原本教学与评价各自为政、相互独立的两种活动，被安排在了一同出现，成为共同体。

1. 教学要素内涵

一般认为，教学活动本质上是一种认识活动。其构成要素包括教师、学生、教学目的、教学内容、教学方法、教学环境等。教学目的是教学活动的出发点也是其归宿，一切的教学活动均围绕教学目的开展。正是因为确定了教学目的，并将目的转化为具体的教学目标，才使得教师在明确了教学任务的基础上，利用已有的教学环境，选择适宜的教学方法组织教学，促进学生学习和发展。

教师是教学活动的组织者、引领者、促进者。教师在教学过程中起主导作用，就是指教师要组织和引领教学活动，这种组织和引领不是以权威的角色控制教学活动，而是要通过组织和引领，逐步确立和发展学生在学习中的主体地位，即构建和塑造教学过程中的学习主体[1]。在教学中教师有促进学生发展的职责，而这一职责的履行需要教师具有指导学生发展的能力，能及时地对学生的学习做出判断和评价，并及时地调整教学目标及策略、方法。

学生是学习的主体，发展的载体。学生主体性体现于教学过程，是学生的参与性表现。课堂有话语权、有与师生的互动权、有探索和质疑权等，即所谓的"在场性"：对话在场、思维在场、体验在场、共鸣在场、发现在场[2]。有学者剖析了前人本体论、认识论视角的学生主体论，认为从新的价值论视角来关照学生主体更具意义，学生的主体性是一种高级素养，自我价值与社会价值的实现才是教学中培养学生主体性的目的[3]。所以，在教学中，应落实学生的学习主体地位，真正地使学生获得应有的发展。

教学目的是教学的出发点也是归宿。教学过程围绕教学目的而开展，教学内容的设置，教学方法、手段的选择，都是为达成教学目的而服务的。但现实中，同样的学科（课程），不同的人往往对教学目的的认识和理解不尽一致。如持知识为上观点者，认为教学过程是传授知识的过程。持"三维目标"论者，则认为在教学中应关注知识与技能，过程与方法，情感、态度、价值观三维目标。而认为教学过程是培养学生核心素养的过程者，则会将教学目的定位为培养学生的关键能力、必要的品格和价值观上。教学目的不同，选择的教学内容相关信息、教学方法及手段会大不相同。

教学环境支持教学活动的有效开展。这里的"教学环境"，特指课堂教学环境。

---

[1] 桑新民，陈建翔. 教育哲学对话 [M]. 石家庄：河北教育出版社，1996：282-287.
[2] 范红梅. 学生在场：主体性彰显的教学样态——以"关心国家发展"为例 [J]. 中学政治教学参考，2021（38）：45-47.
[3] 邱颖，魏本亚. 价值论转向：学生主体性研究的回顾与展望 [J]. 教育评论，2019（07）：35-39.

有研究认为，教学环境随技术革新而产生变化，我们已分别经历了工业技术时代的传统教室、视听技术时代的多媒体教室、信息技术时代的智慧教室阶段。教学环境的变化更多体现于教学空间的变化，未来的课堂教学将面临立体化、多元化的教学场景[①]。随着人工智能、大数据的发展，课堂教学环境将有突破性的改变，线上线下的有机结合，师生、生生的课堂互动更便捷、更有效率。尤其是对学生学习状态及学习质量的即时分析及点对点推送，将助力教师真正实现因材施教。

2. 评价要素内涵

一般认为，评价是对教学活动的过程及成果所进行的价值判断。评价活动由评价者、评价对象、评价标准及评价模式构成。评价活动的实质是评价者利用评价标准，采用一定的评价模式，对评价对象进行价值判断的过程。而教学评价则是对教学开展的评价，是对教学过程及成效所进行的价值判断。

多元化的评价主体。传统的评价活动有确定的评价者，评价的目的是对评价对象进行鉴定、区分，对教师教学的评价自然也是要给教师的教学分高低、排顺序。这就形成了一种自上而下的评价，评价者通过标准与证据的对比，考察评价对象所拥有的证据对应标准的达成度，评价者与评价对象之间处于分离状态。随着评价理念的转变，评价目的有了根本的改变，评价活动更多的是为评价对象的改进、发展服务，使得评价的参与者更为广泛。如教师教学评价，评价主体可以是学校管理者、同行教师、家长、学生，被评教师也同样是评价活动的主体。

被评教师的评价主体性表现。在传统的教师教学评价中，被评教师不参与评价活动，与评价者处于分离状态。而在现代的教师教学评价中被评教师与评价者是合作、平等的关系，评价目的是促进被评教师的发展和教学改进，如果没有被评教师的参与，评价活动就缺失了承载者、实践者。因此，被评教师不仅要参与评价，还可以在评价中针对评价者提出的问题进行解释、质疑。被评教师对自己很多方面的了解往往是评价者无法做到的，教学中的一些刻意设计有其自己的意图，评价者无法只根据个人以往经验做出评价，所以被评教师主体地位的确立更有利于实现评价的以评促建、以评促改的思想。

---

① 吴砥，王俊，王美倩，等.技术发展视角下课堂教学环境的演进脉络与趋势分析[J].开放教育研究，2022，28（05）：49-54.

评价标准是开展评价活动的根本。评价标准是评价的结构性要素之一，缺失了标准也就不存在我们所言的评价了。但如何建构评价标准以及如何使用评价标准却使得评价过程及结果产生极大差异。以泰勒思想创立的"行为目标模式"是预先制定标准，评价围绕标准进行。而第四代评估思想看待评价标准却与泰勒思想有所不同，如"目标游离模式"是在评价中先抛开标准，通过循环执行评价步骤而生成标准，再后设评价程序运用所生成的标准进行评价。评价标准的设计与评价目的不可分割，其实教学评价标准中存在的矛盾"可比性与差异性、定性与定量、稳定性与生成性"[①]，是由不同评价目的或评价理念造就的评价标准功能性的表现。可比性是对区分、选拔的追求，差异性是对特色、个性化评价思想的张扬，稳定性更多的是强调共性标准的达成，生成性则以对评价对象的培养为目的。

评价模式是评价要素的不同组合形式。不同的评价模式是由评价者、评价标准、评价方法等评价要素联结的不同方式而形成。如以"行为目标模式"开展评价，评价者与评价对象间是分离的，评价者对照已有的评价标准收集证据以考察评价对象和评价标准的关系；以"目标游离模式"开展评价，评价者与评价对象及所有评价的利益相关人形成了平等、合作的关系，通过不断地推进评价过程而生成标准；又如，以"CIPP模式"开展评价，则把整个评价过程分成了四个阶段，评价者只能是所评目标的专家或权威，开展教师教学评价的评价者与被评教师之间往往也是一种自上而下的关系。

3. 教学与评价的整合

空间共在是指教学与评价的关系紧密，即教学与评价是融为一体的，教师是教学的组织者、引导者，同时是教学评价的主体，一方面体现在其对教学评价活动的参与性，现代教育评价活动中被评价者与评价者一样均是评价活动的主体；另一方面体现在而教师设计教学活动的同时也在设计评价活动，评价不止于工具性的存在变成了一种教育活动。教学评价是围绕着教学目的而进行的，教学内容、方法手段只不过是教学目的的达成的工具。评价标准围绕教学目的而确立和展开，同时也决定了采用何种评价模式达成教学和评价目的。教学要素与评价要素的交织性，反映了教学与评价的空间共在性。

---

① 周玉容. 大学教学评价标准的双重困境与破解之道[J]. 高等教育研究，2019，40（10）：75-81.

教学与评价的双主体性。无论是教学还是评价，所谓的主体特指人。教学中的双主体是指教师和学生；评价中的双主体是指评价者与被评价者，共同的目的使得教学与评价双主体整合。从教学的角度来看，师生双方存在情感与思维共存的关系，对影响教学的因素存在共同分享、共同占有和积极互动的状态[①]。从评价的角度来看，评价者组织和运用评价标准开展评价，成为评价的主体是自然的；被评教师是教学活动的实践者，也不应被排除在评价主体之外，要发挥评价所具有的教育功能需唤醒被评教师的主体意识，如果没有被评教师的教学实践，也就无法实现教学评价的转型，即"评价不是为了证明，而是为了改进"[②]。如此，教学与评价的主体间存在互联互动的关系，在相互的履职中实现整合。

教学与评价活动的渗透性。教学与评价活动的整合还体现于活动过程的相互渗透性。在教学活动中，被评教师不断地进行自我评价以及对学生学习投入情况等进行诊断、评价，以便及时地调整教学目标和教学策略。而评价是对教师教学组织及教学目标、内容、方法手段等进行的评价。两种活动过程相互渗透、交织在一起，无论是哪一种活动都不可能独立而为，只能进行全局性的思考，让教学与评价活动成为一种参与性实践的共同活动，目的是促进教师专业成长、教学改进，使学生获得全面发展。如此，需要在教学活动及评价活动的设计中打破其各自分离的状态，用更为宏观的视角进行教学与评价活动关系的重构。

（二）时间共在：评价活动与教学活动共时

教学与评价时间共在，是指打破原有的教学在先、评价在后的局面，使二者成为无时间序列的活动。

1.课前准备与评价共时

以奖惩为目的的教师教学评价，开展课前准备评价需根据课前准备的基本要求来考察和评价教师的课前准备情况。其实质是鉴定教师课前准备水平，区分教师之间课前准备质量的优劣，为教师实施奖惩提供依据。这就必然使得评价居于教学准备之后。而课前准备与评价共时是课前准备自身功能的要求，为学生学习服务、为教师课堂教学服务、为教师专业成长服务。

---

① 庄玉昆.教学双主体"共存·共享·共生"关系辨识[J].教学与管理，2017（03）：13-16.
② 李亚东，田凌晖.主体性评价及其模式初探[J].教育科学研究，2002（07）：23-26.

为学生学习服务需要与评价共时。课前准备不仅是教师为自己上好课做准备，而且要为学生的学做准备，应该与学生预习同步。学生预习中需要什么样的课程资源，向授课教师提供信息本身就是评价的一部分；而教师了解学生对接受新课程所需的学习储备也需要收集信息进而进行价值判断，这同样是在进行评价；教师共同体的集体研课更是评价与课前准备共时的典型表现。特别是互联网、人工智能、大数据等技术支持下的现代教学，教师课前准备还需要为学生提供数字化的课程资源，在课前准备阶段便形成了多媒体、多形态、多层次整合下的开放、动态的教学系统。数字化的课程资源本身就是内容与活动的整合性设计，使得教师与学生间在课前产生了深度交互[①]。这时的课前准备阶段已与课堂教学无缝联结，教师所提供的数字课程资源也成了学生的学习资源，同时嵌入了评价活动。

为教师课堂教学服务需要与评价共时。课前准备需要教师为课堂教学进行规划，涉及教学目标的确定、教学内容及方法的选择等。教师的教学目标设计是否正确、明确、符合学生实际，需要评价；教学内容安排、教学方法的选择、对目标的支持性以及是否能达成目标，也需要评价。CIPP决策模式中的第一个阶段"C"就是进行目标本身的评价，第二个阶段"I"则是对实施方案的评价。从课前准备的角度看，CIPP两个阶段的评价都是针对课前准备的评价，与课前准备是同步的。从服务课堂教学的角度看课前准备，也需要与评价共时。这是由于课前准备是为了更高效地开展课堂教学，了解学生并与学生有效沟通才能使课堂教学行之有效；钻研教材，收集阅读相关参考资料，形成对教材内容的独立见解才能做出有效决策，使教学有创意；预设课堂，并在预设的基础上应对可能发生的课堂情况；教师个人要不断地对自己的备课能力有效性进行评价。如此，在教学准备阶段自觉地与评价共时，才能使教学准备进入良性循环，从而引领课堂教学向高效率推进。

为教师专业成长服务需要与评价共时。教师进行教学准备的同时也是促进个人专业成长的过程。教学准备实则是对教学进行计划的过程，包括两个大的阶段：一是初始计划阶段，教师要对教学内容进行整体的思考，将教学原理、规律进行现象化、具体化，并预期学生的可能反应。二是形成计划阶段，教师要将所有的

---

① 余胜泉，汪凡淙.数字化课程资源的特征、分类与管理[J].大学与学科，2022，3（04）：66-81.

相关教学材料和资源进行整合,通过分析、判断形成正式的教学计划。无论哪个阶段,都无时不在进行着评价,否则难以完成各阶段的任务。正是由于教师在进行教学准备的同时进行评价,才会提高计划能力、选择能力,养成反思习惯。特别是在教学准备的实践中,掌握相应的实践性知识和拥有评价能力对教师的专业成长具有重要的推动作用。换个角度看,进行教学准备时需要教师具有判断学生学习基础的能力,具有选择教学内容、教学策略促进学生发展的能力,这些都需要教师具备评价能力。正是由于教学准备与评价的共时,才通过教学准备这一过程,促进了教师的专业成长。

2.课堂教学与评价共时

课堂教学与评价共时反映的是在整个课堂教学过程中,教学与评价是同步的。教学与评价共时得益于智能技术带来的便利。大数据、云技术等技术为课堂教学插上了翅膀,突出表现在即时的反馈上,同时使伴随式的评价反馈得以实现。反馈本身是一种能促进个人表现或理解的有效信息,有效达成的前提条件是学习者理解并愿意采取行动。这里的教师教学信息反馈特指教师在课堂教学中接受的评价反馈信息,体现在两个角度,一是教师教学中伴随的"人、机"基于学生课堂表现的信息反馈;二是教师教学中伴随的"人、机"基于教师教学行为的信息反馈。

基于学生课堂表现的信息反馈。教师课堂教学是针对学生有效学习而进行的,需要及时地获得学生学习过程的信息,如学生在接受学习内容时表现出的理解性、完成学习任务时对内容及学习策略的选择性、完成任务时的正误结果等,这些信息需要教师及时地获取,不仅限于帮助学生调整学习策略,更需要教师根据学生实际快速地调整预设的教学目标及教学策略。学生课堂表现信息的获取,可以是教师在教学进行中个人的敏锐观察,如通过对学生发言、提问、回答问题等的观察,也可以利用系统监测,如采用传感器和图像识别技术收集数据,采用贝叶斯分类网络进行数据统计推断,将分析结果即时反馈给教师和学生[①]。

基于教师教学行为的信息反馈。以往的教师教学行为信息基于课堂观察,利

---

① CHIU C K, TSENG J C. A Bayesian classification network-based learning status management system in an intelligent classroom[J]. Educational Technology & Society, 2021, 24(3): 256-267.

用视听技术进行全息描述性记录；或针对教师课堂提问，进行问题提问时段、水平，以及答问方式、正误等影响教学质量关键指标的记录；或利用课堂行为观察表记录教师不同行为出现的频次，如教学组织过程中讲授、演示等教学行为的出现频次及用时情况等，这时课堂教学与评价呈现分离状态，因为只有课后才能对这些观察记录内容进行分析并反馈。随着线上教学支持系统及监控系统的建立和完善，课堂教学的评价与反馈不仅可以实现反馈的即时性，还可以利用反馈生成器进行个性化的反馈。人机协同的反馈，做到了人与人、人机交互，更是为深层解读和剖析教师教学行为提供了支持。

3. 课后总结与评价共时

课后进行反思总结，已成为教师成长及教学改进的基础。现实中，这一过程对于教师及教师共同体而言变成了习惯性的存在，成为教学的一个重要环节，原因在于，课后总结对于课堂教学改进具有举足轻重的作用[1]。有研究参照施特劳斯（Strauss）和科宾（Corbin）提出的因果编码范式模型"原因—现象—情境/脉络—中介条件—行动/互动策略—结果"研究教师教学行为改进的关键点，发现教学反思是原因，以教学反思为突破口，依据课堂行为大数据进行专业学习及教学反馈，可促进教师改变教学信念，从而使教师改进教学行为[2]。

教学反思之源是对课堂教学行为的分析。如果说教学反思是课后总结的核心，那么其反思的过程便是评价的过程，教师对自己课堂教学行为的反思，一方面靠个人回溯，利用个人体验自主分析和判断自己哪些教学行为是有效的，哪些是需要改进的；另一方面靠学生的课堂反应，如学生所提问题、回答教师提问的表现等。教师反思自己课堂教学行为的另外来源是外部数据，如同行教师对教师课堂教学行为的反馈意见；教师对监测系统记录的大数据证据进行个人解读，分析系统推送的分析结果。可见，教师教学反思的过程是嵌入了教学评价的过程，实质上教学总结阶段的教学反思本身就是一种评价，反映了教学与评价的共时。

教师教学信念改变源自深层次的教学反思。教师教学信念反映的是教师对构

---

[1] WEBSTER-WRIGHT A. Reframing professional development through understanding authentic professional learning [J]. Review of educational research, 2009, 79(2): 702-739.
[2] 王陆,赵宇敏,张薇. 突破与重构：教师教学行为改进的理论模型 [J]. 电化教育研究，2022, 43(08): 5-12.

成教学的要素,如教师、学生、教学手段、教学组织等持有的深信不疑且持续而稳定的看法。教师的教学信念与教学实践紧密相关,有研究表明,教师的教学信念会对教学实践产生重要影响,因为教学信念直接影响教师的教学判断、教学策略选择等;而教师又通过教学实践不断地评价和改变自己的教学信念[①]。如果说教师教学信念改变是教师教学行为改变的内核,教师进行教学反思便是引发教学信念改变的基础。但这时的教学反思已不止于教师对课堂教学行为的简单分析,已发展为通过课堂教学行为的数据支持及个人对教学现象的理解而进行的深层次反思[②]。教师教学信念改变是课堂教学行为改变的基础,而教学信念改变有赖于教师深层次的教学反思,这一过程也同样是一种评价过程,从一个侧面印证了课后总结阶段与评价的共时性。

(三)时空共在:数据驱动的教师教学评价改革

教学评价过程是不断地收集信息、处理信息并进行价值判断的过程。其实评价本身就是一个系统工程,可以从不同角度将评价进行分类,如从评价主体的角度,可将评价分为自我评价、他人评价;从评价的范围角度,可将评价分为宏观评价、微观评价;从评价功能及评价的时间角度,可将评价分为诊断性评价、形成性评价、终结性评价;从评价参照的标准不同的角度,可将评价分为相对评价、绝对评价、个体内差异评价等。评价目的不同,选择的评价类型及方法会有所不同。如果是为了选拔,一般会运用相对评价的方法,重结果,为评价群体排序以利选拔;如果是为了使所有的评价对象都努力,则会选择个体内差异评价的方法,强调以变化的幅度定质量,看增值。近期国家提出的评价改革原则包括四个方面,即"改进结果评价""强化过程评价""探索增值评价""健全综合评价",大数据驱动教学与评价的时空共在,便是对这一改革的支持。

1. 数据驱动"改进结果评价"

结果评价也称终结评价,是指学习任务或教育活动结束后进行的一种评价。教师教学评价则是指对教师的一节课,在学期、学年结束后进行的评价。要"改

---

① LEVIN T& NEVO Y. Exploring teachers' view on learning and teaching in the context of a trans-disciplinary curriculum[J]. Journal of Curriculum Studies. 2009, 41(4): 439–465.
② 郑丹丹. 关注教师教学信念发展[J]. 教学与管理, 2013 (13): 8–11.

进结果评价"需要明确为什么要改进？哪方面需要改进？

为什么要改进？就评价而言涉及为什么评、谁来评、评什么、怎么评的问题。为什么评？以往开展教师教学评价更多的是为教师评优晋级服务，所以只有给教师一个评定，区分出优劣，才能满足奖惩的需要。谁来评？以往开展教师教学评价主体单一，不论是由管理者、督导、同行教师还是其他人评，被评教师都被排斥在主体之外。评什么？指向的是评价内容及标准问题，以往开展教师教学评价由管理者定标准，难以反映教师教学特色和教学改进。怎么评？主要指采用什么样的评价模式开展教师教学评价，以往开展教师教学评价多运用"行为目标模式"，考察教师教学对于评价目标的达成度。可见，以往教师教学评价强调的是评价的工具价值，适用的是奖惩性的评价体系。"改进结果评价"是因为评价目的的转向，开展教师教学评价要张扬其教育价值，以促进教师专业发展和教学改进为评价目的，改进以鉴定、区分为主要目的的结果评价就成为必然。

哪方面需要改进？结果评价是一种评价方法，本身没有对错之分。要改进结果评价就需要适应评价目的和新的评价理念。为了促进教师专业发展和教学改进，不能将教师教学评价目光仅仅局限在结果上，对应结果评价应引入形成性的教师教学评价；将被评教师纳入评价主体行列，让其参与到评价当中，成为个人成长、教学改进的实践者；引入发展性的教师教学评价体系，要改变对教师教学评价结果只为教师奖惩服务的理念，应运用评价结果发现教师教学问题，为制订教师专业发展及教学改进规划提供信息支持。

就教师教学评价而言，数据驱动就是通过收集全面、连续性的数据，改进教师教学的"结果评价"。人工智能、大数据为结果评价提供了更为丰富的评价信息，增强了结果评价的科学性；伴随式的评价反馈信息又为被评教师提供了即时改进教学的机会；课堂上"人机交互"所产生的数据从多角度为评价参与者提供了重新理解教学过程、修正和改变教学信念的支撑；结果评价的结论嵌入了多维度视角的信息，不仅可以让被评教师自省，还可以在带来外在激励的同时内生激励效应。

2. 数据驱动"强化过程评价"

过程性评价与终结性评价相比较，过程性评价将关注教育目标转向关注教育过程。教师教学评价"强化过程评价"是改变只重教学结果而不关注或少关注教学过程的情形。过程评价与终结性评价较大的区别在于，终结性评价目标明确，是一种早已制度化的评价方式；过程性评价却往往未经设计，随机而行。传统的教师教学评价以终结性评价为主导，一方面是评价目的使然，终结性评价结果可作为教师奖惩的依据；另一方面是开展过程性评价费时、费精力，难以记录，不如终结性评价易于操作。教师教学过程性评价是一种从课程整体出发事先设计而开展的制度化评价，如针对学生学习，教师结合教学目标设计对应实现目标的学生学习评价，究其实质是将终结性的评价拆分为多次、分段的评价。另一种是即时的、零散的、随堂而开展的评价形式，如教师对学生课堂任务完成情况所进行的诊断性评价、针对某个学生的课堂答问而开展的回应性评价……正是由于过程性评价的特点，需要大数据、人工智能等先进技术的支持和驱动。

泰勒（Tyler）认为过程性的评价可以在学生和学习间建立良性循环，支持学生未来学习的发展[1]，而过程性评价是需要数据驱动的。只有建立过程性活动数据记录系统、数据处理与存储系统、数据融合系统、数据分析系统，才能支持过程性评价，推动"强化过程评价"的改革原则落地。

第一，过程性活动记录数据系统主要是记录教师组织教学的过程，师生间、生生间互动交流过程，学生合作学习过程，等等，反映教师教学过程的场景、语言等。

第二，数据处理与存储系统的工作主要是进行数据采集、数据清洗、数据存储、数据转化。具体而言就是通过一定的规则和筛选标准抓取数据并进行数据汇聚；通过清洗过滤掉无用的信息，再将数据转化为适合融合和分析挖掘的数据，存入数据库中。

第三，数据融合系统所做的工作就是将碎片化的数据融合为所需的类型化的数据，如反映教师教学态度的相关数据、教学组织的相关数据、学生学习分析的相关数据，为进一步的数据分析提供支持。

第四，过程性活动数据分析系统是要从多个维度挖掘融合后数据的有价值信

---

[1] TYLER R. Basic principles of curriculum and instruction (Reprint edition) [M]. Chicago: University Of Chicago Press, 2013: 57−58.

息，为教师教学进行画像。分析教师教学行为间的关联性，抽取教师教学特点及教学状态和影响教学质量的潜在的因素。利用相关技术对教师教学行为信息进行处理和识别，从而为教师发展和教学改进提供有价值的信息。

3. 数据驱动"探索增值评价"

增值评价是一种基于测量基点比较评价对象间变化程度的评价方式。与相对评价和绝对评价方式不同，增值评价利用的是一种结合相对评价的个体内差异评价。相对评价是一种参照常模，在群体内找位置的评价。相对评价可以将评价对象按照某种特质进行排序，重在为选拔提供服务。绝对评价是确定一个客观标准，将评价对象与此标准进行对照来考察其对标准的达成程度。而个体内差异评价是个人自身的比较，有两种情形：一种是横向比较，将个人多个方面比较长短；一种是纵向比较，按时间顺序比较现在较过去的变化，以进步幅度定质量。随着"探索增值评价"改革原则的落地，我国学者在探索增值评价理念、技术和方法上进行了广泛的研究，但突出的矛盾在于增值过程及结果的获得耗时长、内容繁杂，信度和效度不稳定，如此就难以进行有效反馈，助力后续进步。反馈是评价的重要组成部分[①]，其不仅是评价的环节，还是评价得以改进的基础，以数据驱动值得探索。有研究认为，增值评价有效反馈的路径为增值数据的分析、增值数据的报告、增值数据的使用[②]。

增值数据的分析。这一过程所做的工作是先对增值数据进行分类，根据教师教学评价涉及的内容，如学生学习特点、教师教学特点等，将数据清晰地归为几类；对增值数据进行整合，集中提取年龄、职称等具有类似特征的数据；通过数据分类和整合来保障数据的结构性；为使评价主体都能准确理解增值数据，需对增值数据进行解释，统一阐明分析增值数据的关键及统计方法等；对增值数据进行评价，通过对数据的科学性判断，评价数据的信度和效度等。

增值数据的报告。报告应事先设计，确定采用哪种方式呈现、报告的时段等。要关注报告的可靠性和可操作性，报告内容要与教师教学、学生学习需要改进的内容紧密联系。

---

① BROWN S. Assessment for learning[J]. Learning and Teaching in Higher Education, 2004(1): 81-89.
② 李俊飞，谭顶良. 增值评价中的有效反馈问题探讨[J]. 中国考试，2023（05）：29-36.

增值数据的使用。要充分考虑增值数据对现实教学改进的作用，所提供的数据应对应教学目标，还要考虑现实教学改进需求，发挥数据的预测功能。

由于增值评价反映的是一段时间的变化，数据的收集过程较为复杂，需要长期跟踪，仅凭人力难以承担，所以"探索增值评价"需搭建数字化反馈平台。建立数字化反馈平台就是要将数据收集、测评、运算、结果报告等交由平台一并完成。随着信息技术的不断发展，可利用机器提升增值评价数据的准确性，实现教学与评价过程的时空共在。

4. 数据驱动"健全综合评价"

综合评价更多的是相对于评价目标及内容而言的。以往开展教师教学评价，学生学业成绩是评价教师教学质量的核心指标，甚至是唯一指标。而教师教学质量内涵丰富，有教师的教，还有学生的学。影响教师教学的因素更是具有多维度性，包括教学方法选择的适切性、教学内容的有效性等。以教师个人教学能力为例，包括教学设计能力、教学实施能力、教学指导能力等，需要采集相应的行为化的评价数据。

第一，教学设计能力评价数据包括教学目标的制订（教师需要明确教学目标并合理地进行分解和安排，使学生在完成该课程后能掌握所需知识和技能，达到预期目标）、教学内容的选择（教师需要根据教学目标、学生的认知水平、实际情况等因素，精选教学内容，并将其组织成系统的课程结构）、教学方式和方法的设计（教师需要根据不同的教学内容和学生的特点，合理选择教学方式和方法，如讲授、讨论、案例分析等，以提高教学效果）、教学资源的利用（教师需要充分利用各种教学资源，包括教材、多媒体设备、网络资源等，为教学活动提供有力的支持）[①]等方面的数据。

第二，教学实施能力是指教师在实践中将教学设计转化为有效教学行为的能力，具体表现为教师在不同情境下组织和设计教学活动、引导学生主动参与学习、调整教学策略以达到预期教学目标的能力。开展评价需收集教师的教学策略、组织能力、知识传授能力、交互沟通能力、评价反思能力等方面的数据。

---

① 王爱玲，王爱芬，陈花. 中学教师教学设计能力表现水平实证研究[J]. 教育理论与实践，2022，42（25）：44-48.

第三，教学指导能力涉及教师了解学生及诊断学生学习状况的能力、教学中建立良好师生关系的能力、善用教学资源和教学工具的能力、对自身教学能力的评价与反思的能力、对指导学生效果进行评价的能力等方面的数据。

第四，学生学习诊断和评价的能力是指教师对学生的学习进行系统性和全面性的分析，以便更好地了解学生在各方面的学习情况，并提供有针对性的支持的能力。包括对学生学习成果诊断和评价的能力（能评价学生已经掌握的知识、技能和理解程度，并能判断学生是否达成既定目标）、对学生学习过程诊断和评价的能力（观察学生学习时使用的策略、方法和技能，以确定其学习过程中的障碍和优势）、对学生学习环境的诊断和评价能力（能考虑并了解影响学生学习的重要环境，如家庭背景、社会文化和教育制度）等方面的数据。

理解和落实"健全综合评价"需要了解教师教学过程，研究影响教师教学的因素，多角度、多方法地开展教师教学评价，需要多角度的信息支持和数据来驱动，如此才能支持教师教学过程与评价过程时空共在，推动"健全综合评价"落地。

二、教学与评价的融入性

这里的"融入"反映了两个事物间存在的密切关系，教学与评价的融入性是指评价与教学具有一体性，教学评价是教学的一部分[①]。将评价融入教学可以帮助教师了解学生学习的情况和需要改进的方面，在教学的过程中及时对学生的学习成果进行评估；也可以审视教学、评估教学方法和教师的表现，及时有针对性地调整教学策略，提高教师的教学效果。

（一）教学与评价成为相互依存、相互促进的系统

相互依存、相互促进关系是指两个或多个事物之间存在着相互依赖和相互影响的关系，在相互支持和帮助的基础上，实现共同利益和目标。

1. 教学与评价相互依存

教学与评价是相互依存的，它们是教育生态系统中密不可分的两个组成部

---

① SHEPARD L A. The role of classroom assessment in teaching and learning[R]. CSE Technical Report, 2000.517.4.8.

分①。教学与评价犹如存在于一个生态系统中的植物与昆虫，植物与昆虫之间的相互依存表现为捕食、寄生和互惠共生等多种类型，这些交互作用对于维持整个生态系统的稳定性非常重要。教学与评价也同样是处于教学活动这样一个大的教学生态系统中，教学与评价之间的相互依存起着维持整个教学活动生态稳定和健康发展的作用。

只有将教学与评价相结合，才能达到教育教学活动的最终目的。这是由于在教学过程中，教师需要根据学生的实际情况来制订教学计划、实施教学，而无论是教学计划的制订还是实施教学的过程都离不开评价。因为评价为教学计划制订的科学性服务，而评价同时又为教学过程提供反馈信息，帮助教师对自己的教学方法和策略进行及时的调整和改进。教师教学的根本目的是培养和发展学生的知识、技能和品格等，而正是通过评价，如学生的反馈信息，才使教师可以了解学生的学习和发展情况，进而调整并改进自己的教学方法，使最终的教学目的得以实现。换言之，没有及时有效的评价，也就难以控制教学过程，不能保证预期效果的实现。

教学与评价的结合主要反映于教学目标与评价要素相互联系、教学内容与评价内容相互对应、教学方法与评价方法相互配合。

第一，教师教学评价的要素包括评价主体、评价内容、评价模式等。教学目标是教学的出发点也是归宿，是整个教学的灵魂，决定教学价值及质量②。所以教学目标由谁来评，判断教学目标明确性成为评价的关键点；教学目标评价的内容，要反映教学目标的正确性、具体性及符合学生实际的程度；采用什么样的评价模式来评价教学目标；等等。教学目标明确性的要求，直接反映了教学目标与评价要素的相互联系性。

第二，教学内容是反映教学质量的重要方面，教师教学评价的内容需围绕教学内容展开，应是对教学内容的判断。教学与评价不仅要融为一体，还要相互对应，只有评价内容针对教学内容，揭示教学内容的优劣，才有益于教学质量的提高。

---

① 于开莲.评价与教学：从分离走向融合[J].教育理论与实践，2016，36（04）：53-56.
② 杨淑萍.重新审视课堂教学评价的功能、内容与标准[J].教育理论与实践，2009，29（28）：44-47.

第三，教学方法和评价方法应该相互配合，以确保评价可以准确地反映教师的教学情况。例如，教师进行实验教学时，会选择观察、记录、讨论等方式组织教学，那么教师评价方法的选择也应考虑与其组织教学方法的适切性，即能准确地收集到评价信息并能有效地处理评价信息。

2.教学与评价相互促进

教学与评价相互促进，是指教学活动和评价活动在相互影响中不断提升各自的质量。教学不断推进着评价的深入，而评价则推动着教学的进一步完善，二者相互配合，构成了高效的教育教学过程。

教学与评价相互促进，表现为生成性的评价标准、评价内容紧密结合教学过程、教学评价过程引入"自适应技术"思想。

第一，评价标准应根据评价目的和要求、评价对象的特点、评价者的背景和经验等因素确定[1]。就教师教学评价而言，评价目的是使被评教师获得专业成长和教学改进[2]，就需要依被评教师专业成长的特点和教学需求制订阶段性的目标，依照"目标游离模式"，循环开展评价环节，不断地收集教师教学过程的评价信息，形成阶段性的评价标准。这一评价标准的生成是一个动态的收集教师教学评价信息，特别是教师教学对学生产生实际影响的信息，从而肯定教师有效教学行为，积累成体系最终生成评价标准的过程。值得关注的是，在教师教学评价标准生成的过程中，所有参与评价人员，特别是被评教师一直处于了解并理解教学过程，发现学生特点及对教学的需求，并使教学不断地适应学生学习情况、满足学生需求的过程，这本身就是一个改进教师教学的过程，实现了教学与评价的相互促进。

第二，"评什么"反映的是评价内容问题。在教师教学评价中评价内容是依照已确定的评价标准进行，即所谓的预定式评价，还是根据教师教学过程中的表现来确定，即所谓的非预定式的评价，反映了不同的评价理念。评价内容紧密结合教学过程，是一种个性化的评价，是针对被评教师实际的教学过程而开展的评价。如学生通过课堂发言、活动表现等参与课堂的行为，本身就是一种评价信息；

---

[1] 马俊峰.评价活动论[M].北京：中国人民大学出版社，1994：262.
[2] DANIELSON C, MCGREAL T. Teacher evaluation to enhance professional practice[M]. Alexandria: Association for Supervision and Curriculum Development (ASCD), 2000.

教师在教学过程中的实践性反映（教学实践过程中的自识、自觉）也是一种有效的评价信息；参与评价过程的同行教师、管理者的即时感悟、发现都是与教学过程同频的评价反馈信息。正是这种融入式的评价使教师教学获得了即时改进，实现了教学与评价的相互促进。

第三，自适应技术源于现代科技发展，通过智能化和自动化的手段，提高系统的响应速度和准确性，为人们提供更加便捷和个性化的服务和体验。目前，自适应技术越来越广泛应用于各种领域，如智能家居、自动驾驶汽车、医疗健康、金融和教育等。在教学活动中引入自适应技术，只是借用了其基本思想。这里的"自适应"是指教师在教学中不断成熟，形成了良好的自我调节能力，能及时地适应环境的变化，更好地理解学生的学习情况和需求，从而在变化了的情境下快速地发现问题，及时调整教学计划和教学策略。教师教学的"自适应"反映了教师的一种教学评价能力，如教师可以通过对学生学习过程的分析和判断，帮助学生深入理解学习材料，从而改善学习成果[1]。教学评价过程引入"自适应技术"思想，是嵌入式教师教学评价的需要，也反映了教学与评价的一种相互促进关系，在教学实践中提升了教师的评价能力，而评价能力的提升又反哺于教学，实现教学与评价的相互促进。

（二）教学与评价相互配合构成了高效的教学过程

高效教学是一种全面而系统的教学理论，也是一种致力于提高学生学习效果和效率的教学方法。高效教学注重通过优秀的课程设计、个性化的学习方式和有效的教学技巧，帮助学生快速掌握知识、提高应用能力及形成良好的品格。高效教学要求教师在课堂上创造积极、互动和富有挑战的学习环境，也强调学生自主学习和思考的重要性。学生需要积极参与到学习过程中，发挥自身潜力，在学习实践中不断地探索新的知识和技能，以便更好地适应未来的社会。

1. 高效教学的表征及取向

高效教学需要突破现有的知识本位及工具取向，实现本质回归，追求教育价值的实现，提升学生学习过程的发展价值[2]。一直以来，对教学过程的认识的表述

---

[1] 武小鹏."教"与"学"新兴技术的发展状况与启示[J].中国大学教学，2022（Z1）：119-128.
[2] 伍远岳.高效教学的教育学审视[J].中国教育学刊，2016（04）：21-25.

无一定论,如认为教学过程是一种特殊的认识过程,是促进学生发展的过程;教学过程既是学生的认识过程也是发展过程等。但现实中随着教学过程对学生发展作用理念的日渐强调,教学实践越来越重视学生的教学主体地位,教学目标的达成、教学的设计等,都朝向了学生的发展,使学生获得发展成为高效教学的表征和取向。

高效教学的表征和取向具体表现在学生参与度高、教学目标明确、教学方法适切、课堂组织得当、教学效果显著等方面。

第一,学生是学习和发展的主体,积极参与教学可以使学生更好地理解、应用学习内容,提高学习效率;参与过程本身便是激发学生对课程的兴趣和热情的过程,可以通过参与增强学生的学习动力;积极参与促使学生更多地与他人交流和合作,增强了学生在课堂上的人际沟通与互动,也使得学生提升了获取知识的能力;参与的过程还可以使学生获得成功的体验,从而增强自信心,更愿意表达自己的想法,成就更好的自己。

第二,教学目标明确体现为教师抓住了教学的灵魂,不仅遵循了教学计划、课程标准的要求,还能反映学生的学习实际,根据学生的不同需求和能力来调整教学策略和方法。显然这是高效教学的基础,也是高效教学的体现。

第三,教学方法的选择基于教师对学生的了解,选择适切的教学方法表明教师对教学方法的掌握,也表明其对教学内容的了解。面对不同的教学内容和学生实际,对应性地选择案例教学、讨论式教学、小组合作学习式教学等教学模式并组合开展,不仅丰富了课堂教学形式,调动学生的学习积极性,还可以获得最佳的教学效果,实现高效教学。

第四,教学组织得当一方面体现了教师对教学内容、手段及方法等的合理运用;另一方面也表明了老师能够有效地管理课堂秩序,确保学生专注于学习;同时还展现了教师能关注学生的情感需求,及时解决学生遇到的问题,营造出了和谐、积极向上的学习氛围。因此,课堂组织得当也是高效教学的表征之一。

第五,教学效果显著既表现为学生参与度高,教师教学目标明确、教学方法选择适切、课堂组织得当等这些教学过程性评价内容的高效性,也体现在学生获得的发展上,具体表现为课程学习带给学生的关键能力、品格及价值观的变化。

当然，还应该将学生个体差异、教学环境等因素纳入评价范围，全面客观地考察教学效果。

2. 教学与评价相互配合对高效教学的影响

教学与评价相互配合，反映了教学与评价相互关联、相互影响的关系。评价没有教学的支持就会变成无源之水、无本之木，也失去了评价的对象；教学也需要评价辅助，发现问题，改进问题。正是通过教学与评价相互配合，产生对学生参与、教学目标、教学方法、组织教学、教学效果的影响，才促成了高效教学的结果。

第一，课堂教学中的学生参与反映的是一种学习状态，特别是精神状态[①]。一般而言，学生课堂参与度高，表明其专注于教师所讲授的内容，积极回答问题，积极参与讨论，提出自己的想法和观点，甚至就课堂内容展开深入的思考和讨论。而如果学生的课堂参与度低，则表现为注意力不在课堂或时常分神，交头接耳、打瞌睡、看小说、看课外信息等，这些都是学生课堂参与的行为表征。教师在教学过程中可运用一系列的评价方法来提高学生的课堂参与度，如对学生的发言、提问、回答问题等表现进行记录，根据记录的内容进行评价；提供一些指标，组织学生自行评价自己在课堂上的表现，自己打分；学生间互评，每个学生都要评价其他同学在课堂上的表现，并且根据评价结果渐渐形成评价标准。如此，教学与评价相互配合，唤醒了学生的参与意识，也调动了学生参与的积极性。学生在明确自己是学习和发展的主体的同时，又成为评价的主体，这自然提高了其课堂的参与度。

第二，教学目标是教育活动的核心，而教学与评价是实现教学目标的有效手段，教学与评价两者之间的配合对于教学目标的实现具有重要影响，原因如下。

①教学与评价的相互配合能够提高教学目标的明确性和精准性。通过评价的反馈机制，教师能够了解学生在学习过程中掌握知识、技能等目标的达成情况，进而及时调整教学目标。同时，通过不断地评价和反思自身教学的有效性，教师也能够逐步提高自己的教学水平，更好地实现教学目标[②]。

---

① 彭银梅.基于多感官刺激的学生课堂参与研究[J].教育理论与实践，2017，37（29）：59-61.
② 范蔚，叶波，徐宇."师生共进"的有效教学评价标准建构[J].教育理论与实践，2013，33（19）：57-60.

②教学与评价的相互配合能够促进教学目标的达成。评价不仅是对学生学习成果的衡量，也是对教学目标的检验和印证。通过评价，教师可以及时发现学生学习中存在的问题和困难并调整教学策略，指导学生克服困难，从而实现教学目标。

③教学与评价的相互配合能够提高学生对教学目标的认识和理解。在学习过程中，学生通过接受教师的指导、参与各种评价活动，逐渐了解和理解教学目标的内涵和要求，增强对教学目标的认识，从而更好地达成目标。

第三，教学与评价的相互配合对教学方法有重要的影响，表现在以下两方面。

①评价可以帮助教师更好地了解学生的学习状况和能力水平，从而选择适应学生需求的教学方法。比如，教师通过学习诊断发现部分学生的基础较差，难以接受教师选定的教学方法，那么教师便可以根据这部分基础较差学生的学习特点而调整教学方法，以满足不同学习水平学生的学习需求。

②评价还可以通过提供反馈信息，帮助教师更好地了解自己的教学效果，从而不断改进教学方法[①]。尤其是来自学生的评价信息对教师而言针对性更强也更便利。

第四，教学与评价之间相互配合对于教师组织教学有着极大的影响，表现为以下3方面。

①评价信息明确，教师在教学中就能够精准地理解和把握课程目标和学习任务，进行精细化教学设计去适应学生需求。

②学生如果明白自己的即时表现会被评价，他们的学习表现会更为积极，并努力参与到教学活动中。学生表现积极又能使教师更多地采用交互式的教学方法，像小组讨论、角色扮演等。可见，健全教学中的激励机制会产生双向的促进作用。

（3）促成信息化手段的运用。大数据分析和人工智能技术运用可以提高教学效率，如运用大数据分析可以对学生成绩进行预测，帮助教师有针对性地制订教学计划和调整课程，如此，促成了信息化手段的运用，也保证了高效教学。

第五，教学与评价相互配合对教学效果有着非常重要的影响。在教学过程中，

---

① MACDONALD, R. The use of evaluation to improve practice in learning and teaching[J]. Innovations in Education and Teaching International, 2006, 43(1): 3-13.

评价是对教师教学情况和学生学习情况进行反馈和检验，教学则是对学生知识、技能和品格等的引导和培养，两者相辅相成、相互促进，达到优化教学效果的目的，具体表现为以下两方面。

①帮助教师及时了解学生的学习情况，有针对性地调整教学内容和方法，使之更符合学生的学习特点和需求。在评价的基础上进行教学指导，可以提高教学效率，让学生更加主动地参与学习，有利于增强学生的学习动力和学习兴趣，从而提高教学效果。

②通过对学生成绩、考核结果等方面进行评价，可以让学生了解自己的学习情况，明确自身学习目标和方向，从而增强学生学习动机，提升其自我管理能力。

三、教学与评价的互动性

教学与评价的"互动性"是指教学与评价间的交互反映，其互动过程表现为，评价及时、连续地为教学提供信息，教学随评价所提供的信息即时调整。评价不只是一种教学活动结束后的鉴定行为，更应是一个增强教学活动的渗透性、协同性的过程[①]。在教学过程中，评价应该被看作是教学活动的一个重要组成部分，和教学目标相互联系、相互支持。教学与评价互动是因教学需要评价的信息，通过教学调整，来不断提高教学质量，实现教育活动的最终目标。

（一）评价及时、连续地为教学提供信息

及时、连续地为教学提供信息对教学非常有益，从教师教的角度，它可以帮助教师更好地了解学生在学习过程中的表现，及时发现问题并采取相应措施去解决。从学生学的角度，及时、连续的反馈也可以帮助学生更好地掌握知识，调整学习策略，增强学习效果。

1. 提供教师教的信息

从教师教学的角度，评价可提供的信息包括：教师教学准备的信息、教师教学内容方面的信息、教学方法选择的信息、学生对教学感知的信息等。

---

① 李鹏.评价如何促进学习？——从泰勒到厄尔的探索与反思[J].外国教育研究，2020，47（01）：31-44.

第一，教师教学准备是教育教学中不可或缺的环节，通过评价可获得教师教学准备多方面的信息。如为学生提供的参考资料是否适宜；是否经过系统的教材筛选、整合、适配和创新设计，使之与课程目标和学生特点相符合；教师在教学前是否做好了各种教学资源的准备工作，如对教材进行充分的阅读和理解，清楚教材中所涉及的知识点和重点、难点；又如多媒体教学设备、课件、实验器材等教学资源能否确保教学顺利开展；课堂活动设计、教学环境的布置、对学生学习评价的准备等是否到位。

第二，教师在进行课堂教学时，需要根据教学目的和学生的学情，选择合适的教学内容。教学内容是否符合教学计划、教学大纲的要求，能否反映学科前沿是嵌入式教师教学评价基本的关注点。而随着培养目标从关注学生的知识学习到核心素养的转变，对学生批判性思维的培养成为重要的教学内容。同时，计算机技术和互联网、人工智能化等方面的内容也越来越被重视。通过不同角度提供的这些信息成为教师教学改进的基础。

第三，教师课堂教学方法的选择是影响教学效果的重要因素，教师教学方法的选择是否适切，需要多角度的信息供教师判断和利用，如小组合作学习法适用于培养学生团队协作和沟通能力的课程，一般由教师安排学生分组，让学生在小组内进行研究和讨论，最后分享成果。但小组合作学习是否得到了实质性的开展、学习效果如何，需要通过反馈评价信息来判断。又如，案例教学法适用于理论与实践结合的课程，教师通过对真实案例的展示和讨论引导学生深入了解理论知识，并培养其分析和解决问题的能力。那么学生对教师所选案例是否感兴趣、是否达到了教师所预期的教学效果都需要通过及时的反馈信息来确定。因此，及时、连续的信息反馈可以为教师教学改进提供强大的支持。

第四，学生对教师教学感知的信息，实质是学生对教师在教学过程中所表现出的能力、态度和行为等方面的主观评价。包括以下内容。

①学生对教师教学能力的感知。教师能否清晰地传授知识、是否选择了正确的教学方法、能否有效地指导学生进行学习，这不仅影响教师在学生心目中的地位，同时也会影响学生的学习。

②学生对师生互动方式的感知。教师是否与学生沟通顺畅、是否善于倾听并

回应学生的问题和意见、是否能够建立起良好的师生关系，是影响教学效果的重要因素。正是利用师生互动方式的学生感知评价反馈，教师才能更好地了解自己的教学情况，从而改进师生互动方式。

③教师教学态度的学生感知。教师是否热情洋溢、是否认真负责、是否能够体贴关心学生、是否有耐心和恒心，不仅影响教师的教学，也影响学生的学习投入。有研究发现，感知到良好课堂体验的学生往往有更深层次的学习投入，并可以获得更高的学业成就[1]。该研究意味着学生对教师教学感知的信息获取会对教师教学产生重要影响，同时也会影响学生的学习效果。

2. 提供学生学的信息

学生学习状态更多地表现为课堂投入度，学生课堂投入度是指学生在课堂中体现在行为、认知和情感层面的参与程度[2]。通常来说，表现出高投入度的学生会积极回答问题、提出自己的观点、认真听讲并具有浓厚的学习兴趣，而低投入度的学生则可能会注意力不集中、缺乏参与意愿或者表现出无聊、消极等不良情绪。高质量的课堂应是注意提高学生课堂投入度的课堂，只有学生保持较高的课堂投入度，才能取得好的学习成果。

学生课堂投入度信息主要表现在注意力集中度、反应迅速度、参与的积极性、课堂任务及作业的完成度等方面。

第一，注意力集中度一般表现在注视力，学生能够有足够长的对教师或学习对象的注视时间，不分神；保持专注，能全神贯注地听讲，学习内容能够吸引学生的注意力；能跟随课堂的进行，具有一定的预测能力，能预测教学活动将要进行的内容；积极参与课堂活动，及时回答课堂问题或与同学互动等。注意力集中是学生认真学习的表现，也是保证学习目标达成的重要指标，学生注意力集中度信息也从侧面反映了教师教学的吸引力。

第二，学生能否快速反应老师的问题或指示，并且在解决问题时是否轻松自如，反映了学生思维的敏捷性，表现为能够迅速地联想到相关知识，形成全局性

---

[1] DISETH A, PALLESEN S, LARSEN S. Academic Achievement among First Semester Undergraduate Psychology Students: The Role of Course Experience, Effort, Motives and Learning Strategies[J]. Higher Education, 2010, 59(3): 335−352.

[2] REEVE J, LEE W. Students' classroom engagement produces longitudinal changes in classroom motivation[J]. Journal of Educational Psychology, 2014, 106(2): 527−540.

的理解。反应的速度也是学生课堂投入度的表征之一，是教师调整教学内容及进程的重要参考指标。

第三，学生课堂参与的积极性是其课堂投入度的重要表征，具体表现为积极提问，努力促进课堂交流的实现；主动回答问题，包括老师的提问及同学的疑问或在讨论中表达个人观点；能够协同他人完成课堂任务，分享观点并尊重其他同学的想法。学生参与的积极性信息能够为教师组织教学、推进教学提供即时的参考。

第四，学生在完成课堂任务或作业时能否准确理解任务或作业要求，确保在规定时间之前完成任务或提交作业，教师需要准备把握这些信息，因为它们对于教师设计教学及保证教学质量至关重要。

（二）教学随评价提供的信息而即时调整

教学与评价互动的另一面则是教学随评价所提供的信息而即时调整。表现在对预设目标的调整，对教学方法、手段的调整和对学生管理策略的调整等。

1. 对预设目标的调整

教学评价信息往往聚焦于学生的学习，教学预设目标需要反映学生的实际，但在真实的课堂教学中往往会出现与学生实际不符的情况。主要表现为学生对教学内容无法理解或遇到了困难；原来预设的教学时间不能完成预设目标；所设目标没能把握学生的需求和兴趣。

第一，教师所安排的教学内容往往因学生缺乏相应的基础知识而使学生很难理解。这就需要教师及时发现自己所安排的教学内容高于学生基础，并能在教学过程中调整教学内容，强调相关的前置知识，帮助学生在接受新知识时建立与前置知识的联系。同时，可以考虑使用多种教学辅助资料来帮助学生理解教学内容，如利用演示文稿、视频、图表、绘本、实验等；还要注意在教学过程中不断地提供反馈信息，让学生了解他们对所学内容的掌握情况，帮助学生建立自信。关注学习水平不同的学生，向其提供个别化的教学支持，从而助力学生更好地理解教学内容。

第二，在制订教学目标时，由于没有充分考虑到所需的教学资源、工作量和过程的复杂性等因素，无法在预设的时间内完成教学任务。课堂上会出现突发事件或不可控因素，也会出现预设时间与目标不匹配的情况。这就需要教师重新评估预设目标并根据可利用的时间进行调整，确保学生至少达到最重要的目标。

第三，由于教师所采用的教学方式单调、缺乏趣味性或与学生的学习风格不符，造成学生在学习中感到无聊和失望；抑或是教学内容难度过高或过低，导致学生无法理解或者没兴趣学习；也有可能因学习内容缺乏实际应用场景，使学生感觉学了这些知识也没有什么用处。凡此种种，都需要教师及时调整教学内容，如创造互动的课堂环境，增加课堂趣味性；采用多样化的教学方法，在教学中加入更多的元素，达到吸引学生兴趣的效果；注重将学科知识与学生实际生活经验相结合；采用新颖的方式来呈现教学内容等。

2. 对教学方法、手段的调整

教学方法指的是教师在教学中运用的一系列教学策略，包括讲授、讨论、实验、案例分析等。教学手段则是指教师为了更好地达成教学目的而采用的各种手段和工具，如黑板、投影仪、实验仪器、模型等。预设的教学方法、手段与实际教学不符的原因很多，如没能反映学生特点，年龄、性别、文化背景、认知能力、兴趣爱好等都可能会影响学生对教学方法和手段的接受程度。随着科技的发展，教学方法、手段也在不断更新迭代，及时调整教学方法、手段，利用线上课程资源、移动学习设备等，都是很好的选择。

第一，利用线上课程资源。随着网络技术的发展，越来越多的课程资源上线，如 Coursera、edX、Udacity 提供了在线课程。Coursera 成立于 2012 年，其合作伙伴包括斯坦福大学、普林斯顿大学等世界级高校以及谷歌、IBM 等知名公司。Coursera 上线的课程涵盖计算机科学、人文社会科学、商业管理等多个领域，由大学和机构的知名教授授课[1]。edX 成立于 2012 年，由哈佛大学和麻省理工学院共同创立，目标是为全球各地的学生提供高质量、免费的在线教育资源。edX 合作伙伴包括牛津大学、加州理工学院等 200 多所国内外高校和组织，提供各种不同水平的在线课程，涵盖计算机科学、心理学、生物学等多个领域[2]。Udacity 成

---

[1] Coursera[EB/OL]. [2023-08-15]. https://about.coursera.org.
[2] 蒋卓轩，张岩，李晓明. 基于 MOOC 数据的学习行为分析与预测 [J]. 计算机研究与发展，2015，52（3）：614-628.

立于 2011 年，是一家专注于职业技能培训的在线学习平台[①]。Udacity 上线的课程往往由来自谷歌、亚马逊等知名公司的专业人员讲授，内容涵盖人工智能、机器学习、数据科学、前端开发等领域。中国大学 MOOC（Massive Open Online Course）平台是由网易与高教社携手推出的权威的大型开放式在线教育平台。中国大学 MOOC 承接了教育部国家精品开放课程任务，面向大众提供中国知名高校的 MOOC 课程[②]。以上这些资源通常包括讲义、视频课程、练习题、实验等，能够为学生提供全面的学习体验。学习者还可以加入在线学习社区，与其他学习者交流经验和答疑解惑。这样不仅可以对学习内容加深理解，还可以拓宽自己的思路，了解到更多的观点和不同的见解。教师在教学中发现学生对自己预设的教学内容兴趣不足且难以满足学生的学习需求，便可以尝试利用线上课程资源进行调节。

第二，利用移动学习设备。移动学习设备是指能够随时随地进行学习的移动设备，如智能手机、平板电脑和笔记本电脑等。在课堂教学过程中，教师预设的教学手段不能引发学生学习兴趣，很有可能是因为教师提供的学习资源不足，可以尝试让学生使用移动学习设备，允许学生自主学习，自行下载各种学习资料、书籍、视频等资源，回答教师的问题或完成学习任务。教师还可以让学生利用社交网络平台进行学习交流，如微信、QQ、微博等。学生通过与同学、教师交流和讨论，分享学习心得，可以增强学习兴趣，提高学习效率。

3. 对学生管理策略的调整

课堂教学管理策略是为确保教学活动秩序井然、有条不紊，提高教学效果而制订的具体措施和方法。一般而言，教师在教学前，不仅要预设学生管理策略，还应建立各种应对性的管理策略以满足不同学生特点、教学目的、教学内容及教学环境的需要。

第一，根据不同学生特点采用合适的教学管理策略。由于课堂教学内容是预设的，实际教学过程要根据学生的特点有针对性地调整管理策略，如视觉学习型学生喜欢通过看、观察来学习，他们对于图片、图表等视觉资料比较敏感，针对

[①] Udacity.About Us [EB/OL]. [2020-08-06]. https://www.udacity.com/us/.
[②] 李秀丽. 我国高校慕课建设及课程利用情况调查分析——以中国大学 MOOC 等四大平台为例 [J]. 图书馆学研究，2017（10）：52-57.

这类学生，教师可以通过板书、PPT等视觉形式来呈现教材内容，提高学生的学习积极性；又如探索型学生喜欢独立思考、自主探究，他们对于自由度较高的学习环境比较适应，针对这类学生，教师可以采用探究式学习法、小组合作学习等方式来激发他们的学习兴趣。要关注不同类型的学生，采取不同的课堂管理策略来满足学生的学习需求，实现因材施教。

第二，针对不同的教学内容调整教学管理策略。针对不同的教学内容，需要制订不同的教学目标，以确保学生能够达到相应的目标要求。在教学过程中，教师需要不断地评估学生是否达到了预期的目标，并及时调整教学管理策略。例如，不同的教学内容安排要考虑学生的学习基础，设定不同的目标，针对不同的教学内容，将学生分类进行教学，师生之间的互动方式和频率也应随之调整。总之，针对不同的教学内容，教学管理策略需要因教制宜、灵活变通，以使教学更加有效和有针对性。

第三，考虑教学环境条件选择合适的教学管理策略。教学环境是指影响教育教学活动的一切内外因素，如物资设备、场地安排、师生关系、课程设置等。不同的教学环境条件对于教学管理策略的选择有着不同的影响。在选择合适的教学管理策略时，应该首先考虑教学环境的特点，确保教学管理策略与教学环境相匹配，保证学生的学习效果。由于现实的课堂是动态的变化过程，常规的教学管理策略与现实教学环境条件常会出现不相匹配的情形，需要教师根据不同教学环境采用不同的教学管理策略，根据具体情况随时准备调整教学管理策略。

第二章 嵌入式教师教学评价产生与发展的基础

教师教学评价是一种对教师教学过程及结果进行价值判断的活动[①]。发展到嵌入式教师教学评价，评价理念几经转变，已经由以测量为标志的教师教学鉴定为主的评价时代转向了以建构为标志的教师教学改进时代。

一、由测量走向建构

教育评价经历了由测量到建构的四代[②]。第一代是以测量（measurement）为标志的评价阶段，即"教育测量运动"，这一时期重视测量的客观性和标准化程度。第二代是以描述（description）为标志的评价阶段，强调对测试结果的深入解释和对目标达成情况的判断。第三代是以判断（judgment）为标志的评价阶段，是评价理论运用于评价实践的过程，强调"价值判断"在评价实践中的关键作用。第四代是以回应协商（construction）为标志的评价阶段，旨在通过跟踪评价对象的发展进程来引导评价对象发展。总体来说，教育评价的发展日趋综合、多元化、个性化和社会化，更加注重对评价对象的创新引领。

（一）第一代以测量为标志的评价（19世纪末—20世纪30年代）

第一代以测量为标志的评价，出现在19世纪末20世纪初，旨在通过普及科学的测试方法，对学生进行客观、准确的评估。这阶段的教育评价处于萌芽时期，主要采用定量化的方法，如以标准化测验和普通测验等方式进行教育测量，反映学生知识和技能的水平。

---

① 史晓燕.教育测量与评价[M].北京：北京师范大学出版社，2016：124.
② GUBA E G, LINCOLN Y S. Fourth generation evaluation[M]. London: Sage Publications, 1989: 148.

第二章 嵌入式教师教学评价产生与发展的基础

之所以出现教育评价的萌芽、开展教育测量、追求教育测量的客观化，是因为学校教育的需求。教师的教学质量需要由学生的学习质量来反映，学生学习质量如何评定就成为需要解决的现实问题。由于学生的学习质量的测量有别于物理测量，属于一种间接测量，需要找到结果较为客观的间接测量方法。中国以才取人的科举制度，积累了一系列较为完备的考试方法，西方文官制度的建立便汲取了中国科举制度的许多思想和方法，如"公开考试、择优录用"等。西方有学者认为，教育评价萌芽之源是笔试替代口试，从这一意义上说，教育评价源头应在中国。而真正推动教育测量运动发生并发展的不是考试形式本身，而是对考试客观化的研究和实践——教育测量运动。

最早为教育测量运动兴起奠定基础的是英国学者费舍（George Fisher），他致力于对考试评分客观化的研究，于1864年发表了研究成果《重要学科量表集》，该成果实际是一种客观的评分标准[①]。被后人称为教育测量开创者的英国学者莱斯（J.M.Lice），也是一直致力于对客观测验的研究，有关拼字测验的发现引发了人们对测验工具和方法的关注。为了辨别学生的学力差异，莱斯进行了为期8年的拼字实验，假设每天进行45分钟拼字练习的学生一定与每天进行15分钟拼字练习的学生有较大的学力差异。然而，他对16 000名学生进行拼字测验的结果却打破了其原本的设想，每天练习时间不同的两组学生并无大的区别。莱斯发表的测验结果的报告表明，两组学生间不存在差异，是由于测验工具及方法问题而没能得出客观的结果。莱斯的研究激发了众多学者对教育测量客观化方法的研究热情，以致其后出现了大量研究成果。当然，教育测量运动的兴起还得益于借鉴了心理测量摸索出的一套方法。被称为"教育测量之父"的美国心理学家桑代克（E. L. Thorndike）于1904年发表了具有划时代意义的《心理与社会测量导论》一书，标志着教育测量运动的发端，其书中的经典论述"凡存在的东西都有数量、凡有数量的东西都可以测量（出自麦柯尔语）[②]"为教育测量运动奠定了理论基础，此后的30多年为"教育测量运动"时期。

---

① AYRES L P. History and present status of educational measurements[J]. Teachers College Record, 1918, 19(7): 9-15.

② 王汉澜. 教育测量学[M]. 郑州：河南大学出版社，1987：10.

以测量为标志的评价，就教师教学评价而言，强调评价的工具性，以相对评价为价值判断方法。评价目的更多的是为教师奖惩提供依据，往往以学生成绩的排名来衡量教师教学成效的优劣。

1. 强调评价的工具性价值

强调评价的工具性价值指的是评价的作用和效果主要体现在对被评教师进行管理、决策和控制等方面[①]。这种评价注重结果导向，关注的是评价结果能否达到预期目标，如需要奖惩教师就要为奖惩提供依据，这时就会将评价视为工具，能够区分教师优劣、给教师排序则达到了为奖惩教师提供依据的目的。而强调评价的教育性价值则注重为被评教师发展助力，促进其反思和自我提升。这种评价侧重于过程，关注教师在评价过程中的思考和反思，并且希望通过评价促进被评教师的发展，使其不断学习和成长。

强调工具性价值和强调教育性价值的两种评价差异性明显，工具性评价更注重结果和规范，比较单向地对被评教师进行检验，以期实现某种设定的目标；教育性评价则更注重双向互动，促进被评教师的学习和自我提升，以期实现双方所共有的目标。同时，在评价方法、侧重点和应用场景等方面也有明显的差异。

2. 价值判断的基本方法是相对评价

以测量为标志的评价，主要采用相对评价的价值判断方法开展教师教学评价。相对评价是一种将不同对象或方案进行比较的方法，通过比较确定其优劣。在教师教学评价中常用到的相对评价方法为对比分析法、两两比较法、贡献评价法、层次分析法[②]等。

具体来看，对比分析法是将被评教师与同行教师进行对比，发现他们在教学中表现出的差异和优缺点；两两比较法是将被评教师进行两两比较，不断筛选出较优者，最终找出教学最优的教师；贡献评价法是根据被评教师在学校教学评价标准系统（多维度、多因素的评价内容）中的贡献度进行评判，这种方法适用于在多因素的评价内容中学校希望教师教学在其设定的重点内容上有所突破的情

---

① 史晓燕，赵利曼. 嵌入式教师教学评价：价值重构、实践逻辑与运用价值[J]. 中国教育学刊，2022（09）：27-31.

② 胡咏梅，施世珊. 相对评价、增值评价与课堂观察评价的融合——美国教师评价的新趋势[J]. 比较教育研究，2014，36（08）：44-50.

况；层次分析法是将决策问题按层次结构进行划分，从上到下依次构建指标体系，然后在每个层次上对指标进行权重分配，最后综合计算得出所有方案的总得分，从而确定最优方案的方法，以此方法可以确定被评教师在所有评价对象中所处的位置。

值得注意的是，相对评价方法的具体选择应该根据评价的对象、目的以及评价信息特点等情况来决定，同时也应该考虑到各种方法的适用范围和局限性。

（二）第二代以描述为标志的评价（20世纪30—40年代）

第二代以描述为标志的评价，特指利用美国"八年研究"创立的"行为目标模式"开展的评价[①]。这一时期开展评价的特点是，将评价内容转化为可以观察或操作的行为化目标，评价过程是描述实际开展的教育活动，判断其达到目标的程度。

这一时期的评价称为以"描述"为标志的评价，是因为其改变了第一代教育评价的基本方法，舍弃了群体内评价对象相互比较、排队的基本操作，在群体外部设立一个客观标准或者说建立一个"目标"，比较评价对象与所设目标。这一评价方法的改变是美国"八年研究"的成果。1929年爆发的世界经济危机，导致大量的青年工人失业，他们涌入了当时的美国高中，希望在高中能学习到实用的知识和技能，以提高竞争力尽快就业。但没有想到的是，当时的美国高中是为学生升大学服务的，这就使得学校课程与当时入校的青年工人的学习需求之间产生了矛盾。由美国教育家组成的进步主义教育协会，依据新的教育理论将学校的培养目标改为"全面发展人的才能"，并据此设计了一套新的教学体系，全面改革课程、教材、教法及教学时间。为了验证改革成效，进行了为期八年的教育实验，即所谓的"八年研究"[②]。

以描述为标志的评价，就教师教学评价而言是预先设计目标（评价标准），收集教师教学信息，描述教师教学与目标（评价标准）的关系，以达成目标的程度定质量，采用的是绝对评价的方法。

[①] 卢立涛.测量、描述、判断与建构——四代教育评价理论述评[J].教育测量与评价（理论版），2009（03）：4-7.

[②] TYLER R. Basic Principles of Curriculum and Instruction (Reprint edition)[M]. Chicago: University Of Chicago Press, 2013: 57-58.

1. 目标（标准）的预定性

以描述为标志评价的基本特征是目标（标准）预定，即在开展教师教学评价前就设定了明确的目标（标准），整个评价的实施是围绕目标（标准）进行的。

其优势如下。

①指导行动：对教师个人而言，先期设定评价标准或目标可以帮助教师明确需要完成的教学任务和教学工作要求，进而指导其教育教学行动。在学校组织中，设定明确的教学评价标准或目标可以帮助学校教师理解学校对教师教学的要求和期望的教学结果，并引导学校成员朝着共同的目标努力。

②衡量成果：预设教学评价标准或目标可以对教师个人或学校的教学质量进行价值判断。有了评价标准，教师及相关人员可以更容易地判断是否达到了预期的目标和结果，并且可以定期对比实际教学成果与既定目标，从而检查并调整教学工作计划和策略。

③建立信任：设定透明、公正、可靠的教学评价标准或目标可以建立信任关系，强化学校与教师甚至学校与学生（家长）之间的关联。在学校组织中，教师会感到自己的工作得到了学校认可，激励他们更有动力去实现这些标准和目标。

④促进沟通：预先设定教学评价标准或目标可以促进教师间追求共同目标的沟通以及交流。当教师知道自己必须达到某个教学目标时，就会与教学督导人员（管理人员）或同事交流，寻求建议和反馈。这样，学校组织中的教学价值取向会变得更多样化并且更加贴近实际目标。

⑤提高工作绩效：通过设定合理的教学评价标准或目标，可以在教师的教学工作过程中激发他们的潜力，并让他们感到受到认可和鼓励。有了评价标准和目标，教师会更加清晰地知道自己所追求的目标和方向，更有可能取得好成绩并提高工作绩效。

目标（标准）的预定，实则是规定了行动的方向，对行动者具有引导作用，也是教学管理的一种需要。

2. 价值判断的基本方法是绝对评价

绝对评价也称为目标（标准）参照评价，是指根据特定的目标（标准）对评价对象进行判断，考察其目标（标准）的达成度。

就教师教学评价而言，采用绝对评价的方法，首先需要确定评价目标，如以教学目标、教学内容、教学方法、教学效果为基本的维度，设定教师教学需达到的目标。确定评价目标后则需要将这些目标转变成评价指标，如教学内容要"反映学科前沿""具有逻辑性"等。再确定评价方法，如自评、他评。进而收集评价信息，如是单一主体评价还是多主体参与评价，采用观察法、问卷法、文献法还是其他方法以及处理评价信息。总之，绝对评价的方法是一种目标导向的评价，利于教师明确教学的努力方向、明确个人教学与目标的差距、明确教学需改进的方面。当然，绝对评价只是一种评价方法，能对教师教学产生影响也是由于目标所起的作用。若要真正地改进教学、获得专业发展还需要个人努力。

对于教师个人而言，要改进教学获得专业发展，需要努力熟悉课程标准、分析学生特点、不断反思教学、更新理念和方法等。

熟悉课程标准：教师应该认真研读所教课程的标准，了解学生需要掌握的知识、技能，明确需要培养学生的哪些关键能力、品格等。

分析学生特点：教师应该了解学生的年龄、性别、文化背景、学习习惯、学习成就等，以便制订适合学生的教学计划。

不断反思教学：教师应该经常对自己的教学进行反思，找出不足之处，及时改进教学方法和策略，确保学生的学习效果。

更新理念和方法：了解国内外先进的教育教学理念、教学方法和工具，借鉴其中的宝贵经验，从而提高教学水平。

（三）第三代以判断为标志的评价（20世纪50年代末—60年代初）

第三代以判断为标志的评价，是指将教育评价运用于学校实践的过程。"八年研究"是由专家引领的教育实验，验证了学校通过课程、教材等一系列教学改革来发展人的全面才能是有效的，诞生了教育评价学科，同时形成了"行为目标模式"。

1957年，苏联成功发射了第一颗人造卫星"斯普特尼克"（Sputnik），引起了全球范围内的轰动和震撼。美国政府意识到其在科技领域上已经落后于苏联，开始采取措施加强本土的科技教育，派出"国际教育计划"代表团前往苏联考察当地基础教育课程的内容，并寻找可以在美国推广和应用的教学方法和理念。为了进一步加强科技教育，美国政府还采取了一系列措施，如实施《国防教育法》（National Defense Education Act），鼓励大学和高中学校增加其科学、技术、工程和数学（STEM）专业的设置以及提供更多的经费和奖学金支持。此外，该法案还鼓励成立技术培训中心，为工人和军队成员提供职业培训。在政府提供资金的情况下，美国的许多学校承担起了探索基础教育课程改革新模式的任务。然而，这些实验成果是否可取，"行为目标模式"却无法评价。就此，美国学者斯塔弗尔比姆（Daniel Stufflebeam）于1971年首次提出了CIPP模式，CIPP代表背景（context）、输入（input）、过程（process）和产出（product），可以用来全面评估一个教育计划、政策或项目[①]。

背景评价（context evaluation）：评估背景信息，包括相关政策、社会文化环境、组织架构、目标受众等因素。这有助于了解该项目是否具有必要性和可行性以及与外部环境的适应度。

输入评价（input evaluation）：评估资源投入，包括人员、时间、资金、设备等方面。通过这一步骤，可以确定项目的投入是否与预期相符，是否能够支持后续的工作实施。

过程评价（process evaluation）：评估实施过程，包括教学方法、组织管理、沟通交流等方面。这一步骤可以帮助了解项目的执行进度及质量，同时也能促进项目执行者之间的交流与协调。

产出评价（product evaluation）：评估项目成果及其对目标受众的影响。通过这一步骤，可以检验项目是否达到了预期目标，对目标受众产生了什么实际效果，并确定改进措施。

以判断为标志的评价，评价内容更符合实际需求，如从学生的角度，更加注重培养学生的实际技能和解决问题的能力，帮助学生更好地适应未来的工作和生活。与以描述为标志的评价相比有了较大的改进，表现在它是一种反映实践需求的评价、引入了对目标合理性的评价、强化过程的评价。

---

① STUFFLEBEAM, D L. The relevance of the CIPP evaluation model for educational accountability[J]. SRIS Quarterly, 1972, 5(1).

1. 反映实践需求的评价

教师教学评价目的是服务教学实践，因此为教学实践服务而开展的评价应对教师教学的目标、内容、方法、手段及效果等具有的价值展开评价。

对教学目标而言，应评价教师是否能够清晰明确地制订教学目标，并且能否通过课堂教学使学生达到预设的目标。对教学内容而言，评价教师是否能够根据学生的学习特点，选择符合学生认知规律和发展规律的教学内容，并且能否将内容系统地组织起来，形成教学内容体系。对教学方法而言，评价教师是否能够采用多种适应不同学生的教学方法，并且能否根据教学效果及时调整教学策略。对教学手段而言，评价教师是否能够充分利用各种教具、教材和多种媒介手段，使教学过程更加丰富多彩。对教学效果而言，评价教师是否能够通过教学使学生真正地掌握所学知识和技能并养成必备的品格，且能够在实际生活中得到应用和体现。

可见，无论是教学目标还是内容、手段等方面的评价，其核心目的都是优化教学实践，以更好地服务学生的学习和发展。

2. 引入了对目标合理性的评价

由于"行为目标模式"是目标导向，一切教育教学活动围绕目标进行，并不关注目标是否合理；而 CIPP 模式则首先要对目标的合理性进行评价，这也是 CIPP 模式的自身特点使然。CIPP 模式是一种决策模式，决策的定位极其关键，如果方向错了（在具体的现实中要做的事不对）就无所谓行动计划或行动方案，所以 CIPP 模式首先评价的是目标，判定其是否合理、有价值。

教师教学评价中，评价教学目标是 CIPP 模式中非常重要的一环，它为教学后续活动提供了有力的支持和指导，在教学评价中具有重要的价值和意义。首先，通过评价教学目标，可以确保教师和学生都能明确教学的目标和方向，也为教师教学提供了清晰的指导。其次，评价教学目标可以帮助教师更好地设计适切的教学策略和方法，以便更有效地实现教学目标。此外，评价教学目标还能够检验教学成果，确定教学产出的质量和效益。

3. 强化过程的评价

教师教学评价强化过程性评价，看似针对教师教学，其实真正获益的是学生，因为教师教学改进也是为学生服务，满足学生学习需求。从学生学习的角度来看，强化过程性评价可以帮助学生更好地了解自己的学习状况、进度和学习水平，如通过对学生学习过程的全面记录并及时向学生提供反馈，使学生清晰地了解自己的学习表现，明确自己应该在哪些方面下功夫或是否需要改变努力方向等。强化过程性评价的目的不仅是评价学生的学习表现，更是激发学生自主学习的积极性。当学生了解了自己的学习情况后，会更加积极主动地寻找适合自己的学习方式和确定个人学习目标，从而提高学习效果。对教师的教而言，强化过程性评价为教师提供了更全面、更具有针对性的评价反馈信息，从而更准确地把握教学动态，及时发现问题并有效地解决问题。

（四）第四代以回应协商为标志的评价（20世纪80年代至今）

第四代以回应和协商为标志的评价，其基本特征是评价的开放性，评价对象已不再只是评价结果的被动接受者，而是评价活动参与者，更是评价活动的主体[①]。如果说前三代教育评价是一种预定式的评价，即评价标准在先，评价标准规定了评价的走向和采用的方法，第四代评价则是一种非预定式的评价。

第四代评价理论强调评价过程中被评价者的主体地位，是一种帮助评价对象发展和改进的评价模式。特别是被评价者可以对他人的评价进行解释、质疑，实现了评价参与者之间的合作与交流。从评价标准的制订到评价过程开展以及评价结果的解释等，被评价者全程参与且充分地彰显其主体地位。第四代评价理论的基本思想表现为：强调个体差异性、鼓励参与式评价、以学习为本、倡导综合评价、建立信任关系等。

强调个体差异性：评价过程中应强调被评价者的个体差异性。不同评价对象之间存在着不同的优点、弱点和需求等，评价中应该充分考虑这些因素，并针对被评价者的差异开展个性化评价。

鼓励参与式评价：尽可能地让被评价者参与到评价过程中，让被评者表达自己的观点、发表自我评价的意见，从而在更好地了解自己的同时认识和理解评价的目的。评价人员也应该认真倾听被评价者的意见，并将这些意见纳入评价结果的考虑范围内。

---

① GUBA E G, LINCOLN Y S. Fourth Generation Evaluation[M]. London: Sage Publication, 1989:16.

以学习为本：评价应该以学习为本，评价者与被评价者之间应形成一种经验共享的学习关系而非权力关系。被评价者应该被看作是拥有自主权和选择权的学习者而非被动接受评价的对象。评价者应该帮助被评价者发现自己的潜力和可能性，鼓励他们在未来的评价中取得更好的成绩。

倡导综合评价：除进行基于评价目标所包含的指标的评价外，评价过程中还应该考虑到影响评价目标实现的其他方面的因素，如教师教学评价，包括教师的交往能力、创造性和领导力等，在评价中应综合评价。

建立信任关系：评价过程中应该建立起被评价者和评价人员之间的信任关系。评价人员要尊重被评价者的意见和感受，并反馈公开、公正的评价结果，只有这样才能使被评价者积极地参与到评价中来，从而实现第四代评价理论的评价理念以及现代教育评价的价值追求。

以回应和协商为标志的评价，就教师教学评价而言是以教师专业发展的促进、教学的改进为目的的评价。被评教师在整个评价过程中处于主体地位，与评价者构成平等的合作关系。

1. 倡导多元主体的评价

教师教学评价中的多元主体包括督导人员、教学管理人员、同行教师、家长、学生，也包括被评教师本人。多元主体评价的目的是更全面地反映教学的效果，并促进评价参与者之间的互动和合作。在评价过程中，不同评价主体分别按照自己的角色和职责进行评价，从而使评价信息更全面、评价结果更准确。学校督导人员了解学校教师的整体教学情况，对教师的教学评价可以反映出教师相较于他人的优、劣势，从而帮助学校及教师个体了解和掌握教师的整体教学水平及个人的情况。教学管理人员熟悉教学工作，更多的是从管理的视角评价教师教学，其评价优势在于更关注教师的教学态度，如教师对待工作是否认真负责、是否能够与学生建立良好的互动关系、是否能够尊重学生的个性和差异等。同行教师可以帮助被评价教师更好地设计教学目标和进行课程设计，能对被评教师的教学内容是否具有足够的深度和广度、是否符合学科发展的趋势和前沿进行评判并给出合理建议等。

2. 彰显被评教师的评价主体地位

以回应协商为标志的评价，要求在开展教师教学评价时，彰显被评教师的评价主体地位。因为只有被评教师的评价主体地位得到彰显，才能使被评价教师感到被重视和认可，激励其更努力地改进工作，提高教学质量。

第一，激发被评教师参与评价的积极性。如果被评教师感到评价是单方面的、强加于他们的，很可能会产生抵触情绪，不愿意参与评价，甚至出现逃避评价的情况。但是，如果评价过程中充分尊重被评教师的主体地位，鼓励他们分享自己的看法和经验，那么他们就会感到被认可和支持，愿意积极参与评价。

第二，提升教师教学评价的效能。只有当被评教师的评价主体地位得到充分尊重时，他们才会真实地反映自己的教学情况、面临的问题和感受，这样才便于获得准确客观的评价结果。同时，被评教师的意见和看法也能为评价人员提供更多角度的思考，提升教师教学评价开展的价值。

第三，增进教师之间的交流和合作。当被评教师享有评价主体地位时，会增强其责任感和自信，使其更愿意与其他教师分享自己的教学经验和成功做法，如此，便可以促进教师之间的交流和合作，共同提升教学水平。

二、由鉴定走向改进

教育评价功能反映的现实需求在不断地变化，最初为满足选拔及管理的需要，更重视评价的鉴定功能，而随着教育改革及评价理念的转变，则强调"以评促建、以评促发展"，评价功能转向了重视改进[①]。

（一）评价的鉴定功能

评价的鉴定功能是指对人、事、物等进行价值判断时所具备的辨别真伪、准确性和公正性等方面的功能。在这个过程中，评价者需要具备较高的观察、分析、推理和判断能力，以确保得出的评价结果具有客观性、真实性和可靠性。强调评价的鉴定功能，是一定的评价目的的反映，会偏向于采用相对评价的方法。

---

① 张娜. 从对教育的评价到促进教育的评价——教育评价国际研究进展综述[J]. 基础教育，2017，14（04）：81-88.

1. 为奖惩性评价服务

实现评价的鉴定功能，往往采用相对评价的方法。相对评价方法是指将评价对象与群体内其他对象进行比较，从而确定其所处位置的一种评价方法，可以确定评价对象间的差异，按特定顺序为评价对象排序，为奖惩性评价服务。

奖惩性评价是为管理服务的一种评价。以教师评价而言，奖惩性评价体系是指以奖励与惩罚为主要手段来衡量教师的工作表现、绩效和成果。这种评价体系通常会采用排名或分级等方法，以此决定教师的晋职、评优，一般排名较靠前的教师将获得更多的奖励，而排名靠后尤其处于末位的教师可能面临惩罚或淘汰等风险。奖惩性评价体系的优点是能够激发评价对象的竞争意识和行动力，可以对组织内成员产生激励作用，但这种激励属于外部的激励，往往会使组织内部人员间关系紧张，甚至形成敌对关系。

与奖惩性评价相对应的是发展性评价。相对于发展性评价，奖惩性评价表现出面向过去、评价者与被评价者处于分离的状态、评价标准是预定的、注重量化评价、一次性地完成评价等特点。

第一，评价目的是为奖惩提供依据。对被评价者进行奖惩，需要有可比较的相对客观的依据。鉴定功能就是要通过对被评价者的表现、能力、贡献等进行评估，进而确定其是否符合获得奖励的条件或者是否需要接受惩罚。通过评价可以保证公平性和透明度，避免出现奖惩随意和不公正的情况。

第二，面向过去的评价。奖惩性评价体系既然是为奖惩提供依据，自然就会关注评价对象以前的表现，对照评价标准以评价对象过去的表现为证据而开展评价，自然是一种面向过去的评价。

第三，自上而下的评价。奖惩性评价是对应预定标准的一种评价，评价结果的客观与否实质是其掌握标准的准确性，所以开展奖惩性评价是评价者在上，通过判断教育活动与标准的关系给出评价结果；被评价者在下，只是为评价者判断过程提供证据，最终接受评价结果。

第四，评价标准的预定性。由于奖惩性评价是有明确目的的，对评价对象"奖"要有奖的理由，"惩"也要有惩的道理。这一切基于评价标准，所以评价前要制订好标准，评价过程中不得随意更改标准。

第五，注重量化评价。奖惩性评价往往需要将被评价者进行排序，量化评价更易实现这一目标，因此奖惩性评价更为注重量化评价。

第六，一次性地完成评价。由于奖惩性评价需要对照目标（标准），所以开展评价时应先收集相应的信息，对照目标判断达成度，进而获得评价结果。故奖惩性评价一次性地完成评价过程。

2. 对教师教学评价的影响

强调鉴定功能，开展奖惩性的教师教学评价，在评价目标上主要是为奖惩提供依据，评价过程以收集证据为根本一次性地完成，评价结果用于奖惩。

（1）对评价目标的影响

开展奖惩性的教师教学评价，其理念是通过奖励和惩罚来激励教师积极投入教学工作，强调外部激励，如设计末位淘汰制，对评价结果处于末位或接近末位的教师会产生强大的激励性，使其因担心会被淘汰而拼命工作。而对于评价结果位置靠前的教师也会因受到巨大的鼓励而努力工作。

评价更突出实效导向。即对照评价标准，更重视达成标准的教师的教学成果，注重教学目标的达成。由于其一次完成评价，通常是以教师所提供的证据及对教师教学的一次观察获得信息，在评价标准不明确或评价程序不完善的情形下，评价结果易受主观因素影响，出现难以保证结果客观公正的问题。

（2）对评价过程的影响

奖惩性的教师教学评价大致依如下程序进行：设定评价标准、收集评价信息、分析评价信息、评价结果反馈。

设定评价标准。根据教师教学评价的目的先行设计评价标准，这是对教师教学行为的先导，也是开展奖惩性评价的先行工作。所谓的预定式评价也就是评价标准在先，是对整个评价过程及方法的一种规约，评价过程要围绕着评价标准而进行。

收集评价信息。开展教师教学评价要围绕所设定的标准来收集评价信息，一般教师教学评价标准会涉及教学目标、教学内容、教学组织、教学方法等评价内容，通过各种手段，如观察（录音、录像）、问卷、访谈、文献等，收集反映这些评价内容的具体指标，为开展评价提供证据。

分析评价信息。教师教学评价信息有不同的分类，按数据类型可分为量化的信息和质化的信息，一般对通过观察、访谈、文献等方式收集到的描述性的资料信息凭经验进行逻辑分析、判断；而对通过问卷、测验等方式收集到的数量化的信息，则可以进行描述统计、推断统计等分析、判断。

评价结果反馈。由于该评价为教师教学奖惩服务，所以评价结果应可排序，这样利于进行相对评价；结果要符合客观标准、综合地反映客观标准；反馈及时且公开透明。

（3）对评价结果处理的影响

由于评价的目的是为奖惩提供服务，所以评价结果处理的关键是要始终坚持公正、公开、科学的原则，对教师进行全面深入的评价和分析，得出科学的评价结果，并通过适当的奖惩机制来促进教师的教学改进和提高教学质量。

结果处理的科学性，反映于评价标准的客观性、评价方法的客观性、评价者的客观性。评价结果应该准确地反映教师的教学实际情况，应该是可重复的、可验证的。

（二）评价的改进功能

早在 1966 年，斯塔弗尔比姆（D.L.Stufflebeam）就提出，评价最重要的意图不是为了证明（prove），而是为了改进（improve）[①]。评价的改进功能是指通过评价，了解评价对象的基本情况，诊断和发现评价对象存在的问题，从而起到促使评价对象改变、发展的作用。评价改进功能的实现需明确改进的目标，一般会偏向于采用绝对评价、个体内差异评价等评价方法。

评价的改进功能，是通过评价发现存在的问题，及时运用信息"反馈原理"，通过评价及时获得教育过程、教育结果的反馈信息，及时调整、控制和矫治不良的、不利于教育目标实现的教育行为，从而控制教育活动和教育工作过程，提高教学水平，实现整个教学过程的优化和完善[②]。这一目标的实现需要先行对评价对象进行考察，了解其各方面的水平和发展潜力。不仅如此，还需关注评价对象发

---

① STUFFLEBEAM D L. A depth study of the evaluation requirement[J]. Theory into practice, 1966, 5(3): 121-133.
② 张洪秀. 教育测量与评价方法 [M]. 长春：吉林大学出版社，2014：24.

展的特点,即明确其是如何发展的,通过了解评价对象的基本情况,为其提供个性化的评价及指导,为评价对象的发展提供服务。

1. 为发展性评价服务

实现评价的改进功能,往往采用绝对评价、增值评价等方法。绝对评价方法是指根据外部设定的目标(标准)来考察评价对象的目标(标准)达成度[①]。由于目标(标准)是明确的,以目标(标准)为标准的绝对评价对评价对象的发展具有正向、持续性的激励作用,从而更有助于评价对象的发展。增值评价是对评价对象进行先期测量获得其发展的基准,再经历一段发展时间考察评价对象的变化幅度,以进步幅度定质量[②],这一评价方法同样会促使评价对象改变。

发展性评价是以促进评价对象发展为目的的评价,发展性评价体系以评价对象发展和成长为中心任务,注重提供发展指导,帮助评价对象发掘自己的潜力和提升能力。例如,发展性的教师评价强调关注教师的职业规划和个人成长目标,并通过定期的反馈和指导来帮助教师实现这些目标。相对于奖惩性评价,发展性评价呈现出六个方面的特征。

第一,评价目的的发展性。评价是为了促进评价对象发展,这是发展性评价的基本目的。开展评价不只是追求评价的准确性,更重要的是为了评价对象的发展而评价,发现评价对象的发展水平、了解制约评价对象发展的因素、制订促进评价对象发展的策略。

第二,面向未来的评价。评价内容的确定、评价方法的选择等都是为了促进评价对象未来的发展。

第三,合作式的评价关系。发展性评价体系是一个培养评价对象的过程,为了促进评价对象的发展需要了解评价对象需要发展的内容、用什么样的方法利于评价对象的发展。如开展发展性的教师评价,是由评价者与被评教师协商评价方案。可见,在发展性的评价体系中,评价者与被评价者是平等的、合作式的关系。

第四,生成性的评价标准。由于发展性评价体系是一个对人的培养过程,具

---

① 吴全华. 中小学教师评价改革的基本取向[J]. 当代教育科学, 2021 (07): 75-80.
② KOEDEL C, MIHALY K, ROCKOFF J E. Value-added modeling: A review[J]. Economics of Education Review, 2015, 47: 180-195.

有个性化，所以评价标准是随着评价对象发展而不断确定的，即评价标准是不断生成的。

第五，注重质性评价。发展性评价体系因为强调发现问题、确定未来发展方向，所以需要收集事件性、描述性的发展信息，强调解释性，重质性评价。

第六，评价时间呈周期性推进。发展性评价的目的是通过评价推动评价对象的发展，而发展不是一朝一夕的事，不可能通过一次评价而达成发展的目的，所以需要时间、需要过程。如对教师教学的评价，可以根据课程的进度或学期、学年安排评价周期。

2.对教师教学评价的影响

强调评价改进功能，开展发展性的教师教学评价，在评价目标上主要是为促进教师发展服务，评价过程以周期推进，评价者与被评教师协商评价方案，以面谈为基本形式，评价结果不用于奖惩，而是为教师发展服务。

（1）对评价目标的影响

强调改进功能的教师教学评价是以促进教师专业成长和教学改进为目标的评价。与传统的绩效评价不同，强调改进的评价不仅仅关注教师教学已经完成的目标、任务，更是从多个角度对教师教学进行全面评判，为教师提供教学信息反馈、指导和支持，帮助教师在教学实践中不断地成长。

受评价改进功能的影响，开展教师教学评价将评价目标由比较教师教学的优劣转向了关注教师及教学本身。就教学改进而言，通过对教学的评价，教师可以了解到自己在教学中存在的问题，及时进行调整和改进。就教师自身发展而言，通过评价可以让教师了解自己在教学上的优势和劣势，为教师提供真实有效的发展反馈信息，指导教师明确后续的专业发展路径。

（2）对评价过程的影响

强调改进功能的评价，更强调在评价过程中找准被评教师教学改进的关键内容，如教学目标的明确性、教学策略的适用性、教学反馈的及时性与准确性、教学氛围的营造、教师自我反思的能力等，即评价过程需要考察教师是否对教学目标达成的要求有清晰的认识以及是否通过合理的教学设计和组织实现了这些目标；关注教师是否采用了有效的教学策略，并且根据学生的不同需求进行差异化的教学安排；观察教师是否能够及时、准确地给予学生反馈，并针对学生的表现和需要制订相应的教学计划；关注教师是否能够营造积极、和谐的教学氛围，鼓励学生积极参与课堂活动，并尊重学生的思想和感受；考察教师是否具备良好的自我反思能力，能够在教学实践中不断总结经验、发现问题，并及时采取措施进行改进。

强调改进功能的教师教学评价，往往采用能促使被评教师反思其教学行为的评价方法。例如，重视教师自我评价，让教师及时反思自己在教学过程中的表现，并提出改进措施。采用质化的评价方法，不仅能够全面了解教师的教学情况，还可以为教师提供更加深入的反思和改进方向。比如，通过观察记录法可以客观地记录教师在教学过程中的行为举止和言语表达等方面的表现，从而对教师的整体教学效果进行评价；通过问答法和案例分析法可以深入了解教师所教学科的内容和教材，掌握教师思想方法和教学技能等方面的表现情况。

（3）对评价结果处理的影响

强调改进功能的教师教学评价主要是为了帮助教师了解自己的不足之处，并有针对性地改进教学，评价结果处理往往具有建设性。

对教师教学评价结果的处理，一般会在经过认真分析和总结的基础上，确定教学中存在的问题及问题成因，并提出相应的解决方案和改进建议。评价结果趋向以客观、清晰明了的方式向教师反馈，让教师能够明白自己在哪些方面存在不足、在哪些方面需要改进。值得注意的是，对教师教学评价结果的处理，应考虑教师的特点和教学环境的不同，使评价结果的反馈起到激励教师的作用。

强调改进功能的教师教学评价结果处理，要特别关注为教师发展服务。要通过评价反馈，让被评教师重新认识评价的作用，并提高自我评价的能力。

第三章　数据在嵌入式教师教学评价中的作用

在嵌入式教师教学评价中，数据扮演着十分重要的角色。数据提供了评价信息的基础，为教师教学评价提供了客观、准确的依据。在构建伴随式评价信息反馈系统和教师教学"自我纠正系统"时，数据的作用进一步突显。教师通过监测和记录教学过程中的反馈数据，可以全面了解自己的教学效果和改进方向，还可以通过分析和比较不同教学行为和教学结果的数据，实时调整自己的教育教学方式和策略，提高教学效果。

一、构建伴随式评价信息反馈系统

伴随式的教师教学评价信息反馈系统是一种进行教育评价的有效工具，更是教师改进教学的得力助手。它旨在通过实时记录、识别和反馈教师的教学行为，提供有意义的反馈信息，以便教师及时地改进自己的教学。该系统采用了现代化的技术，如机器学习和人工智能，能够分析教学记录并预测学生成绩，从而帮助教师制订更好的教学策略。其核心理念是将评价变得更加准确和更具针对性，使教学过程更加个性化和高效。而伴随式的教师教学评价信息反馈系统靠的是数据的支持，数据可以帮助教师更好地了解学生的学习情况并对学生进行个性化指导，也可以为教师提供实时的教学反馈，从而帮助教师调整和改进自己的教学方法和策略。数据在构建伴随式评价信息反馈系统中的作用，主要表现在为教师提供实时的教学反馈、为教师教学决策提供个性化的支持以及指导教师支持学生有效学习。

（一）为教师提供实时的教学反馈

数据为教师提供实时的教学反馈，主要是通过分析学生的表现、需求以及教师自身的教学过程，从而使教师更好地了解学生的需求及个人教学的有效性。值得关注的是，在应用数据时，教师需要保证其可靠性并尊重学生的隐私，且要合理利用。只有如此，数据才能真正成为教学中的有益工具。

1. 为教师提供学生的实时表现

数据可以帮助教师更好地掌握学生的学习情况。通过收集和分析学生在课堂上的表现数据，教师可以了解学生的认知水平、学习兴趣、学习难点等情况，从而有针对性地调整教学策略，为学生提供更加个性化的教育教学服务。

一般来说，学生课堂表现数据包括基本信息，如姓名、性别、年龄等，这是学生课堂表现数据的基础，用于对学生进行个性化分析和指导；课堂参与情况，如回答问题、发言、互动等，这些数据可以用于评价学生的活跃程度和思维能力；学习效果，如测验、作业得分等，这些数据在一定程度上反映了学生对教师所设计的教学目标的达成情况；心理状态，如情绪、动机、兴趣、自信心等，这是为学生提供心理援助和支持的重要素材。这些数据的获得需要对学生的学习表现进行观察、记录和分析。例如，有研究者通过收集学生课堂表现数据，探究了一种由教师、家长和学生共同组建的社交学习网络，以促进学生学习动机的提升①。

① 通过课堂观察可以获得学生多方面的学习情况数据。具体包括学生的学习状态和学习进展数据，如学生是否专注听讲、是否积极参与课堂讨论、是否与同学形成积极的互动关系等，反映学生学习的态度和自主学习能力；学生的思维过程数据，如学生是否能够分析问题、独立思考、运用所学知识解决实际问题等，反映学生的认知能力和学习成果；学生的语言能力和交流技巧数据，如学生是否能够清晰地表达自己的意见、是否具备良好的沟通能力、是否能够倾听并理解他人的观点等，反映学生的口头表达和交流能力；学生的合作能力和团队精神数据，如学生是否擅长与同学合作完成任务、是否能够有效地协调团队内部关系等，反映学生的团队意识和人际交往能力。国内外多项研究表明，通过课堂观察获得的数据能够指导教师教学和学生学习。例如，有学者采用课堂观察的方法，历时3个月收集62名物理教师课堂教学活动的数据和学生积极参与学习的时间数据，

---

① AGUSTIANI M, NINGSIH, S, MURIS A A. Students' Learning Motivation Through Edmodo: Blended Learning In Esp Classroom[J].Research and Development Journal of Education, 2021, 7(1), 39-49.

以探究何种教学活动可以提高学生的参与度，从而指导教师开展教学[①]。

②通过测验、提问等过程性的学习评价也可以获取学生的学习情况数据。有研究表明，过程性学习评价不仅可以丰富学生的学习体验，还可以为学生表现或能力测量的总结性评价做好准备[②]。该研究表明，通过过程性学习评价能够获取学生的学习情况数据。测验是一种有效的学习评价方法，可以帮助教师评估学生对所学知识的理解和掌握程度。通过组织测验，教师能够了解学生的学习进展情况，及时调整教学内容和方法，以便更好地达到教学目标。此外，测验还可以鼓励学生积极学习，培养他们的自我学习能力。提问也是一种非常有效的学习评价方式，教师可以通过提问来检测学生对所学知识的掌握程度，同时也可以激发学生的创造力。在提问过程中，教师可以根据学生的回答情况和表现，及时进行适当的引导和辅导，帮助学生更好地理解和掌握知识。此外，许多的过程性的学习评价方式，如实验、小组讨论等，不仅可以获得学生学习情况数据，还可以让学生在实践中学习，提升他们的实际操作能力和创新思维能力。

2. 帮助教师更好地理解学生需求

教育评价数据是通过对学生的表现进行分析而获得的信息，包括测试成绩、出勤率、参与度等。这些数据可以为教师提供宝贵的反馈信息，帮助他们更好地了解学生的需求，从而更有针对性地制订课程教学计划。

我们需要意识到，虽然学生的学习需求在不断地变化，但是一些基本的学习需求是恒定的，包括学生获取新知识与技能的需求、学习中承担挑战性任务的需求、获得认可和鼓励的需求、与教师及同学互动的需求、对多样化和灵活的学习方式的需求。

获取新知识与技能的需求表现在，学生希望通过学习掌握新的知识和技能，能够在未来的求职和生活中更加成功和自信，为了满足这一需求，教师需要提供学科前沿性的知识及运用知识的新工具和方法；挑战性任务可以激励学生主动学习、思考和探究，对学生而言，完成一个挑战性任务会让他们觉得自己已经学到

---

① NDIHOKUBWAYO K, UWAMAHORO J, NDAYAMBAJE I. Assessment of Rwandan physics students' active learning environments: classroom observations[J]. Physics Education, 2022, 57(4).
② KULASEGARAM K, RANGACHARI P K. Beyond "formative": assessments to enrich student learning[J]. Advances in physiology education, 2018, 42(1): 5−14.

了更多的东西，也能够更好地应对以后的挑战；学生需要感受到自己的成长和进步，得到老师、家长和同伴的认可和鼓励，这种正向反馈可以增强学生的自信心，让他们更好地面对困难和挫折；学生在学习过程中需要与老师、同学甚至其他领域的专家进行交流和互动，以便更好地理解和掌握知识，与他人互动学习也可以帮助学生培养团队合作意识和沟通技巧。每个学生的学习方式都不一样，所以教师需要提供多种方式的教学，如实验、课堂讨论、小组合作和在线学习等，这样可以满足不同学生的需求，提高学生的学习效果。

理解学生的学习需求是教师开展教学的基础，教师只有理解学生的学习需求，才会更加关注学生的个体差异，了解每个学生的学习状况和学习特点。不同年龄、性别、文化背景、知识储备等都会对学生的学习产生影响，而教师的责任就是因材施教，实施个性化教学，针对不同学生的需求，采用不同的教育手段和方法，使学生获得更好的教育效果。教师理解学生的学习需求，不仅能够增强教师与学生之间的沟通和信任，还可以更好地与学生进行交流和互动，及时发现学生在学习中的困难和问题，并给予针对性的指导和鼓励。在这个过程中，学生也会逐渐建立起对教师的信任，愿意向教师寻求帮助和支持。

3. 促进教师改进自己的教学

实时的教学反馈是促进教师改进教学的重要手段。有研究表明，持续为教师提供即时的、积极的、带有矫正性的具体教学反馈，可以影响教师的态度和行为[1]。以学生对教师的反馈为例，教师如果持续地获取学生对教学内容、教学方法和教学效果的反馈信息，便可以及时地了解到学生的需求和学习效果，从而同步改进自己的教学，满足学生的学习需求，达成提高教学质量的目的。

实时的教学反馈具有多方面的价值。

①帮助教师及时发现教学中存在的问题。在教学过程中，如果出现学生没有理解某个知识点或者教师表达不清楚等问题，教师应立即采取措施进行纠正和改进。通过实时的反馈机制，教师可以快速地找到问题所在，然后有针对性地调整教学计划和教学方式，更好地满足学生的需要。

---

[1] ROCK M L, GREGG M, THEAD B K, et al. Can You Hear Me Now?: Evaluation of an Online Wireless Technology to Provide Real-Time Feedback to Special Education Teachers-In-Training[J]. Teacher Education and Special Education, 2009, 32(1), 64-82.

②提高学生的参与度和积极性。当学生感受到自己的意见和想法在教学中被认真听取并作为反馈被采用时,会更加积极地投入到学习中,增强学习兴趣和动力。此外,实时反馈也有助于学生对自己的学习情况进行评估和反思,从而更好地掌握知识点,提高学习效果。

③提升教师的专业素养和教学水平。通过不断收集学生的反馈信息,教师可以了解学生所需、所想和所感,从而更好地把握课堂氛围和学生情况,有针对性地制订教学策略和教学目标。同时,教师也可以根据不同学生的情况,采用更加灵活多样化的教学方式和方法,提高自己的教学水平,提升教育教学能力。

综上所述,实时的教学反馈对于促进教师改进自己的教学是非常重要的。它不仅能够让教师及时了解学生的需求和问题,更能够提高学生的学习参与度和积极性,同时也能够提升教师的专业素养和教学水平。

(二)为教师教学决策提供个性化的支持

影响教师教学决策的因素有很多,如教师的个性、教师的教学经验和态度、学生个体差异、教学目标和课程要求、教材和教学资源、教学环境和班级组织文化、当前教育政策和法规,其中教师的个性对教师教学决策有着重要的影响。教师的个性是指其独特的行为方式、价值观念、情感状态和思维方式等方面的特征,它会影响教师对学生、课程和教育目标的理解和评价,从而影响教学决策。伴随式评价信息反馈系统可以通过收集相关数据,分析教师的个性特征,从而为教师教学决策提供个性化的支持。

1. 针对教师的价值观念和信念

教师的价值观念和信念会对教学决策产生深远影响,因为教师的价值观念和信念是他们对事物的评价和看法,这些看法会直接影响到他们对教学目标、方法和内容的决策。

对教学目标决策产生的影响表现为教师的价值观和信念可以影响其对教学目标的理解和诠释。不同的教师在对教育目标的理解上可能存在差异,因为他们的教育价值观及信念不同,如在历史教学中,一位强调爱国主义的老师可能更注重培养学生的民族情感,而一位强调批判精神的老师则可能更注重培养学生的历史思维和分析能力。教师的教育价值观和信念还会影响到其教学目标的制订和选择。不同的教师由于自身的教育价值观、信念和教育经验不同，其教学目标的制订和选择会出现偏差甚至是偏见。在教学过程中，教师的教育价值观和信念也会对教学目标的实现产生影响。教师的教育价值观和信念会直接塑造他们的行为和态度，并通过其行为和态度影响到学生的行为和态度。如果一位教师认为学生的自主权很重要，那么其可能会采用让学生更多参与、自主决策的方式来达成教学目标；如果一位教师认为纪律和规矩很重要，那么其可能会采用严厉的措施迫使学生遵守纪律和规矩。

对教学方法决策产生的影响表现为教师的教育价值观和信念不同，会选择不同的教学方法和策略来培养学生的能力和素质，以实现教育目标。如果一位教师重视学生的自主学习和创造性思维，那么其可能会采用启发式教学方法或者项目化学习等策略；如果一位教师强调考试成绩，那么他可能会采用讲授式教学方法或者反复练习等策略。教师的教育价值观和信念还会影响他们与学生的互动方式。例如，一位认为学生应该像"空白纸张"一样接受信息的教师可能更倾向于采用单向传授信息的教学方式，而不重视学生的反馈和讨论；相反，如果一位教师认为学生应该具有丰富的经验和知识，那么其可能会鼓励学生积极参与到课堂中来，以达到互动式的教学效果。

对教学内容决策产生的影响表现为教育价值观和信念会影响教师对教学内容的选择。不同的教育价值观和信念会导致教师对课程重点和教学方法的不同看法。比如，如果教师强调学生的自主学习，鼓励学生探究式学习，并且很注重学生的思辨能力和创新精神，那么其往往会选择更加开放、自由度大的教学方法和多元化的课程设置。教师的教育价值观和信念也会影响课程选材。因为不同的教师对于什么才是好的、有用的、有意义的知识有不同的看法，这种看法会反映到他们的教学过程中。例如，在历史学科中，一些教师可能认为应该注重传统历史事件的教学，而另一些教师则可能更关注较为现代的主题和问题。教师的价值观和信念还会影响他们对于教育目标的认知。如果一位教师认为培养学生的个人素质是更重要的，那么其可能会强调教育过程中学生性格、思维习惯等方面的发展；如果一位教师认为培养学生的实用能力是更重要的，那么其可能会强调传授实际技能和知识。

综上所述，教师的教育价值观和信念对教学目标、方法和内容等的决策有着深刻的影响。因此，开展教师教学评价时应注重具体教师的教育价值观和信念对教学决策产生的影响，借助伴随式评价信息反馈系统收集的多模态数据，分析教师的教育价值观和信念以及对教学决策的影响，并及时反馈给教师，帮助教师不断树立正确的教育理念和教育信念，从而支持教师做出正确的教学决策。

2. 针对教师的行为方式

教师的行为方式是指教师在教学中的行为、态度和语言等方面的表现[①]。教师的行为方式是相对稳定和持久的。教师的行为方式会直接或间接地影响到教师对于如何设计和实施教学活动以及如何评估学生表现等方面做出的决策。

教师行为方式的影响表现为，一是影响其对学生的期望值，二是影响其对学生成果的评估。

教师的行为方式影响其对于学生的期望值。如果教师持有高期望值并且给予学生表现正面评价，那么学生可能会对教师对自己的表现评价作出积极的反应，并去努力迎合教师的期望，教师则会对学生持有更高的期望值，从而给学生更加具有挑战性的学习任务。相反，如果教师对学生的表现持有低期望值并且给予负面评价，那么学生可能会对自己的表现感到失望和沮丧，并放弃向好的方向努力，这又会使教师对学生的期望值降得更低，从而改变原有的教学决策。

教师的行为方式影响其对于学生成果的评估。如果教师过于关注学生在考试或作业中的分数，则可能会忽略一些学生在其他方面的优秀表现。如果教师注重学生在实际应用中所获得的技能和知识，那么他们可能会采用更加宽松的标准来评估学生在课堂上学到的理论知识成果，而且教师的行为方式还会直接影响到他们对学生学习成果的评估方式。

可见，教师的行为方式会影响到其教学决策。而伴随式评价信息反馈系统可以通过收集相关数据，揭示教师的教学行为方式以及这些行为方式对教学决策的影响。系统可以通过数据分析，发现教师行为方式中的优点和潜在的改进点，并

---

① 阎亚军. 教师教学行为方式变革的实践逻辑[J]. 教育学术月刊，2009（11）：3-5.

及时反馈给教师，使教师了解其行为方式及对教学决策的影响，从而帮助教师做出正确的教学决策。

3. 针对教师的情感状态

在此，教师的情感状态特指教师在教学中所体验和表现出来的情感状态，包括积极的情感状态和消极的情感状态。积极的情感状态可以促进教学效果的提高，如热情、耐心、关怀、幽默等；当教师处于消极的情感状态时，无法为学生提供高质量的学习环境[①]，会对教学产生负面影响，如焦虑、压力、疲惫、挫败感等。教师情感状态的影响可以体现在以下几个方面。

教师的情感状态影响其对学生的评价和互动。情感处于不佳状态的教师可能更容易对学生做出过于严厉或不公正的评价，甚至会影响与学生的互动关系；处于良好情感状态的教师则可以更加客观地看待学生的表现，并能够建立更好的互动关系。

教师的情感状态影响其在教学中对偶发事件的处理。例如，当遇到突发事件时，处于不佳情感状态的教师可能会做出错误的决策，导致课堂秩序混乱；处于良好情感状态的教师则可以更加冷静地处理这些问题，增强自己的应变能力。

教师的情感状态对教学决策具有重要影响，教师应该注重调节自己的情感状态，保持良好的心态，以便更好地履行自己的教育职责。伴随式评价信息反馈系统可以通过多种方式收集教师的情感状态数据，如情感调查问卷、情感识别技术、自我评价等。通过分析数据，了解教师在教学过程中的情感体验，如兴奋、压力、满意度等，并进一步分析教师情感状态对教学决策的影响，及时地反馈给教师，以帮助教师了解其在教学中表现出来的情感状态以及对教学决策的影响程度，从而帮助教师及时调整自己的情感状态，做出正确的教学决策。

4. 针对教师的思维方式

教师的思维方式是指教师在教学中表现出来的特有的思考方式和思维模式。教师在教学中表现出来的思维方式，一方面受到教育背景、专业知识和经验等因素的影响，另一方面也受到个人性格、习惯和社会文化环境等多种因素的影响。

---

① JENNINGS P A. The Prosocial Classroom: Teacher Social and Emotional Competence in Relation to Student and Classroom Outcomes [J]. Review of Educational Research, 2009, 79 (1): 491-525.

教师的思维方式分为多种类型，如分析思维型、创新思维型、实用思维型、逻辑思维型、人文思维型等。分析思维型教师倾向于以分析和顺序的方式处理信息[①]，擅长透过事物的表象看到本质，并善于分类、整合信息，往往会注重解析问题、深入分析，以便更好地理解和解决问题；创新思维型教师往往富有想象力、创造力，能够从多角度考虑问题，并寻求不同寻常的解决方法，常常通过尝试新方法和实践来激发学生的兴趣并发挥他们的创造潜力；实用思维型教师注重实际操作，具有较强的直觉和实际应用能力，善于将实践和理论相结合，鼓励学生学以致用，培养实践技能；逻辑思维型教师重视推理、论证，注重基于证据和事实进行决策，表现为能够快速准确地分析信息，推导出正确的结论，同时也注重培养学生的逻辑思维和判断能力；人文思维型教师喜欢关注学生的心理、情感和行为，善于用真实生活中的例子来启发和激励学生，重视学生的全面发展，注重培养学生的人文素养和创造力。不同教师还会有多种思维方式特点的组合或其他不同的特点。

不同思维方式的教师对教学决策的影响的具体表现如下。

（1）分析思维型教师

这类教师会在教学前对学生的背景知识、学习风格、兴趣爱好等因素进行评估，以便了解学生的差异并制订个性化的教学计划。在教学过程中，他们会不断收集学生的学习数据并进行分析，以便及时发现学生的问题并制订相应的解决方案。在教学结束后，分析思维型教师会对自己的教学进行反思，总结经验教训，并对下一次的教学作出相应的调整和改进。

（2）创新思维型教师

这类教师注重学生的个体差异和需求，能够通过创新思维来设计更适合不同类型学生的教学模式和方法；能够从多个角度去思考问题，寻找新的教学策略和方法，以提高学生的学习效果并促进教学质量的提升；能够运用不同的教学工具和技术，如网络课程、虚拟实验室等，以促进学生主动学习和对知识的深入掌握；能够通过与同行的交流和学习，不断更新自己的教育观念和理念，以适应时代的发展趋势和教育改革的需要。

---

① ZHANG L F. Thinking styles: Their relationships with modes of thinking and academic performance[J]. Educational psychology, 2002, 22(3): 331-348.

（3）实用思维型教师

这类教师注重将教学目标具体化为可操作的指标，并将学生的实际需求纳入考虑范围，以确保设立的目标与学生的需要相符合，从而让学生能够在实践中获得成长和提升；会借助自身的实践经验来指导学生进行课堂实践或者作业实践等活动，强调实践的重要性，让学生把理论知识转化为实践经验，提高学生的应用能力；通常会掌握多种教学方法，会根据不同的教学目标、课程内容和学生情况，灵活地运用不同的教学方法来达到最佳的教学效果，以提高学生的学习成效。

（4）逻辑思维型教师

这类教师侧重于客观分析，更倾向于通过分析教学过程中的数据和事实，制订出客观、合理的教学决策，帮助学生达到最佳学习效果；强调策略规划；在教学决策中更倾向于建立系统性的教学策略，并在教学过程中对其进行不断修正和优化，以提升学生的学习成效；注重细节管理，关注教学细节，如教室环境的布置、课堂纪律的维护等，在保障教学秩序的同时注重学生的学习体验。

（5）人文思维型教师

这类教师不仅会关注学生的知识和能力，还会注重学生的品格素养和发展，在制订教学目标时，会考虑到学生不同层次的需求，从而得出以学生为中心、符合学生个性差异的教育目标；注重引导学生自主探究、互动参与，鼓励学生主动学习，常采用启发式教学、案例教学等交互式的教学方法，让学生在轻松愉快的氛围中进行学习；常采用多元化的评价方式，如观察记录、口头评估、小组讨论和实践操作等方式，让学生在不同的场景中得到充分的评价。

教师的思维方式类型众多，对教师教学决策的影响存在多个方面。例如，对教学目标的选择和制订的影响，有些教师注重知识传授，而另一些教师则更加关注学生的实际能力发展；对教学方法的选择和运用的影响，有些教师倾向于使用讲授法，而另一些教师则更喜欢采用小组合作学习法等策略来促进学生的参与与互动；对评价方式选择的影响，有些教师注重学生在知识理解和应用方面的表现，而另一些教师则更注重对学生能力的综合评价。

总之，教师的思维方式对教师教学决策有着十分重要的影响，伴随式评价信息反馈系统可以通过收集相关数据，揭示教师的思维方式以及这些方式对教学决策的影响,并反馈给教师,助力其发现自己思维方式的特点及对教学决策的影响,帮助教师做出正确的教学决策。

(三)指导教师支持学生有效学习

有效学习包括学习过程的有效性和学习结果的有效性,具体指在教师的指导下,学生积极有效地利用各种学习资源、学习策略等,以最少的时间投入获得最佳的学习效果[①]。一般来说,促成有效学习的基本原则为:设定明确的学习目标并将其切分成小而可行的步骤,以便更好地监测进度;在学习过程中保持专注,减少干扰因素,可以通过选择合适的时间和地点等方式进行有效学习;重视理解所学内容,而非死记硬背;与他人讨论或探讨问题,集思广益、互相启发,会更加容易理解和消化学习内容;不断地反思自己的学习过程,找出问题并加以改进,总结经验教训,以便在以后的学习中做得更好。教师若要指导学生开展有效学习,一方面需要了解影响学生有效学习的因素,另一方面需掌握学生有效学习状态信息。

1.了解学生有效学习的影响因素

影响学生有效学习的因素有很多,个人因素包括学习动机、学习策略、身心状况、学习能力等,环境因素包括教育资源、学习环境、师资力量、学习氛围等。

(1)个人因素对学生有效学习的影响

学习动机。当学生对所学内容有兴趣或认为这些内容与他们的目标和价值观相关时,会更积极地参与学习,更主动地思考和探索知识和技能,并创造性地应用所学。相反,如果学生没有明确的学习目标,或是对所学主题缺乏兴趣,他们可能会降低对学习的参与度,缺乏学习动力,并逐渐失去自信心。在这种情况下,学生便容易出现难以理解或应用所学内容,感到沮丧、挫败或无助的情况。

学习策略。学习策略是指学生在学习过程中采用的具体方法、技能和行为,它能够帮助学生更有效地掌握知识和技能,在一定程度上能够对学生的有效学习产生积极影响。表现在:其一,可以帮助学生更好地理解知识。采用适当的学习策略,如归纳法、演绎法等,能够将分散的知识点有机地联系起来,从而深化学

---

① 马玲亚.略论有效学习的指导策略[J].教学与管理,2002(30):36-37.

生对知识的理解。其二，可以提高学生的学习动机，增强兴趣。学生在使用多种学习策略时，能够更快地理解知识和技能，达到预期的目标，这就会给他们带来成就感和满足感。其三，能够让学生更加主动地参与学习，从而提高学习的积极性和主动性。其四，能够提高学生的学习效率。采用一些针对性强、具有实用价值的学习策略，如记忆调控法、时间管理能力等，能够使学生更加高效地运用时间和资源，从而取得更好的学习成果。

身心健康。身体健康对学生的有效学习至关重要，身体健康有助于其专注于学习并保证有效的学习时间，身体不适或健康出现问题则会影响其注意力、对教学内容的理解等。心理健康对学生有效学习的影响同样不可小觑，特别需要重视情绪和态度的影响，情绪稳定的学生在面对压力时更能够处理好自己的情绪，并且拥有更好的解决问题的能力，这使得他们能够更好地应对面临的各种挑战，在学习过程中更加顺利。拥有积极的态度，意味着他们更有可能积极主动地参与学习活动和学术讨论，同时也更擅长解决同伴之间的冲突，这些都能增强学生的学习效果。

学习能力。学习能力可以理解为一个人获取、应用、分析和综合信息的能力。具有良好学习能力的学生通常更容易掌握新知识和技能，更快速地适应新环境，更加高效和深入地学习。良好的学习能力主要表现为：其一，记忆能力。学习与记忆密切相关，一个人具有良好的记忆能力，就能够更好地消化并牢记所学知识。其二，分析能力。通过分析问题，找到问题的本质，将复杂问题简单化，更容易理解并得出结论。其三，创造性思维。能够找到创新的方法和思路，并将其应用于实际问题，促进学习和创造。其四，解决问题的能力。面对问题时，能够有效地解决问题，增强自己的自信心和学习动力。

（2）环境因素对学生有效学习的影响

学习资源。学习资源是指教师针对教学内容为学生提供的各种学习资源，如各种文本、工具、媒体等。丰富多样的学习资源可以帮助学生更好地理解和消化知识。例如，图书、视频、软件、互联网等不同的学习资源可以让学生从不同的角度去理解和掌握知识，并且通过对多个资源的比较和整合获得更深入和全面的理解。适合的学习资源可以提高学生的兴趣和参与度。如果学习资源能够贴近学生的兴趣爱好或者以有趣的方式呈现，那么学生会更加愿意花时间和精力去学习。

另外，一些交互式的学习资源，如游戏、模拟器等，可以让学生在玩耍中学习，更容易吸收和巩固知识，还可以对学生的学习效率产生积极的影响。例如，在线视频或者图书馆的数据库等学习资源可以让学生节省大量的时间和精力去寻找相关资料，同时也可以帮助他们更快地掌握知识和技能。

学习环境。这里的学习环境是指影响学生学习的物理环境、社会环境等。好的学习环境可以对学生的有效学习产生积极的影响，一个安静、整洁、舒适的学习环境有利于学生集中注意力，提高学习效率。同时，设备齐全、功能完善的物理环境也能够保证学生顺畅地获取和利用学习资料。一个良好的社会环境可以促进学生与同学之间的互动和合作，增强学生的学习兴趣和主动性。同时，教师、家庭等的支持和鼓励也是营造良好学习环境的重要因素。

师资力量。师资力量对学生的有效学习具有非常重要的影响。一方面，拥有高水平的师资力量可以提供优质的教学和指导，使学生能够更好地掌握知识和技能，从而实现有效学习。在这方面，高水平的师资力量通常意味着这些老师具有专业知识和经验，能够根据学生的需求和差异，通过各种方式开展教学工作。另一方面，师资力量强大还可以影响学生的态度和情感，如果其身边的教师在工作中具有高度的责任感，专注于学生的个人发展和全面发展，那么学生就易被鼓舞和启发，形成积极向上的态度，更容易实现有效学习。

学习氛围。学习氛围是指学习环境中各种因素共同产生的一种感官体验[①]。良好的学习氛围能够增强学生的学习兴趣和积极性。一个舒适、安全、温馨、开放、自由、创新的环境会让学生感觉到轻松愉快，从而增强他们的自信心和求知欲。相反，压抑、沉闷、烦琐、单调的学习氛围则会降低学生的学习热情和主动性。在一个良好的学习环境中，学生能够更加专注于学习任务，减少各种干扰；同时，有助于激发学生的想象力和创造力，提高他们的思考深度和广度，从而更好地理解和掌握课程知识。良好的学习氛围还可以促进学生之间的交流和合作，增强学生的团队意识和创造力。学生可以更加自由地表达自己的观点和想法，与同学们互动和交流，从而激发多样性思维和创新思维，提升解决问题的能力。

---

① 李莎莎，龙宝新.研究生虚拟学习氛围的运行机制和营建策略[J].研究生教育研究，2023（02）：19-26.

2.掌握学生有效学习状态信息

学生处于有效学习的状态,通常表现为高度专注、主动思考和提问、有效记忆、深入学习、能够应用所学知识、与他人合作等。伴随式评价信息反馈系统从两方面获得学生有效学习的信息,一是通过观察学生的学习表现获得;二是通过一些有效的工具而获得。

(1)观察学生的学习表现

通过课堂上学生的表现和个人反馈,可以初步判断学生是否在有效地学习。例如,学生是否积极参与课堂活动、是否主动提出问题、是否按时完成作业等。有效学习的学生在上课时听讲认真,理解老师所讲的课堂内容,并能积极参与课堂讨论;有效学习的学生具有独立思考、分析问题的能力,善于提出问题、寻找答案,并且能够亲自实践尝试,加深对知识的理解和掌握;有效学习的学生会随时回顾和复习学过的知识,及时弥补不足,并且能够关注知识的联系和应用,从而全面提高自身的学习效果,具备掌握知识的能力;有效学习的学生能够通过自主学习或寻求指导,掌握需要的知识和技能,不断提高自身的学习水平;有效学习的学生有良好的自我管理能力,能够按时完成作业和任务,遵守规则和制度。

当然,还要考虑学生的学习风格。学习风格指的是个人在学习过程中表现出来的特定偏好和方式,包括视觉、听觉、动手等方面。不同的学习风格会对有效学习产生不同的影响。例如,视觉型学生更喜欢通过看图表、演示文稿等视觉工具来获取信息;听觉型学生则更喜欢通过听讲座、听录音等方式来获取信息;动手型学生更喜欢通过实践、模拟等方式来学习。因此,教师在教学中应该充分考虑到学生的学习风格,提供多种适合不同学习风格的教学方法,以满足不同学生的学习需求。同时,学习风格还与教师的教学方式有关。如果教师使用适合学生学习风格的教学方式,能够增强学生的学习兴趣,提高学习动力,则可以促进学生的有效学习,增强学习效果。相反,如果学生的学习风格与教师的教学方式不匹配,学生可能会感到无聊或失去兴趣,学习效果也会减弱。因此,了解学生的学习风格对于开展有效的教学至关重要。不同的学生有不同的学习风格,有些学生更适合听讲和阅读,有些学生则更适合通过实践来掌握知识。了解学生的学习风格,可以帮助老师更好地指导学生进行有效学习。

（2）利用工具收集和分析数据

随着信息技术的发展，为获得学生有效学习的数据信息，伴随式评价信息反馈系统可以通过一些教育技术工具来收集和分析数据，如在线学习平台、学习分析工具、人工智能助手等。

在线学习平台。现在许多学校和机构都使用在线学习平台，如中国大学MOOC、Blackboard等。这些平台提供了学习管理系统，通过跟踪学生的在线活动、作业提交情况、测试成绩和参与度等，帮助教师了解学生的学习情况并制订相关策略。

学习分析工具。学习分析是一种利用学习数据和统计方法来识别学生学习中存在的问题和障碍，并提供相应的干预措施的方法。例如，Edumetrix、Brightspace Analytics等学习分析工具可以帮助教师了解学生的学习行为、知识水平、认知过程和情感反应等，并据此进行个性化教学。

人工智能助手。教师可以使用人工智能（AI）技术对学生的交互行为和反馈数据进行分析来了解学生的学习状况，如ChatGpt、Coursera AI等。AI助手也可以与学生进行互动，提供实时建议和反馈，帮助学生保持积极的学习状态。

学生调查问卷。教师还可以使用定期的学生调查问卷来了解学生的学习态度、学习兴趣和困难，以制订相应的干预策略。问卷包括打分评估、开放式问题和多项选择题等形式。

综上所述，伴随式评价信息反馈系统借用各种信息技术获取的大量教学数据，能使教师了解学生有效学习的影响因素、掌握学生学习状况，从而指导教师支持学生有效学习。

二、构建教师教学"自我纠正系统"

这里的"教师自我纠正系统"是指教师通过各种技术手段获取教学数据，对学生学习需求和个人教学状态进行实时监测与分析，并根据不同情况进行主动的调整和优化。其基本原理是"自适应技术"的反映。自适应技术是一种能够自动调整、适应和优化其功能或性能的技术，它通过利用传感器、算法、网络连接等多种技术手段，实现对外部环境、用户需求和系统状态等因素的实时监测与分析，并根据不同情况进行智能调整和优化。然而，对于教师而言，其"自适应"却是一种基本的素养，"自我纠正系统"也是承载于教师个体的一种能力系统。

（一）教师"自我纠正系统"建构原理

由于教师"自我纠正系统"是一个通过数据分析、处理而不断地调整教学的过程，因此其建构过程包括通过技术手段获得教学实时监测数据、教师深入分析数据并反思教学及调整教学、针对每个学生的差异开展个性化教学三个方面的有机连接。

1. 通过技术手段获得教学实时监测数据

教学实时监测数据包括学生出勤情况、学生表现评估、教学进度、学生答题情况、学生学习行为数据（如自主学习时长、学习教师提供的学习资源的情况等）、作业提交情况、课堂互动情况、学生成绩等信息。而这些数据信息的获取需要选择适切的监测工具，通过安装与设置、启动监测工具并收集监测数据，对数据进行分析和实时反馈。

（1）监测工具及安装设置

教学实时监测是指在教学过程中对学生的学习情况及教师的教学行为进行实时监测，以便及时发现并解决存在的问题。目前，较适用于教学实时监测的工具有中国自主创立的"学习通""知米""云智慧教育""良师益友"等，国外的"Kahoot！""Socrative""Nearpod""Classcraft"等。

"学习通"是一款在线教育平台，具有提供课程内容、作业、考试、讨论等功能，并且可以对学生答题情况进行实时监测；"知米"是一款面向中小学教师和家长的在线教育应用，提供了海量的优质课程资料和教育资源，同时也支持实时监测学生的学习情况和学习进度；"云智慧教育"具有在线课堂、直播课堂、网络考试等多种功能，同时还支持对学生学习情况进行实时监测和分析；"良师益友"是一款专为幼儿园、小学和初中学校开发的移动端应用，支持课程管理、成绩管理、作业管理、课后习题等多种教学功能，并可以实时监测学生的学习表现和学习进度。

"Kahoot!"是一个可以提供即时反馈的游戏学习平台[①]。它提供了一种互动式的学习方式,可以让老师快速制作各种题目,通过手机等移动设备推送给学生,收集学生的答案并进行即时反馈。"Socrative"是一个基于Web技术的在线学生应答系统,用于创建评估和实时可视化反馈,具有课堂反馈、测试、成绩报告等多种功能[②]。它可以让老师快速创建课堂测验和问卷并及时获取学生的回答。这个应用程序允许设置多种类型的问题,包括多选题、判断正误题和简答题等。"Nearpod"是一款多媒体应用程序,可以将教师的幻灯片直接传输到学生带进课堂的智能设备上,学生可以截取屏幕照片或者重复要点等,它的互动练习和调查模块可以反馈每个学生对教学内容的理解情况[③]。"Classcraft"是一种角色扮演游戏,可以应用在教育领域。通过这个平台,教师可以将课堂变成一个真正的团队协作游戏,提升学生的团队协作能力。游戏提供的即时反馈可以帮助教师和学生把控学习进度[④]。

教学实时监测工具繁多且各具功能,可以根据需要选择适宜的监测工具,然后进行安装与设置。例如,在线教育平台可能需要老师和学生安装对应的客户端或浏览器插件,并按照要求进行相关设置;在教室内使用摄像头和话筒则需要正确安装并连接到相应的设备上。

(2)收集监测数据

在收集监测数据时,需要确保数据的完整性和准确性,避免人为错误或硬件故障等原因导致数据失真。需要建立严格的数据记录规范、明确的标准和操作流程,确保所有工作人员都按照相同的标准收集和记录数据;使用经过验证的设备和技术,以确保收集的数据准确无误;定期对监测设备进行维护和校准,确保其能够正常工作并收集准确的数据;在数据收集过程中采取质量控制措施,如双重检查、交叉验证等。

[①] DELLOS R. Kahoot! a digital game resource for learning [J]. Technology District Learn, 2015(12): 49-52.
[②] 陈真真. 基于课堂应答系统的大学英语教学设计及实践——以基于WEB的Socrative课堂应答系统为例 [J]. 现代教育技术, 2013, 23(10): 87-91.
[③] BURTON R. A review of Nearpod - an interactive tool for student engagement[J]. Journal of Applied Learning and Teaching, 2019, 2(2): 95-97.
[④] 徐丽芳,张慧. 教育游戏化:将课堂变成一场协同冒险游戏——以Classcraft为例 [J]. 出版参考, 2021(05): 27-31.

值得一提的是，数据采集应关注数据的安全性及数据收集伦理。采用适当的数据安全措施，如访问控制、加密、备份等，防止数据泄露、丢失或损坏。将收集到的数据进行加密，确保只有授权人员可以访问和处理这些数据；建立数据访问机制，只允许有关部门和人员进行访问，确保不会发生未经授权的数据访问；确保网络安全，使用防火墙、防病毒软件等，防止恶意攻击者对系统进行攻击并窃取数据；建立有效的安全审计机制，检测和纠正异常行为以保证数据的完整性和保密性；设置数据备份机制，定期备份数据以便在数据遭受损坏或丢失时能够快速恢复；加强相关人员培训，让相关人员意识到信息安全的重要性，防止人为因素造成的数据泄露或丢失。教学监测实时数据的收集还需要充分考虑数据的合法性和隐私性。在收集数据时，为确保学生的个人信息和数据的安全性，可以采取对数据进行匿名化处理、数据加密等手段来保证数据的隐私性。应当向学生（或未成年学生家长）说明收集的目的、方式以及数据使用范围，并获得他们的知情同意。如果涉及敏感信息的收集，如健康信息等，则应当特别注明。

（3）数据分析和实时反馈

收集到的监测数据只有经过合理的分析和利用，才能够对教学进行有效的调整和改进。所以，对于教学的实时监测数据，应确定分析目标，明确分析教学实时监测数据的目的是让教师发现个人的教学问题还是学生学习中存在的困难，抑或是获得更详细的学生学习情况等。根据目标选择适当的工具和方法，如可使用表格或图表展示数据，使用统计学方法分析数据；将教学实时数据按时间段或教学任务分类，比如，将一节课分成 4 个时段，以教学过程中设计的不同教学目标分别进行分析，这样可以更清楚地看到教师及学生在不同时间段、完成不同教学任务时的表现；注意综合分析多维度数据，如监测学生完成某一目标情况，除了考察其目标实现结果，还应该综合考虑课程内容、学习方式、支持服务等多个方面的数据，以便更全面地了解学生的学习情况。

教学监测数据的实时反馈对于教师来说非常重要，它可以帮助教师及时调整教学策略进而改进教学质量，也是开展嵌入式教师教学评价的目的。可以利用各种智能化教育平台收集学生的学习目标完成情况、参与度、互动行为等数据，然后自动生成图表或仪表盘，帮助教师更加清楚地了解学生的学习情况；利用教学反馈工具（如学习通等）也可以让教师在教学过程中快速获得学生的反馈信息，如他们是否理解某个概念、需要进一步掌握哪些内容等，这些反馈信息可以立即用于修正和改进教学过程。

2.教师深入分析数据并反思教学及调整

教师若想深入分析教学实时监测数据为改进教学所用，需要事先确定哪些数据是需要收集的，并建立相应的数据采集机制，对于收集到的数据需根据不同的需求，选择不同的分析工具，如 Excel、SPSS 等，对数据进行统计分析、趋势分析、因素分析等，特别要注意挖掘数据背后隐藏的价值，进而反思教学，对教学进行调整，从而达成"自我纠正"。

（1）注意挖掘其背后隐藏的价值

对于教师分析教学、改进教学而言，需掌握多向的教学实时监测数据，包括学生的学习情况以及教师的教学行为、课堂氛围等教学全过程的数据，教师可以对这些实时监测数据进行分析和反馈，从而实现优化教学过程和提高教学效果的目的。

教师收集和分析的数据包括两个方面，一是学生学习情况数据，二是教师教学情况数据。

教师可以通过学生的课堂表现、作业完成情况、考试成绩等多种方式来收集和分析学生学习情况数据。例如，课堂表现，可分析学生课堂参与度，即在教师上课讲解或组织讨论时，学生是否积极参与、提出问题或发表观点；注意力集中度，即学生在上课时是否能够保持注意力集中，不分散注意力；学习态度，即学生对于所学知识的态度，是否主动学习、有责任心且认真对待；知识掌握程度，即学生在课堂学习中所掌握的知识水平，包括听懂、理解和掌握程度等方面。又如，作业完成情况，观察学生提交的作业，了解学生是否按时提交作业，作业是否符合要求以及作业的质量如何等；分析学生的作业，即对照之前的讲解或教材标准，看学生是否理解作业意图，并且能够正确运用相关方法完成作业；跟踪学生的作业进度，即统计学生完成作业的进度和时间，比如，观察学生在规定的时间内是否完成了作业、完成的速度怎样、是否对每道题都认真完成等；与学生交流，了解学生完成作业时遇到的问题或困难；统计和分析作业情况，即将学生的作业完成情况进行统计并分析数据，从中发现学生的优缺点和共性。

教师可以按一定的方式对个人教学情况数据进行分类收集和分析，如教师教学行为便可按教学内容、教学方法、教学素养、教学周期等进行分类及分析。按照教学内容分类，即将教师的教学行为按照所教授内容的特性进行分类，如知识类的内容、操作应用类的内容，通过分析让教师了解特定内容教学行为的区别及与之相应的教学效果和教学问题；按照教学方法分类，即将教师的教学行为按照所采用的教学方法进行分类，如讲授、练习、讨论等，这种分类方式可以帮助教师分清在不同的教学环境下采用不同的教学方法对学生的影响；按照教学过程分类，将教师的教学行为按照教学过程（如课前准备、课堂教学、课后反思等）进行分类，可以帮助教师厘清在不同阶段的教学过程中应采取的不同行为和策略。还可以根据具体需求和目的选择其他不同的分类方式，如按照教学目标、教学进程等进行分类或者将教师的教学行为与学生的学习成果联系起来进行分类。

教师的教学行为对学生的学习有着非常重要的影响，一般认为，教师的教学行为直接决定了学生的学习体验，也影响了学生的学习动力和积极性；教师的教学方法和手段也会直接影响到学生的学习效果和成绩。教师还可以借助多种分析器，发现数据间的关系，寻找教学问题进而加以改进。例如，利用视频记录分析器可以对教学过程进行视频录制，并利用数据分析技术对教师的教学行为进行评估和分析。可以用事件抽样的方式对教师的行为进行分类和计数，分析教师不同行为与学生学习效果的关系。还可以利用一些现代化的教学质量评价系统，分析学生的学习成绩和教师的教学行为之间的关系，这些系统通常会利用数学和统计学模型来精确地揭示教师的教学行为对学生学习效果的影响；问卷调查分析器也可以分析出因素关系，如通过向学生、家长或其他的利益相关者发放调查问卷，收集他们对教师教学行为的看法和反馈，使用统计软件分析这些数据，以揭示不同的教学行为是如何影响学生学习效果的。

（2）反思教学，及时调整教学策略

教师可以利用教学实时监测数据进行教学反思，即对自己的教学进行全方位的审视、分析和总结，这是建立教师"自我纠正系统"的基础。进行教学反思是一个不断进行教学改进的过程，一般可按照收集信息、分析信息、总结体会、制订计划、实施行动、再次反思的步骤进行。具体表现为，收集教学中各种形式的信息，如学生的成绩、学习笔记、课堂表现、评估反馈、教师个人的教案等；仔细分析所收集的信息，找出其中的问题和优点，分析问题产生的原因；将分析的结果总结归纳并加以体会，寻找改进的方法和策略；根据反思的结果，制订出改进教学的具体计划和措施；根据计划和措施，开始实施改进教学，同时记录这些改进的效果；在实施改进教学后，再次进行反思，看是否达到了预期的效果，如果没有，就需要重新调整计划和措施。

教师在教学反思的基础上，通过分析教学目标是否明确，检视教学内容和教学方法是否合适、是否营造了积极的课堂氛围、评价与反馈是否得当等，进而调整教学策略。如果发现教学目标不够明确或者没有达到预期效果，就需要考虑调整教学目标和教学方式；如果发现教学内容与教学方法有不适宜之处，便可以根据学生的实际情况对教学内容进行调整（如增减信息量）。同时，教师需要关注学生的学习方式，选择适合学生的教学方法；如果发现课堂氛围不佳，教师应该设法激发学生的学习兴趣、提高学生的自信心，让学生感受到学习的快乐和成就感，这有利于学生更好地学习；如果发现教学中对学生的评价和反馈有不足，教师应该及时给予学生指导和反馈，让学生知道自己的优点和不足，以便在接下来的学习中改进。

3. 针对每个学生的差异开展个性化教学

教师"自我纠正"实际针对学生的个体差异开展个性化教学，因此要采用相应的技术了解学生特点，并依据学生特点开展个性化教学。

（1）采用相应的技术了解学生特点

教师可以通过与学生互动交流、观察学生的表现、监测分析学习数据等方式了解学生的学习特点，如学习兴趣、学习风格、学习能力等，在此基础上对学生进行分类，以更好地开展个性化教学。

了解学生的学习兴趣可以通过调查问卷来完成，以此了解学生的学习喜好和偏向，如学生是否喜好科学、历史、文学、运动等；可以通过观察学生的日常行为了解他们的兴趣爱好，如果一个学生经常在课堂上提出与科学有关的问题，就可以推测这个学生对科学很感兴趣；可以通过学生作业及考试结果，了解学生的长处和弱点,并推断出学生可能感兴趣的领域;还可以定期与学生交流,如通过询问学生最近读过哪些书籍或杂志、参加了什么活动,以了解他们的兴趣爱好和想法。

通过观察、问卷、交流互动的方式,还可以了解学生的学习风格。如哪些学生属于视觉型学习者、哪些属于听觉型学习者、哪些属于动感型学习者、哪些属于反思型学习者等。视觉型学习者喜欢通过看图表、读书、看视频等方式获取知识,并将其转化为自己的想法和记忆;听觉型学习者喜欢通过倾听课堂讲解和录音等声音资源来获取知识,并将其转化为思考和记忆;动感型学习者喜欢通过亲身体验、动手实践等方式获取知识,并将其转化为自己的经验和感受;反思型学习者喜欢在学习过程中反思、总结,从而发现问题进而提高学习效果。

学习能力也是学生特点的反映,通过课堂观察、测验等方式,也可以了解到学生的学习能力。学生学习能力不同常表现为接受新知识的速度不同、记忆能力不同、解决问题的能力不同、学习兴趣和动力不同等。学习能力强的学生通常能够快速地理解和吸收新知识,并能够迅速运用到实践中去;学习能力差的学生则需要更长的时间才能掌握相同的知识。学习能力强的学生往往有较好的记忆能力,容易记住所学的内容,并能够在以后的学习中灵活地应用;学习能力差的学生可能需要花费更多的时间、精力来记忆,同时还需不断复习才能巩固。学习能力强的学生通常具有较好的分析和解决问题的能力,能够通过自己的思考和推理找到问题的本质,提出有效的解决方案;学习能力差的学生则需要借助他人或者老师的指导才能解决问题。学习能力强的学生通常对学习有较高的兴趣和动力,喜欢思考和探索新的知识,并自发地进行学习;学习能力差的学生则可能缺乏学习的动力和兴趣,需要借助外界的刺激和引导才能投入学习中去。

(2)依据学生特点开展个性化教学

个性化教学以学生的个体差异和多样性为基础,旨在帮助学生按照自身节奏充分发挥自己的潜力进而开展教学[1],也就是所谓的因材施教,即根据学生的水平、能力、兴趣等因素,为不同的学生设置不同难度、题型、知识点的教学内容,使

---

[1] 刘玉萍,徐学福.服务大规模个性化教学的制度建构逻辑[J].电化教育研究,2022,43(05):40-46.

每位学生都能在适合自身条件下得到最大限度的提高。

开展个性化教学会在教学内容、教学方法、评价方式、学习资源等方面表现出多样化特点。教师会针对不同学生的需要和兴趣，提供更加多元化的教学内容；针对不同学生的学习风格和认知特点，采取不同的教学方法和策略；针对不同学生的学习情况和能力水平，采取不同的评价方式；针对不同学生的学习需求，提供不同形式和来源的学习资源。

开展个性化教学需要对每个学生的特点进行分析和评估，以便为他们提供适合的学习方式和资源。从了解学生的学习能力、兴趣爱好、学习需求入手，针对学生需求设计教学计划和相应的课程和活动；提供多元化教学资源，包括书籍、视频、网络资源等，以满足每个学生的学习需求；给予即时反馈，确保学生在学习过程中得到正确的指导和激励等。

随着信息技术的发展，教师可以运用多媒体技术，根据不同学生的学习特点，设置不同形式的教学内容，以便更好地满足学生的学习需求，比如，通过视频、音频、图像等多种方式帮助学生理解所学和拓展学习空间。

（二）数据在教师"自适应"中的作用

教师"自适应"通常是指教师能够通过整合各种信息反馈数据，认识和发现自己可能存在的教学问题，能够及时、自觉地对教学进行调整和改进。可见，数据在教师的"自适应"教学中扮演着重要的角色，能够协助教师整合教学环境、学生需求及其教学行为，使其能够及时、主动地调整教学目标和策略。

1. 整合学习环境、学生需求、教师教学行为

教师教学是多因素互动的过程，其中教学环境、学生需求、教师教学行为三者之间是相互关联和相互影响的。

（1）教学环境对于学生的学习具有重要影响

教学环境是指学生在学习过程中所处的物理、心理和社会环境，包括教室、学校设施、师生关系、班级氛围等多个方面。它对学生的学习有着非常重要的影响。良好的教学环境可以提供适宜的学习条件，激发学生的学习兴趣，促进学生积极参与和探究精神的养成，进而增强学习效果。

教学环境对学生学习的影响具体表现如下。

良好的教学环境可以让学生有动力和兴趣去学习。例如，教师采用互动式的授课方式，营造出轻松愉悦的课堂氛围，提高了学生的兴趣和参与度。

优质的教学环境包括提供丰富多样的教学资源，如优秀的教材、先进的教学设备、丰富的图书资源等，帮助学生更好地掌握知识，提高学习水平和质量。

鼓励合作与交流也是良好教学环境的体现，如组织小组讨论、课外活动等，鼓励学生之间的合作和交流，可以加强学生的沟通技巧和团队精神，促使他们在互相学习中提高自己的能力和技能。

学习空间也是教学环境的一部分，为学生提供舒适、安全、干净的学习环境，包括宽敞明亮的教室、整洁的卫生间、安全的实验室等，就是良好教学环境的体现，可以使学生提高学习效率，且学习过程更愉悦、更有效。

（2）学生需求对教师教学具有重大影响

学生需求是指学生在学习过程中所需要满足的各种需求和期望，包括学习内容、学习兴趣、学习支持等方面的需求。学生的需求受到性别、年龄、文化背景、兴趣爱好等多种因素的影响，这就要求教师必须根据学生的需求和特点来设计和实施教学活动，从而满足学生的学习需要，提高学生的学习效果。

学生需求对教师教学的影响具体表现为以下两方面。

①影响教师选取教学内容、掌握教学进度和课堂风格。比如，如果学生对某个主题表现出浓厚的兴趣，那么教师会增加这方面的教学内容；相反，如果学生对某方面的学习并不感兴趣，教师则会适当调整时间，把时间更多地让给学生更感兴趣的领域或内容，使学生更加积极地参与课堂，从而提高他们的学习效果。

②影响教师的教学方法和策略选择。教师选择教学方法和策略会综合考虑学生的背景、水平和需求。例如，学生需要参与和体验式的学习，教师就会采用互动式、实践性的授课方式，鼓励学生自主思考和交流，从而激发他们的学习热情；学生在考试前进入复习阶段，需要梳理知识点并运用知识解决问题，教师就会采取相应的授课方式，强化讲解和问题回应，以加强学生的记忆和理解能力。

因此，教师要结合学生需求来进行教学，把握好课堂形式和教学策略，才能更好地增强学生的学习效果。

（3）教师的教学行为对学生学习结果具有决定性影响

教师的教学行为是指教师在教学中表现出来的各种行为、姿态和态度，包括教学内容的选择、教学组织安排、教学方法的运用、教学语言的表达、教学评价的方式等多个方面。教师的教学行为对于学生的学习结果有着决定性的影响，因为教师是学生学习过程中的指导者和领路人。教师的教学方法、课堂管理、教学态度等都会直接影响到学生的学习成绩和兴趣。教师的教学方法不得当、课堂管理不好或者教学态度消极，都会影响到学生的学习积极性和主动性。相反，如果教师的教学方法得当、课堂管理好、教学态度积极，就可以激发学生的学习热情，提高他们的学习效果。因此，教师的教学行为对于学生的学习结果起着至关重要的作用。

具体来看，教师的教学方式、教学能力、个人风格、组织管理能力等都会对学生的学习结果产生重要影响。例如，如果教师采用互动式的教学方式，那么学生往往会更加主动地参与课堂，学习效果也更好。教师的教学能力是影响学生学习结果的重要因素之一，一个优秀的教师可以激发学生的兴趣和学习动力，激发他们的学习热情，进而提高学习效果；教师的个人风格也是影响学生学习结果的因素之一，友好、耐心且富有幽默感的教师能够为学生提供良好的学习氛围，从而促进学生努力学习；教师在管理组织课程时的能力也会影响学生的学习结果，教师合理地安排课程内容、分配任务和时间等，都会影响学生的学习结果。

综上所述，教学环境、学生需求和教师教学行为对教师教学和学生学习均有重要的影响。教师可以根据伴随式评价信息反馈系统提供的信息，整合教学环境、学生需求和教师教学行为，作出更有针对性、有效的教学决策并调整教学。具体而言，首先，教师需要收集教学环境、学生需求和教师教学行为相关的数据。其次，对数据进行统计和可视化分析，发现数据之间的关联性和趋势。例如，教学环境下、教师教学行为与学生学习成果之间的联系。最后，在数据分析的基础上，探索问题并发现潜在的教学优势和改进机会。例如，若数据显示学生在某种特定的教学环境，配合特定的教学行为会有更好的学业表现，教师便可以深入探索此模式，形成可推广应用的教学模式。

2. 及时、自觉地调整教学目标、教学策略等

教师整合教学环境、学生需求、教师教学行为的过程是一个动态的、不断调整和改进教学的过程。教师需要先了解学习环境、分析学生需求、观察教师教学行为，获得相应的有效信息，在此基础上重新设计教学方案、明确教学目标，通过持续评估和反馈来调整教学。

（1）重新设计教学方案、明确教学目标

在了解学生需求和确定教学环境后，重新设计教学方案、明确教学目标。

重新设计的教学方案，包括制订教学的主题、内容、教学方法以及评价标准等，需要考虑是否反映了学生的需求、是否在贴近学生需求上有所改进、是否能与教学环境相吻合，是否能与教学环境形成良好的互动。

针对不同学生的需求和教学环境条件，明确教学目标，并思考如何达成这些目标。可以采用 SMART 原则，即具体的（specific）、可衡量的（measurable）、可实现的（achievable）、相关性（relevant）和时限性（time-bound）[①]。

具体的（specific）是指设定目标时需要具体明确，以便更精准地描述目标的方向和内容。具体的目标可以回答以下问题：what（什么）——明确要达成的目标是什么；who（谁）——需要参与达成目标的人员是谁；where（在哪里）——实现目标的具体地点在哪里；when（何时）——目标应该在何时实现；how（如何）——具体通过哪些方式来实现目标。

可衡量的（measurable）通常被定义为目标可以通过一些具体、可观察的指标来进行评估和跟踪。目标的衡量性很重要，因为它能使我们了解目标是否已经实现、是否需要调整以及是否有进展。具体而言，"可衡量的"指标应当是：①定量的，目标应该可以用数字或统计数据来度量。②明确的，指标应该清晰、明确，方便理解。③可验证的，数据采集应该遵循一定的方法和程序，以确保数据准确性和可信度。

可实现的（achievable）指的是可行性或现实性，强调的是目标必须是客观上可以实现的。如果目标设置得过高、过于理想化甚至不切实际，那么就会让人感

---

① BJERKE M B, RENGER R. Being smart about writing SMART objectives[J]. Evaluation and program planning, 2017, 61: 125-127.

到沮丧和失望,从而导致动力和信心的丧失。通过制订可行性目标,人们可以更容易地达成它们,并获得成功的快乐和成就感。因此,目标应该以现有资源和能力为基础,考虑内外环境的因素,同时也要充分利用可能的机遇和优势。在确定是否可行时,需要对目标进行一定的评估和量化,如时间、成本、资源和风险等因素,以便更好地了解目标的实现情况。如果目标不可行,则需要重新审视和修改以确保其可行并符合实际。

相关性(relevant)是指目标或任务与整个计划、组织或个人的长期目标或重要事项之间存在重要的联系和关联,确保所设定的目标是合适且有意义的。在制订目标时,应根据整个计划、组织或个人的长期目标或重要事项,选择与之相符的目标,而不能仅是随便设定一些目标,因为这样会使得目标缺乏连贯性和协调性,在实现过程中容易出现偏离轨道、不切实际或达不到预期效果等问题。因此,相关性(relevant)可以帮助人们更好地理解目标的范围和影响,确保它们与整体计划或组织或个人的长期目标相匹配,也有助于确保人们在达成目标时能够更加有效地利用资源和时间。

时限性(time-bound)是指在设定目标时需要确定一个明确的截止日期或时间范围。这个截止日期可以帮助人们更好地管理自己的时间和资源,促进目标的实现。设定时间限制有助于激发人们的责任心和紧迫感,增强目标的可操作性。如果没有时间限制,目标可能变得模糊不清,失去一个具体的期限,就很难评估是否已经达到了目标。

(2)通过持续的评估和反馈来调整教学

持续地评估和反馈是指教师在整个教学过程中,不断地利用获得的教学数据对教学进行评估并及时给予反馈。通常包含以下步骤。①设定明确的学习目标:教师需要在课程开始之前确定学生需要掌握哪些知识和技能。②定时评估:教师需要在教学中定时对学生进行评估,以了解学生的学习进度、掌握情况和困难点。③反馈和调整:教师根据教学评估的结果,及时反馈并作出相应调整,以确保学生能够充分理解和掌握学习内容。④持续评估和反馈:教师需要持续地对教学进行评估和反馈,以适时修正教学方法和策略,达到更好的教学效果。

持续地评估和反馈是教学过程中的重要环节,也是实现教学改进的手段。持续地评估和反馈能够帮助教师及时了解学生的学习情况，及时发现教学中存在的问题，从而及时调整教学策略。

具体可以采用的方法为：①增加课堂互动，及时获得学生的反馈。在课堂上增加互动环节，如提问、小组讨论等，让学生表达自己的想法和看法，从而及时获取学生的反馈。通过反馈帮助教师了解学生认为哪些部分容易理解，哪些部分需要进一步解释，然后调整相应的教学策略。②持续地开展过程性评价，检查学生对教学内容的掌握情况：将过程性评价作为监测学生学习情况的一种手段，了解学生对教学内容的掌握情况，及时发现学生的弱点和问题，然后有针对性地调整教学，帮助学生学习。③鼓励学生参与自我评估。鼓励学生对自己的学习成果进行评估，让学生意识到自己的强项和弱点，使教师能了解情况，顺应学生个性需求来调整教学。

第二部分
数据驱动的伴随式评价信息反馈系统

伴随式评价信息反馈系统的功能是提供即时的评价反馈信息，它是嵌入式教师教学评价开展的基础。该系统可以在教师教学过程中获得有关教师教学及学生学习的信息并及时处理反馈。伴随式评价信息反馈系统通过引入一系列指标来衡量学生的学习绩效，借助计算机技术对数据进行收集和分析。这些指标包括学生的知识掌握程度、能力提升程度、参与度等。在教学过程中，教师可以根据伴随式评价信息反馈系统提供的数据，对学生的学习情况进行实时监测和调整。同时，学生也可以利用该系统获得自己的学习情况和表现以及相关建议和改进方案，促进自身的学习成长。总而言之，嵌入式教师教学评价能实现教学与评价的共域、融入和互动，源于数据的驱动，即建立了伴随式的评价信息反馈系统。本部分共分三节，第一节为伴随式评价信息反馈系统的多模态数据，内容包括师生外在行为表征数据、学生神经生理信息数据、教学过程的人机交互数据、教学情境的感知数据；第二节为伴随式评价信息反馈系统的构建与运行，内容包括伴随式评价信息反馈系统信息源、伴随式评价信息反馈系统的技术支持、伴随式评价信息反馈系统的运行维护；第三节为伴随式评价信息反馈系统对评价的支持，内容包括为教学准备阶段提供评价信息、为教学实施阶段提供评价信息、为教学总结阶段提供评价信息。

第四章　伴随式评价信息反馈系统的多模态数据

嵌入式教师教学评价之所以能运行，是因为建立了伴随式的评价信息反馈系统，而伴随式的评价信息反馈系统有赖于数据的驱动。随着信息技术的发展，原本单一呈现的文本数据、视频数据等已发展为多模态数据。多模态数据是指来自多个实体信息的数据表示，包含图片、视频、音频或生理数据的向量或张量表示[①]。这些不同类型的数据可以同步采集、整合处理和融合分析，为教与学提供科学的、精准化的数据支持。师生外在行为表征信息、学生神经生理信息、人机交互信息、教学情境的感知信息是伴随式评价信息反馈系统的多模态数据来源。通过对上述信息的收集可以实现嵌入式教师教学评价功能，从而获得教学改进和教师的专业成长。

一、师生外在行为表征数据

师生教学中的外在行为表征，是指在教学过程中，教师和学生在言语、动作、表情等方面的行为表现。这些外在表征能够反映出学生学习的效果、教师的教学质量等多方面信息。伴随式评价信息反馈系统可以采用智能算法、自动标注等方式识别和提取师生外在行为表征的多模态数据[②]。

（一）教师在教学中的外在行为表征数据

"教师教学行为的外在表征"是指教师在教学过程中展现出来的各种行为表现，如授课、提问、引导、评价和反馈等，其中不仅包括教师与学生的直接互动

[①] BENGIO Y, COURVILLE A, VINCENT P. Representation learning: a review and new perspectives[J]. IEEE Transactions on Pattern Analysis and Machine Intelligence, 2013, 35(8): 1798−1828.
[②] 张乐乐，顾小清. 多模态数据支持的课堂教学行为分析模型与实践框架[J]. 开放教育研究，2022, 28（06）：101−110.

行为，也包括一些间接行为，如备课、课前准备、组织课堂管理等。教师的教学行为直接影响着学生的学习成效，也影响着课堂气氛，因此教育工作者应该从搜集、分析教师的教学行为外在表征数据入手，重视教师的教学行为。教师教学行为外在表征的多模态数据可以从教师语言表达、教学态度、教学手段、课堂管理、教学效果等多方面收集。

1. 语言表达的多模态数据

教师教学的语言表达是指教师在教学过程中使用的口头语言和非语言手段，包括以下多模态数据。

（1）口头语言：口头语言是教师主要的语言表达方式。通过录音设备，可以收集到教师在教学过程中的语音信息，包括语速、语调、语言风格等。这些数据有助于评估教师的语速是否适中、发音是否准确等多方面的表达能力。

（2）文本语言：教师在教学过程中使用的教材、幻灯片或黑板上的文字信息也是语言表达的一部分。通过记录或截取教材、幻灯片和黑板的内容，可以获取教师所使用的词汇、短语、句子结构和组织思路等方面的语言数据。这些数据可用于分析教师的授课内容和教学策略是否明确、有逻辑性。

（3）肢体语言：肢体语言是指教师通过身体姿势、手势和面部表情等方式传达信息和情感。通过视频记录设备，可以捕捉到教师的肢体语言数据。这些数据可用于分析教师的肢体语言是否与口头语言一致，能否增强教学效果、加深学生的理解。

（4）图像语言：图像语言是指与教学内容相关的图像、图表、示意图等形式。这些图像数据可以通过观察教学现场或截取教学材料中的图像来收集。这些图像数据可用于评估教师能否有效地利用图像语言进行辅助教学，促进学生的理解。

（5）空间语言：空间语言是指教师通过教室布置、座位安排、物品摆设等方式传达信息。通过观察教室的空间布局、教具的使用和学生的位置等，可以收集空间语言数据。这些数据可用于分析教师能否有效地运用空间语言，营造积极的学习氛围和交互环境。

教师依据不同的教学目标、情境需求，灵活运用上述多模态数据，可以创造出丰富多样的语言表达，为学生学习提供必要的支持和帮助。

2. 教学态度的多模态数据

教师的教学态度是指教师在教学过程中表现出来的心理状态，包括教学认知、教学情感和教学意向[①]。教师的教学态度能够通过多种方式进行表达和传递，因此教师教学态度的多模态数据可以从多方面来获取。

（1）非语言行为：包括教师的面部表情、眼神交流、肢体语言和声音特征等。通过视频和音频，可以收集教师在教学过程中的非语言行为数据。教师的面部表情和眼神交流可以传递教师对教学的兴趣以及对学生的关注和支持程度。肢体语言和声音特征可以反映教师的自信、亲和力和热情等态度。

（2）语言表达方式：声音、语调、速度、语言选择等可以传递出教师的语言态度。通过音频和文本数据，可以分析教师的语言表达方式。例如，使用积极、鼓励和尊重的语言表达方式，可以传达出支持和激励的态度。

（3）教学材料和课堂组织：教师选择的教学材料和课堂组织方式也可以反映教师的教学态度。通过教学材料和课堂组织方式的分析，可以了解教师是否注重培养学生的主动性和创造性、是否能够提供多样化的学习资源以及能否创设积极互动的学习环境。

（4）反馈机制：包括课后作业、考试测验等。通过分析教师提供的口头或书面反馈数据，可以了解教师是否为学生提供具体反馈、是否能够及时回应学生的问题和需求以及能否积极鼓励和指导学生学习。

（5）个人风格：个人风格是指教师的独特教学个性和特点。通过综合其他多模态数据，可以初步了解教师的个人风格，包括教师的幽默感、表达方式的特点和教学习惯等。

综合分析以上多模态数据，可以全面了解教师的教学态度。另外，教师可以在多模态数据的支持下，进一步反思并调整教学态度以提高教学质量和效果。

3. 教学手段的多模态数据

教学手段通常是指教师用于支持教学活动的各种工具和方法。讲解、演示、互动、游戏化教学、虚拟实验室是教师常用的教学手段，可以通过多模态数据进行表征，列举如下。

---

① 梁建春. 试论教师的教学态度 [J]. 医学教育，1992（10）：41-44.

（1）讲解：教师通过说话、演示等方式进行讲解，多模态数据包括声音、图片、文字等。例如，可以通过录音设备记录教师的语速、语调、音量、韵律等，进而分析教师音调的变化和语速的快慢。

（2）演示：教师通过展示实物、电子设备或模拟操作等方式进行演示，多模态数据包括声音、文字等。例如，可以通过录制演示视频来捕捉教师的动作和过程。

（3）互动：教师与学生之间进行问答、讨论、小组合作等互动活动，多模态数据包括语言、肢体语言、表情等。例如，通过观察记录教师和学生之间的互动过程，包括提问和回答的次数、交替的时间间隔等。这些数据有助于评估师生互动的频率和顺畅度，进一步分析教师和学生之间的互动效果。

（4）游戏化学习：教师使用游戏化学习方式进行教学，多模态数据包括视频、声音、文字等。例如，通过录制视频观察学生在游戏化学习过程中的实际操作和参与情况，包括学生的游戏表现以及他们在游戏中的互动和合作等。

（5）虚拟实验室：教师使用虚拟实验室进行实验教学，多模态数据包括视频、声音、文字、触感、实验数据等。例如，学生在虚拟实验室中进行实验后，可以通过语音、文字等形式提供关于实验体验和理解程度的反馈。

这些多模态数据外显了教师教学过程中所运用的教学手段。通过获取和分析教学手段的多模态数据，教师可以评估不同教学手段的使用效果以及存在的问题，有助于进一步的教学改进。

4.课堂管理的多模态数据

教师课堂管理的多模态数据是指在课堂教学管理中同时存在的多种类型的信息和数据，包括语音数据、视频数据、文字数据、行为数据等，具体阐述如下。

（1）语音数据：通过语音录音设备记录教师的语音信息，包括语速、语调、音量等。这些语音数据可以用于评估教师在课堂管理中的口头指令和语言表达能力。例如，教师的语音指令是否清晰明了、语气是否恰当以及能否有效地引导学生行为。

（2）视频数据：教师在课堂上的姿势、表情、肢体语言以及教学板书等视觉信息都可以作为课堂管理的多模态数据进行分析与评估。这些视频数据可以用于分析教师课堂管理中的非语言行为和学生的行为反应。例如，教师的表情和姿势是否能够传达出积极的教学态度、学生的肢体语言是否显示出其注意力集中和遵守纪律等。

（3）文字数据：包括记录教师布置的作业要求、课堂规则或学生纪律要求等文字信息。这些文字数据可用于分析教师在课堂管理中对学生行为和纪律的期望和规范。例如，教师课前发布的课堂规则是否明确、合理，是否能够引导学生形成良好的学习行为。

（4）行为数据：对教师和学生的行为进行观察和记录，收集课堂管理的实际行动数据，包括教师的指导和激励行为以及纪律管理的实施情况等。通过分析行为数据，可以了解教师在课堂管理中的有效行动和学生的响应情况。

通过分析和评估这些多模态数据，教师可以全面了解自己的课堂管理情况，从而进行相应的调整和改进，提高课堂管理的质量和效果。此外，教育研究者和决策者也可以利用这些数据来研究和改进教学管理策略，促进学生的学习和发展。

5.教学效果的多模态数据

教学效果的多模态数据是指通过不同方式记录和收集的与教学效果相关的各种数据。反映教学效果的多模态数据可以从以下几个方面获得。

（1）学生成绩：通过过程性测验和终结性测验的方式获得学生的成绩数据，可以反映出学生对课程内容掌握的程度和理解深度。

（2）学生作业：包括笔头作业、实验报告、项目报告等，可以反映出学生对课程内容的理解及运用能力。

（3）学生参与度：包括上课出勤率、提问次数、讨论参与度等，可以反映出学生的学习积极性和参与度。

（4）学生反馈：包括学生对教学内容、教学方法等的反馈与评价，可以反映出学生对课程的满意度和改进意见。

（5）教师评价：包括教师的自我评价、同行评价等，可以反映出教学质量和改进空间。

综合这些多模态数据有助于教师和学校了解教学效果,对影响教学效果的教学策略和教学内容进行优化和改进。但上述多模态数据仅是评估教学效果的重要参考,不能完全代表教学效果。

(二)学生在教学过程中的外在行为表征数据

学生在教学过程中的外在行为包括但不限于:语言表达(如学生的口头发言、书面作业、笔记等)、身体动作(如学生的姿势、眼神交流、手势等)、情感状态(如学生的兴趣度、专注度、情绪等)。这些多模态数据可以利用录像、录音、传感器等技术手段,从学生出勤情况考核、提问及答问情况、合作学习情况、作业完成情况、问题行为表现、学习成绩记录等方面收集。

1. 学生出勤考核的多模态数据

学生出勤考核的多模态数据是指通过多种方式记录和收集的学生出勤数据。其中,学生出勤考核多模态数据的来源包括但不限于以下几个方面。

(1)生物识别:利用人脸识别、指纹识别等技术对学生进行身份认证和考勤记录。

(2)教师签到:教师通过电子签到系统记录学生是否按时到课,及时反馈迟到、早退、请假等情况。

(3)学生反馈:学生通过在线平台或者 App 提交自己的出勤情况和请假信息,教师可以及时查看并作出相应处理。

(4)班级监控:在教室或者教学楼安装监控摄像头,通过监控摄像设备记录班级、教室或校园中学生的行为和活动数据。这些数据可以观察学生在特定时间和地点的行动,便于对学生的出勤情况进行核实。

上述数据可以通过智能设备、传感器、网络技术等多种方式采集。获取的多模态数据为考核学生的出勤情况提供了多元化数据支持。

2. 提问及答问情况的多模态数据

课堂提问与答问强调教师与学生的共同探究,帮助学生在原有知识理解的基础上进行重新建构。学生提问和答问过程中的多模态数据包含口头语言、文字、视频、图像等多种形式的数据。

（1）口头语言数据：学生在课堂上通过口头语言提出问题或回答教师提问，这些语言数据可以通过录音等方式进行采集和保存。

（2）文字数据：学生可以通过书写文字的方式提出问题或回答教师提问，这些文字数据可以通过笔记、作业等形式进行采集和保存。

（3）视频数据：教室中的摄像头可以拍摄和记录学生提问和回答情况。这些视频数据有助于更好地了解学生与教师互动时的眼神接触频率、凝视时间[①]以及学生的肢体语言、面部表情等信息。

（4）图像数据：有些学生会用手势、表情等非语言方式表达自己，这些信息可以通过摄像头拍摄并转化为图像数据。

（5）元数据：学生提问和答问的课堂记录等，可以帮助分析学生参与课堂互动的情况。

学生提问和答问的多模态数据可以通过定位传感器、数据挖掘、机器学习等技术进行分析。通过收集学生提问和答问的多模态数据可以了解学生的学习兴趣、知识水平、思维方式等方面的特点。此外，这些多模态数据有助于教师改进教学。例如，有研究利用定位传感器捕获教师的定位数据，分析课堂上师生互动过程中的距离对学生认知、情绪的影响[②]，帮助教师进行教学改进。

3. 合作学习情况的多模态数据

合作学习是学生通过交流不断重建自我认知的过程[③]，其行为以学生对话和互动活动为主。在学生合作学习过程中，可以收集的多模态数据包括但不限于以下几种。

（1）语音数据：包括学生合作学习过程中说话的声音和语速。通过分析语音数据，可以了解到学生的语言表达能力、口齿是否清晰、紧张程度等。

（2）视频数据：包括学生合作学习过程中的视频画面。通过观察学生的面部表情、身体语言、视线方向等细节信息，可以判断学生的注意力集中程度、情感状态及学习效果等。

---

① HORE T. Visual behavior in teacher-pupil dyads[J]. American Educational Research Journal, 1976, 13(4): 267-275.
② SCHULTE J, ECHEVERRIA V, GOPALAN Y, et al. Where is the teacher? Digital analytics for classroom proxemics[J]. Journal of Computer Assisted Learning, 2020, 36(5): 741-762.
③ 杨彦军，徐刚，童慧. 智能学习环境中基于多模态数据的深度学习监测研究[J]. 电化教育研究，2022，43（06）：68-76.

（3）行为数据：包括学生合作学习过程中的实际行为，如笔记记录、参与讨论、回答问题等。通过对这些行为的定量分析，可以衡量学生的参与度、学习兴趣和活跃程度。

（4）文字数据：包括学生在合作学习过程中的文本互动，如聊天记录、笔记等。通过分析这些文本数据，可以分析学生的思考方式、知识储备等信息。

（5）生理数据：包括学生在合作学习过程中的身体反应数据，如脑电波、心率、皮肤电阻等。通过对这些生理数据的监测，可以推断出学生的情感状态、焦虑程度等。

国内外有多项研究通过收集上述多模态数据来监控、评估和优化学生合作学习的情况。例如，有研究在学生合作学习过程中，通过监测手部运动数据记录学生解决不同难度数学问题时的协作情况[①]；再如，通过收集学生的眼神交流数据来识别合作学习过程中三方对话者的身份，帮助教师更好地了解学生在合作学习中的参与情况[②]。

4. 学生作业完成情况的多模态数据

作业有多种类型，如抄写背诵类、理解分析类，实际应用类[③]。作业为学生提供了反思、分析自己知识状态的机会[④]。因此学生作业完成情况主要监测的是学生认知能力、实践能力等方面的数据，可以通过采集文字、图片、音频、视频、行为和交互记录的多模态数据实现。

（1）文字记录：学生提交的书面作业内容，如论文、答案等文字性作业的记录。

（2）图片记录：学生在作业中使用的图片资料，如插图、表格等。

（3）音频记录：学生在作业中使用的音频资料，如语音记录、音乐资料等。

（4）视频记录：学生在作业中使用的视频资料，如录制的演讲、实验过程等。

（5）行为数据：学生在完成作业时的行为记录，如点击时间、停留时间、键盘敲击等。

---

① OVIATT S, COHEN A, WEIBEL N, et al. Multimodal learning analytics: description of math data corpus for ICMI grand challenge workshop[C]//15th ACM International Conference on Multimodal Interaction (ICMI). New York: ACM, 2013: 563-568.
② DING Y, ZHANG Y T, XIAO M H, et al. A multifaceted study on eye contact based speaker identification in three-party conversations[C]//ACM SIGCHI Conference on Human Factors in Computing Systems (CHI). New York: ACM, 2017: 3011-3021.
③ 陈国明. 三省市初中生家庭作业负担研究[J]. 全球教育展望，2017, 46（06）: 100-115.
④ 李臣之，孙薇. 发展主义作业观[J]. 课程·教材·教法，2013, 33（7）: 17-24.

⑥交互记录：学生与教师或同学之间的交互记录，如问答记录、评论记录等等。

采集学生作业完成情况的多模态数据能够帮助教师全面掌握学生的学习进度和学业表现，并且能够尽早地发现学生的学习问题，根据发现的问题有针对性地制订教学计划和辅导措施，满足学生的个性化学习需求，提高他们的学习效果和成绩。

5. 学生问题行为表现的多模态数据

问题行为（problem behavior），指学生社会化发展过程中出现的偏离常态标准的行为[1]。在课堂中，学生问题行为表现的多模态数据指学生影响课堂秩序、干扰他人学习、表现不当或出现其他问题时呈现出的多种不同形式的数据。

（1）身体语言：如不停地摆动、眨眼睛、跷脚、吸气、叹息等。

（2）言语表达：如频繁提问、发牢骚、干扰教师讲课进度等。

（3）非语言声音：如咳嗽、打喷嚏、哭泣、笑声等。

（4）纸笔行为：如做手工、玩手机、写字、乱画等。

（5）动作行为：如走来走去、站起来、坐下来、拍桌子等。

教师可以通过观察和记录学生在课堂上的行为表现来获取上述多模态数据，也可以利用一些现代科技手段，如监控摄像头、传感器等设备来获取。

6. 学生学习成绩的多模态数据

学生学习成绩的多模态数据是指通过不同方式获取的学生成绩数据，这些数据包括但不限于以下几种。

（1）数字成绩：数值型数据，包括课程分数、考试成绩等。

（2）文字评价：文字型数据，如教师在学期末写下的文字评语和反馈。

（3）视频录像：视频型数据，如学生演讲或展示的录像。

（4）音频录音：音频型数据，如学生演奏乐器或唱歌的录音。

通过分析以上不同类型数据共同构成的多模态学习成绩数据集，有助于教师更全面地了解学生的学业表现，同时也为开发个性化学习模型提供更多的信息源。

---

[1] 董会芹. 影响小学生问题行为的家庭因素研究[J]. 教育研究，2016，37（03）：99-109.

二、学生神经生理信息数据

神经生理信息是指与神经系统相关的各种生理信息，如神经元活动、脑电图信号、神经递质浓度等。这些数据可用于研究神经系统的构成和功能以及神经系统与个人行为和认知的关系。具体到教育教学中，采集和分析学生的神经生理信息数据，可以深入了解学生的认知状态、注意力水平、情绪变化、记忆能力等方面的情况，为个性化教学提供依据[①]。神经生理信息数据可通过脑电图（electroencephalogram，EEG）、磁共振成像（magnetic resonance imaging，MRI）、肌电图（electromyogram，EMG）、皮肤电活动（electrodermal activity，EDA）等技术手段进行记录和获取。

（一）脑电图（EEG）

EEG 技术可以监测和记录学生大脑的生物电波。通过对不同脑电波的测量可以了解学生在学习过程中的脑部活动。EEG 技术在教育教学中常用于解释学生在知觉认知、情绪情感、行为技能上的变化[②]。例如，有研究证实脑电波能够提供反映学生情绪状态变化的信息[③④]，也有研究证实学生积极和消极的情绪变化可以由脑额叶皮层的脑电波来表征[⑤]。常见的 EEG 数据包括以下几个方面。

1. 脑波节律

人脑产生的电信号具有不同的频率，可以区分为 δ 波、θ 波、α 波、β 波和 γ 波 5 种基本频率。这些频率的变化可以反映出大脑的功能状态和认知过程。

2. 事件相关电位（event-related potential，ERP）

当某个特定事件发生时，如视觉刺激或听觉刺激，大脑会产生与之相关的电信号。通过记录这些电信号，可以了解大脑对不同刺激的反应和处理方式。

[①] 潘家辉，何志鹏，李自娜，等. 多模态情绪识别研究综述[J]. 智能系统学报，2020，15（04）：633-645.
[②] 郑旭东，马云飞. 脑电图技术的教育研究图景与趋势——基于 2000—2019 年国际文献的知识图谱分析[J]. 现代远程教育研究，2020，32（04）：36-47.
[③] PETRANTONAKIS P C, HADJILEONTIADIS L J. A novel emotion elicitation index using frontal brain asymmetry for enhanced EEG-based emotion recognition[J]. IEEE Transactions on Information Technology in Biomedicine, 2011, 15(5): 737-746.
[④] LIN Y P, WANG C H, JUNG T P, et al. EEG-based emotion recognition in music listening[J]. IEEE Transactions on Biomedical Engineering. 2010, 57(7): 1798-1806.
[⑤] DAVIDSON R J, FOX N A. Asymmetrical brain activity discriminates between positive and negative affective stimuli in human infants[J]. Science, 1982, 218(4578): 1235-1237.

3. 动态可重构性

EEG 数据还可以用于研究大脑在执行认知任务时的动态可重构性，即大脑如何适应不同的认知需求，实现信息的快速处理和集成。

4. 神经网络连接

通过分析 EEG 数据，可以研究不同脑区之间的神经网络连接以及这些网络在不同任务中的相互作用，有助于进一步了解大脑的结构和功能。

总而言之，EEG 数据对教师掌握学生的注意力、情绪状态和学习负荷等方面的情况有非常重要的作用。教师在 EEG 数据的支持下，可以了解学生在学习过程中的注意力变化，及时调整教学方式或教学内容；可以了解学生在学习过程中的情绪体验，及时提供情绪支持和干预措施；也可以了解学生在不同任务或教学策略下的认知负荷水平，优化教学设计，确保学习任务的难度和复杂度适合学生的认知能力。

（二）功能磁共振成像（fMRI）

功能性磁共振成像（functional magnetic resonance imaging，fMRI）是一种重要的影像学技术。该技术是利用核磁共振设备对脑内各区域进行高精度的 3D 成像，识别大脑的活动和结构。在教学过程中利用 fMRI 技术检查学生的大脑活动，可以了解不同学习方法对学生大脑的影响，有助于教师发展个性化的教学策略。fMRI 可以从活动区域、活动程度、联结和网络 3 个方面反映学生在完成不同任务时大脑的活动状态。

1. 活动区域

fMRI 技术可以显示不同部位的脑区在完成特定任务时的激活情况。通过测量血氧水平依赖（blood oxygen level-dependent，BOLD）信号的变化，可以检测出哪些脑区被激活，了解各个脑区之间的联系和相互作用。

2. 活动程度

fMRI 技术还可以通过血氧水平相关信号的强度来表征脑区的活动程度。这种强度的变化可用于评估学生在不同任务下的认知负荷、知识掌握程度等。

3. 联结和网络

fMRI 技术还可以帮助学者更好地理解大脑的网络结构和联结模式。通过分析活动脑区之间的相互关系，可以推断出不同区域之间传递信息的方式及特点。

通过分析 fMRI 数据，教师可以更好地理解学生在不同教学情境、教学策略下的大脑活动情况。例如，有研究利用 fMRI 技术发现，美国被试者在汉语声调教学培训后，其大脑中左颞叶上回激活区域增加以及其他皮层区域激活，这与被试行为表现效果的提高呈现相关关系[1]，换言之，通过 fMRI 技术发现教学培训能够促进学生学习表现的改进。该研究意味着 fMRI 技术通过分析不同教学情境、教学策略下学生的学习效果，为教师开展个性化教学提供数据支持。

（三）肌电图（EMG）

肌电图是一种记录肌肉活动电信号的技术，可以用来检测肌肉收缩和松弛以及肌肉疲劳和损伤等。由于肌电图可以提供肌肉活动信息，并且使用方便，目前在临床和生物医学工程中的应用日益频繁，在教育领域的应用也逐渐受到关注。以下是两类重要的 EMG 数据。

1. 运动相关大脑皮层的电信号

EMG 可以用来记录运动相关大脑皮层产生的电信号，这些信号可以表明大脑对肌肉运动的指令，可以通过在头皮上放置电极来记录。

2. 骨骼肌的肌电学参数

肌电学参数是一种用来描述骨骼肌电信号特征的统计数据，如平均振幅、频率、相位、波形等。这些参数可以提供有关肌肉的收缩方式和疲劳状态的信息。

可以看出，作为一种量化、客观的测量方式，EMG 数据可以用于评估学生运动技能方面的表现，帮助教育者了解学生的肌肉活动模式、姿势控制和运动协调能力。这种数据可以用于教学指导，从而促进学生运动技能的发展。此外，使用 EMG 数据还可以帮助教师深入了解学生的肌肉活动与认知表现之间的关系，从而促进个性化学习，改善教育效果。

---

[1] WANG Y, SERENO J A, JONGMAN A, et al. fMRI evidence for cortical modification during learning of Mandarin lexical tone[J]. Journal of Cognitive Neuroscience, 2003, 15(7): 1019-1027.

(四)皮肤电活动(EDA)数据

学生 EDA 数据是指通过测量学生皮肤的微小电流变化来获取反映情绪和认知负荷的生理指标数据。皮肤导电度、指汗率和心率变异性是教学中常收集的三类皮肤电活动。

1. 皮肤导电度

皮肤的导电度会因受到指汗反应、皮肤温度和湿度等因素的影响而改变,通过测量皮肤导电度可以获取 EDA 数据。

2. 指汗率

指汗是由交感神经控制的一种自主神经反应,通常情况下,心理压力、焦虑和紧张等情绪状态会引起指汗增加。EMG 采集设备可以通过测量手指上的汗腺活动来获取指汗率数据。

3. 心率变异性

心率变异性是指心率在不同时间段内的变化程度,反映了心脏自主神经调节功能的强弱,与人体的应激反应密切相关。通过心电图仪或者其他生物反馈设备可以获取心率变异性数据。

以上这些数据可用于监测学生的情绪状态及变化,如情绪高涨、兴奋、沮丧、疲惫、专注、压力等,供教师在进行情感教育和帮助学生调节学习过程中的情绪时参考。例如,有研究发明了构建电极动态 EDA 特征的算法,这些特征可用于研究压力和焦虑[1]。并且有研究证实 EDA 的测量可以实现更好的压力管理,特别是在高压力环境中[2]。该研究意味着 EDA 数据可以为教师和研究人员提供了解学生大脑功能和神经生物学基础的重要线索,同时也有助于促进个性化教育和脑科学教育的发展。

---

[1] COFFMAN D L, CAI X, LI R, et al. challenges and opportunities in collecting and modeling ambulatory electrodermal activity data[J]. JMIR Biomedical Engineering, 2020, 5(1): e17106.

[2] FURBERG R D, TANIGUCHI T, AAGAARD B, et al. Biometrics and policing: a protocol for multichannel sensor data collection and exploratory analysis of contextualized psychophysiological response during law enforcement operations[J]. JMIR research protocols, 2017, 6(3): e44.

三、教学过程的人机交互数据

教学过程中的人机交互是指通过计算机技术和互联网平台,在教学中实现师生之间、学生之间、学习软件与用户之间的交流和协作,其中包含文本、图像、视频、音频等多模态数据。

(一)基于文本的教学多模态数据

教学过程中的文本数据包含各种来源和多种类型的文本信息,如在电子白板上书写的文本、课件中的文本、在线交互文本、评论文本等。这些文本数据可以从教学材料、课堂笔记与作业、在线讨论和问答、班级讨论、测试等多种形式中获取。

1. 教学材料

教师使用电子文档或教学平台提供的教学材料,可以通过文本方式在学生和教师之间进行信息交流和共享,这些文本数据包含了教学内容、注释和解释等。

2. 课堂笔记和作业

学生在学习过程中可以使用终端设备记录笔记和完成作业,这些文本数据可以用于了解学生的学习进展、理解程度和问题反馈。

3. 讨论和问答

通过在线平台或工具的班级讨论的功能,学生和教师可以通过发表观点、评论、留言等方式讨论课堂问题、答疑解惑以及提问回答。这些文本数据记录了学生和教师的讨论过程和互动情况。

4. 测验/测试

教师设置单元测验、期末考试等评估学生的学习成果。测验可以通过终端设备进行,学生需要通过输入答案与系统进行交互。

5. 教学反馈和评价

学生可以通过文本形式给予教师教学反馈和评价,包括对教学内容、教学方法、教学效果等方面的评价。这些文本数据可以用于教师的教学改进和评估。

采集基于文本的多模态数据可以掌握学生的情绪状态、认知水平。例如,有研究构建出基于人机交互文本的情绪识别框架,通过分析学生与机器之间的交互文本识别学生情绪[①]。国内不少中小学校开始使用点阵笔、高拍仪等智能设备收集与分析学生作业，通过识别学生的文本表达内容和书写笔迹，了解学生对作业的态度和情绪。

（二）基于图像的教学多模态数据

在教学中可以获取多种内容的人机交互图像数据，包括但不限于以下几种。

1. 教学场景的图像

教室或实验室中通过摄像头或其他图像采集设备捕捉到的师生与计算机图像数据。这些数据可以用于识别教师和学生的面部表情、姿势和动作。

2. 教学资源的图像

教师在教学过程中使用的图像资源，如教学幻灯片、教科书中的图像、实验演示的图片等。

3. 学生输出的图像

学生在教学平台或交互式教学工具上输出的图像。例如，学生通过绘图、标注、贴图等方式在电子白板上表达自己的想法和理解，产生相应的图像数据。这些图像输出可以帮助教师了解学生的思维过程和学习成果，为学生提供反馈与指导。

4. 学生作品的图像

在教学过程中，学生可能会创作出图像作品，如绘画、设计、实验结果的图片等。可以将这些图像作品通过教学平台或其他工具进行展示和分享，供教师和其他同学进行评价和讨论。教师可以通过观察学生的图像作品，评估学生的创造力、表达能力和问题解决能力。

通过分析教学过程中的图像数据，教师可以获取更全面的信息，促进教学优化和个性化学习。例如，教师可以根据学生面部表情的图像判断学生的情绪状态，及时调整教学策略以提高学习效果，也可以通过分析学生在电子白板上的图像输出，了解学生的思维过程，及时为学生提供有针对性的指导。

[①] TIAN F, GAO P D, LI L Z, et al. Recognizing and regulating e-learners' emotions based on interactive Chinese texts in e-learning systems[J].Knowledge-Based Systems，2014，55：148-164.

（三）基于视频的教学多模态数据

基于视频的教学多模态数据是指在教学过程中，通过视频记录和获取的多类型数据信息。这些多模态数据可以从视频录像、视频直播、视频会议、屏幕录制、人机交互等多个方面获得。

1. 视频录像数据

通过摄像设备录制的教学过程、学生学习活动等视频数据。利用这些录像数据可以采集和提取学生的面部表情、头部运动、身体姿势等特征，分析教师教学和学生学习的相关行为。

2. 视频直播数据

通过实时直播技术传输教学过程的视频数据。通过这些视频直播数据可以采集到学生远程参与课堂、实时互动的行为表现和情绪状态。

3. 视频会议数据

进行教学和学习活动的视频会议数据。通过视频会议数据可以分析学生参与远程教学、远程合作和远程讨论的行为表现和情感投入度。

4. 屏幕录制数据

记录教师在电子白板或计算机屏幕上的操作过程的视频数据。屏幕录制数据可展示教学软件的使用方法、演示问题解决过程等。

5. 人机交互数据

记录学生与智能教学设备或学习平台进行交互的视频数据。例如，学生使用触摸屏、手写板或者语音识别设备进行学习活动时的视频数据。

通过视频多模态数据，教师可以识别和分析教学过程中教师和学生的各种行为表现。国内外有较多研究通过对视频多模态数据的分析，促使教师反思教学和改进教学。例如，有研究利用360°视频技术，对课堂活动的多模态数据进行录制，如师生对话、手势、眼神、演示实物、移动、使用设备等，为教师精准教学提供数据支持[1]。

---

[1] TAN S, WIEBRANDS M, WIGNELL, P, et al. Analysing student engagement with 360-degree videos through multimodal data analytics and user annotations[J]. Technology, Pedagogy and Education, 2020, 29(5): 593–612.

（四）基于音频的教学多模态数据

基于音频的教学多模态数据是指利用录音设备、语音识别技术获取的线上、线下学生和教师的语音数据。具体可以收集到教学过程中的语音交流数据、语音质量数据、语音情绪数据、语音内容转录数据。

1. 语音交流数据

通过音频设备和麦克风，可以获取教师和学生之间的语音交流内容。这些数据可以记录教学过程中的口头表达、问题讨论、学生回答等内容。

2. 语音质量数据

通过音频分析技术，可以评估音频信号的质量和清晰度。这些数据可以用于分析教学过程中的语音传递效果，检测潜在的音频问题，改进教学声音环境。

3. 语音情绪数据

通过语音情感识别技术，可以分析教师和学生语音中的情感信息，如愉快、激动、紧张等。这些数据可以用于评估教学过程中学生的情感状态和情绪变化，帮助教师了解学生的情感需求。

4. 语音内容转录

通过语音识别技术，可以将教师和学生的语音内容转化为文字数据。这样可以方便地对教学内容进行索引、搜索和分析，同时也可以为学生提供文字支持和学习辅助。

通过采集教学过程中音频的多模态数据，可以实现对教师和学生情绪状态、交流等情况的深度挖掘与分析。例如，有学者开发了在线学习实时语音情感识别系统，实时监测学生在在线学习环境中的情绪状态[1]；有学者利用应答器收集学生的语音数据，通过对小组合作的持续性和激励性进行分析，揭示学生的协作表现[2]。可见，基于音频的多模态数据在教学过程中扮演着非常重要的角色，可以提供更加全面、丰富的教学判断信息。

---

[1] CEN L, WU F, YU Z L, et al. Chapter 2-A Real-Time speech emotion recognition system and its application in online learning[M]. San Diego: Academic Press: 2016: 27-46.

[2] RIQUELME F, MUNOZ R, MAC LEAN R, et al. Using multimodal learning analytics to study collaboration on discussion groups[J]. Universal Access in the Information Society, 2019, 18: 633-643.

四、教学情境的感知数据

教学情境是情感环境、认知环境和行为环境的综合体[①]。教学情境感知的多模态数据包括学生的行为、动作、语言交流、生理特征、感觉体验和认知活动等多方面信息以及与教学环境有关的声音、光线、温度、湿度等物理参数。上述多模态数据可以通过传感器、监测装置和记录设备从学生表现、教师教学、教学环境、学生反馈等方面数据中收集和获取。

（一）学生表现的多模态数据

学生表现的多模态数据是包含了不同类型数据的学生表现信息。这些数据类型包括但不限于文本记录、音频记录、视频记录、图片等。具体可以从以下几个方面收集学生表现的多模态数据。

1. 语言

学生在课堂上口头表达的情绪、观点和想法，包括语速、音调、语气等。

2. 姿势和动作

学生在课堂上的肢体语言，包括坐姿、手势、眼神等。

3. 面部表情

学生在课堂上的各种面部表情，如微笑、皱眉、惊讶等，可以反映出他们的情感状态和认知水平。

4. 情绪状态

学生在教学过程中的焦虑、压力、兴奋等情绪状态，可以通过生理信号和行为表现进行评估。

5. 学习成果

学生的考试成绩、作业完成情况、课堂参与度等综合指标，可以反映出学生的学习效果。

这些多模态数据可以通过各种传感器、摄像头、麦克风以及软件工具进行采集和分析，帮助教师更好地了解学生的学习情况和需求，提供个性化的教育服务。例如，有研究开发了自动化课堂学习参与度识别器，通过机器学习的方法自动采

---

① 肖川.教育情景的特质[J].中小学管理，2000（02）：27.

集学生的面部表情，推断学生的学习投入度[①]，为教师了解学生的学习状况提供了重要信息。

（二）教师教学的多模态数据

教师教学的多模态数据是指教师在教学过程中运用多种媒介和工具呈现出的内容，包括但不限于文字、图片、声音、视频等。这种多元化的表现形式可以丰富学生的学习体验、增强理解效果，满足不同学生的需求，提高教学的效率和质量。

1. 文字

课堂讲义、PPT、书本等文字形式的资料。

2. 图像

教学图片、动画、地图、实物等可视化形式的资料。

3. 声音

语音录音、课程音频、音乐、戏剧、广播等语音形式的资料。

4. 视频

教学视频、纪录片、电影、演示视频等运用摄像机和其他设备记录的影像。

5. 交互

网络聊天、实时问答、在线测验等与学生进行直接互动的形式。

这些多模态数据共同构成了丰富的教学资源，在增加课堂趣味性、提高教学效果和学习效果方面有重要作用。同时，教师利用一定的技术识别学生特征，根据学生需求提供相应的教学资源。例如，有研究利用眼球跟踪、音频、视频和加速器提取学生特征，建构全面、客观反映学生信息的编排图[②]，这能够帮助教师在了解学生需求的基础上选取教学资源，开展个性化教学。

（三）教学环境的多模态数据

课堂教学环境是进行教学活动所必需的时间、空间条件，影响着个体的学习

[①] WHITEHILL J, SERPELL Z, LIN Y C, et al. the faces of engagement: automatic recognition of student engagement from facial expressions[J]. IEEE Trans. Affective Computing，2014, 5(1): 86-98.

[②] DILLENBOURG P, Orchestration graphs: modeling scalable education[M]. Lausanne：Epfl Press, 2015: 58-63.

体验和社会关系的形成，因此具有独特的教学属性和社会意蕴。随着多媒体和网络技术的发展，目前我国既有多媒体计算机、投影仪、网络等设备的多媒体教室，也有一种泛在连接、终端交互、人机协同、智能感知的新型教学环境，被称为智慧教室[①]。教学环境中可以获取的多模态数据包括但不限于以下几个方面。

1. 学生的电子笔迹和手写材料

学生手写在笔记本上或使用电子白板记录的学习笔记、书写的作业等。这些数据可用于记录学生的手写笔迹，从而更好地理解学生的思考和学习过程。

2. 电子文档和媒体资源

各类电子文档、图片、音频和视频资源，用于支持教学内容的多样化呈现，为学生提供更丰富的学习体验。

3. 音频和视频记录

包括教师在课堂上的教学行为、学生提问或答问行为、师生互动行为等的音频和视频，可用于后续的评估和反馈。

4. 交互式教学工具和设备生成的数据

包括学生在学习平台上的浏览行为、学习时长、答题情况、与教师的互动行为等的过程数据，可用于分析和优化教学效果。

通过对教学环境多模态数据的收集和分析，教师可以了解学生在不同环境下的学习偏好和表现，如他们对不同类型的信息（文本、图像、视频等）的接受程度以及对不同学习方式（视觉、听觉、动手等）的偏好。这些信息有助于教师优化教学材料和教学方法，创造出更适合学生的教学环境。例如，有研究发现，将饱和、高亮暖色、图片和拟人化设计等元素应用于多媒体学习材料中，对提高学生学习效果具有积极影响[②]，教师可基于此进一步优化教学材料，创设教学环境。

（四）学生反馈的多模态数据

在教学中，学生反馈的多模态数据指的是来自不同途径、用不同方式表达的学生对教学过程的反馈信息。这些多模态数据可以包括以下几方面。

---

① 吴砥，王俊，王美倩，等.技术发展视角下课堂教学环境的演进脉络与趋势分析[J].开放教育研究，2022，28（05）：49-55.

② 杨红云，陈旭辉，顾小清.多媒体学习中视觉情绪设计对学习效果的影响——基于31项实验与准实验研究的元分析[J].电化教育研究，2020，41（1）：76-83.

1. 口头反馈信息

学生通过课堂上的提问、回答或讨论直接向教师进行口头反馈。

2. 文字反馈信息

学生通过课堂笔记、作业、测试等形式记录下自己对教学内容和学习材料的理解、困惑等内容。

3. 图像反馈

学生可以通过绘画、插图、定格动画等方式提供图像反馈。这些反馈可以表达他们对知识和概念的理解以及他们在学习过程中的想法和创意。

4. 视频反馈

学生可以通过录制视频或使用视频工具来记录表演、实验或其他学习过程。这种形式的反馈可以更直观地展示学生的技能、实践和观点。

5. 数字化反馈信息

学生通过电子邮件、在线论坛、社交媒体等方式利用数字化平台传达对教学的反馈意见。

6. 运动记录

学生在教学活动中的身体语言、姿势、面部表情等可以反映出他们的情感状态和对教学的认知反应。

7. 生理记录

如脑波、心率等可以较客观地反映学生对教学刺激的注意力、兴奋度、疲劳程度等。

教师通过对上述学生反馈多模态数据的收集可全面了解学生对课堂教学的评价和反馈。这些反馈可以帮助教师了解学生的学习进展、理解程度、情绪状态、个性化需求。例如，有研究对学生学习过程中产生的反馈文本加以分类，用于识别与分析学生的情绪状态[①]。在这些多模态信息的支持下，教师可以更好地指导学生学习。

---

① 冯翔，邱龙辉，郭晓然. 基于 LSTM 模型的学生反馈文本学业情绪识别方法 [J]. 开放教育研究，2019，25（2）：114-120.

上述多模态数据能够反映出师生在教学互动中的表现、态度和情感等诸多方面的信息，能够帮助教育工作者更好地了解学生的学习状态、接受程度和难点所在，从而更好地实现个性化教育和改善教学效果。同时，这些数据也可以通过机器学习等技术对其加以处理和分析，发掘出更多有价值的教育教学信息。

第五章 伴随式评价信息反馈系统的构建与运行

伴随式评价信息反馈系统是一种即时反馈系统,该系统通过信息技术手段获取视频、音频、文本、生理等多模态数据,结合机器学习和数据分析技术,对教师的教学过程和学生的学习情况进行分析和评估,并向教师提供实时的、个性化的反馈。伴随式评价信息反馈系统可以帮助教师及时了解自己的教学效果,发现问题并改进,进而提高教学质量。同时,学生也可以通过这个系统更好地参与到教学过程中来,并且掌握自己的学习情况。伴随式评价信息反馈系统的构建与运行,需要解决三个问题:一是建立信息源,二是提供技术支持,三是运行与维护。

一、伴随式评价信息反馈系统的信息源

伴随式评价信息反馈系统为嵌入式教师教学评价服务,涉及的信息源包括教师实践共同体(在此特指为开展嵌入式教师教学评价而组建的"教师成长共同体")、学生反馈、教师自我评价、课程要求(课程标准)等。

(一)教师实践共同体

开展嵌入式教师教学评价需要有稳定组织的支持,即需要成立"教师实践共同体"。近代以来,随着基础教育的普及,教师群体的共同属性日趋明显。每位教师不是独自在真空中完成教育教学任务的,而是在特定教师群体中、在社会协商的意义上实现自己的专业发展[1]。基于对教师发展的认识和理解,学校应该是一个教师专业发展的社区,而不应是一个传统的控制单位。教育实践需要从人际互动、协作和相互支持的环境中得到发展,教师实践共同体正具备这样的环境,教

---

[1] 叶海龙."实践共同体"及其对教师专业发展的启示[J].当代教育科学,2011(16):24-26.

师之间可以分享成功经验、探讨挑战和问题并协作解决问题，提高彼此的专业水平和教学效果。目前，随着信息技术的迅速发展和全球化势态的加剧，跨学科合作、知识共建、学习共同体等概念得到推崇，教师实践共同体的重要性更是被广泛关注。教师实践共同体是伴随式评价信息反馈系统的重要信息源，以特有的组织结构和活动模式为嵌入式教师教学评价提供多层面信息。

1. 组织结构及活动模式

"共同体"概念最早由德国学者滕尼斯（F.Tonnies）提出[①]，他认为"共同体"是由同一居住区域的乡村、小群体构成的一种由自然情感结合而成的团体，依靠共同的信仰、习俗及传统文化来维系。而韦伯（Max Weber）则认为滕尼斯的共同体过于理想化，他认为共同体的类型可以划分为市场上严格目的合乎理性的、自由协议的交换共同体，纯粹的、自由协议的目的联合体以及以价值合乎理性为动机的思想联合体[②]。鲍曼（Bauman）则认为共同体是培育形成的，是一种主动建构的过程[③]。"实践共同体"概念是由莱夫和温格（Lave & Wenger）首次提出的，特指一群人在特定时间和空间内，通过共享实践经验、知识和文化价值观念而形成的集体。在这个共同体中，成员互相协作、学习和发展，有着相同的目标和认同感[④]。一般而言，实践共同体具有以下关键特征。

①具有共同的实践经验：实践共同体的成员必须分享某种实践经验，共同理解并掌握该领域的相关技能和知识。这种共同的实践经验使他们能够在特定领域中进行有效的合作和交流。

②具有共同的语言：实践共同体成员之间存在共同的专业术语、符号和习惯用法。共同的语言减少了误解和沟通障碍，使成员能够更好地分享和传递彼此的知识和经验。

③具有共同的文化价值观念：实践共同体成员可能以不同方式看待世界和评价事物，但他们需要具有一定程度的文化共性以保持团队的凝聚力和稳定性。共

---

① 滕尼斯.共同体与社会：纯粹社会学的基本概念[M].林荣远，译.北京：商务印书馆，1999：2.
② 韦伯.经济与社会（上卷）[M].林荣远，译.北京：商务印书馆，1997：71.
③ 鲍曼.共同体：在一个不确定的世界中寻找安全[M].欧阳景根，译.南京：江苏人民出版社，2003：10.
④ 莱夫，温格.情境学习：合法的边缘性参与[M].王文静，译.上海：华东师范大学出版社，2004：45.

同的文化价值观念促进彼此理解和合作,帮助成员更好地协同工作,共同实现共同体的目标。

④具有相互协助和合作的精神:实践共同体成员需要建立起相互信任、支持和帮助的关系,共同协作解决问题。通过互相支持和合作,他们能够充分发挥各自的优势,增加整个共同体的成果。

⑤具有共同目标和认同感:实践共同体成员必须共同确定一个目标并为之不断努力;同时对该目标的达成持有认同感,这种共同目标和认同感激励他们共同努力,推动共同体的发展。

基于此,开展嵌入式教师教学评价需成立教师实践共同体,其是伴随式评价信息反馈系统的重要信息源。教师实践共同体是一种协同学习共同体,其组织结构应该具备协同学习、共享经验的基本特征。因此,在设计教师实践共同体的组织结构时,需要重视这些特点以便更好地促进成员之间的知识共享、协作学习和经验交流。教师实践共同体的组织结构和活动过程没有固定模式,但需坚持一些重要的原则。

(1)要有稳定的核心成员

教师实践共同体是一个由许多教师组成的学习和发展社群,旨在通过合作和相互支持提高教育教学水平。在实践共同体中,稳定的核心成员起着至关重要的作用。首先,他们可以持续地参与并具有稳定的领导作用。在实践共同体中,每个成员都可以担任领导和支持者的角色,但需要有一些人能够长期承担这些职责,稳定的核心成员可以为其他成员提供连续的支持、指导和鼓励,从而增强学习和发展的效果。其次,稳定的核心成员可以促进成员之间的信任和合作。在实践共同体中,成员之间必须建立相互信任和合作的关系以共同推进学习和发展的目标。稳定的核心成员可以帮助维持这样的关系并促进它们的发展。最后,稳定的核心成员可以确保实践共同体的文化和价值观的传承。实践共同体通常会有其独特的文化和价值观念,稳定的核心成员可以帮助确保这些文化和价值观念的传承并且贡献自己的经验和知识,更好地达成教师成长及教学改进的目标。

(2)不断吸收新的成员

在保证有稳定的核心成员的同时,教师实践共同体还需要不断吸纳新的成员。

这样做有以下几个原因：其一，教育领域的知识与技术日新月异，新的教师往往具备更新鲜的知识与经验，他们的加入可以为整个共同体带来丰富的知识体系，使得共同体更加适应时代发展的需求。其二，不断吸收新成员也可以提高共同体的多样性和包容性。人员构成的多样性和异质性对共同体的发展很重要。教师实践共同体的成员应具备多样的资历、经验和学科背景，这种多样性和异质性有助于思维碰撞和深入地组织学习，不同背景和经验的成员可以相互启发，促进共同体的创新和发展。其三，教师实践共同体的发展需要源源不断的人才输入以保持活力。随着时间的推移，原本的核心成员可能会离开共同体，新成员的加入则可以补充和代替这些已经离开的核心成员。通过吸收新成员，共同体可以保持持续的发展和学习动力，确保共同体的活力和延续性。

（3）组织规模利于开展活动

教师实践共同体成员共同探讨课程、教学方法和教学资源等方面的问题，协作开展教育教学活动和改进实践。由于活动主题不同，组织规模大小无一定之规，但规模适宜有利于活动的开展。其一，规模适宜可以提高协作效率。教师实践共同体的规模要适中，既不宜过小也不宜过大。如果规模太小，参与的教师数量就较少，难以实现有效的协作和互助；规模过大则会导致交流和协作方面的困难。因此，教师实践共同体的规模要在适当范围内，这样才能达到最高的协作效率。其二，适宜的规模也有助于活动的开展和资源的充分利用。当教师实践共同体规模适宜时，成员之间的交流、探讨、分享等活动都可以比较方便地进行。同时，共同体成员可以更充分地利用自己的教育教学资源，增强共同体整体的学习效果。其三，规模适宜还使得组织内部的管理和协调相对容易。规模适中的共同体可以更清晰明确地进行组织内部的管理工作，各项工作的安排和决策也能更加高效和灵活。

（4）活动进行采取分布式人员关系

在教师实践共同体活动中，采取分布式人员关系意味着教师个体在共同体中保持独立性的同时也能够协作和分享信息，从而形成互相影响、互相依赖的网络关系。这里的"分布式"一词源自计算机领域，是指多个组件和节点之间的位置关系。在分布式系统中，各个节点可以独立地处理任务，同时也可以共享资源和信息以达到更高的效率和性能。采用分布式人员关系的教师共同体具有以下优势。其一，它可以促进教师实践共同体成员之间的良好合作与密切联系。具体而言，教师实践共同体中的每位成员都拥有自己的专长与优势，可以将其分享给其他成员，这就形成了一个相互补充、相互促进的群体，分布式人员关系可以保证他们之间始终保持着紧密的联系与沟通。其二，分布式人员关系可以促进教师实践共同体内部知识的传播与共享。通过不断的交流与合作，教师实践共同体成员之间形成一个相对稳定的知识共同体，这些知识可以被广泛地分享到整个组织中。其三，分布式人员关系可以促进教师实践共同体的扩张与发展。教师实践共同体可以与其他类似组织建立联系，以此吸收更多的成员和新鲜血液，不断提升自己的实践水平。

2.提供评价信息的内容

教师实践共同体的成员都是具有学科背景的专业教师，并且其中包含同一学科的教师，所以教师实践共同体成员所提供的评价信息更具专业性和可参考性。评价信息主要集中于教学内容与教材的适配性、教师的课堂管理、学生的课堂表现、教师的教学行为等方面。

（1）教学内容与教材的适配性

教学内容与教材的适配性是指在教学过程中教师根据学生的实际情况和需求，合理选择、调整和修改教学内容和教材，提高学生的学习效果和教学质量。具体而言，教学内容应根据学生的年龄、身体条件、语言水平、认知能力、兴趣爱好等方面的差异进行精细化设计，使其更符合学生的认知规律和心理需求。同时，在选用教材时也要有针对性地选择适合学生的教材，遵循课程标准的要求进行优先选择，关注教材的逻辑性、连贯性、可读性和难易度等方面，确保教材内容与学生需求相匹配。此外，针对不同学生应采取不同的策略和方法，如给予适宜的示范、提示、反馈和激励等以满足学生的差异化需求，提高教学效果。

正是由于教师实践共同体成员的专业性，成员可以就教材与教学内容的适配性提供有效的评价和建议，如哪些内容是教学重点、哪些内容可以引发学生兴趣、哪些内容超出了学生的认知水平等，提出即时的评价反馈信息。

（2）教师的课堂管理

课堂管理方面存在的一些问题是教师教学中难以把握的，如课堂秩序问题经常让教师感到困扰，有时学生在课堂上不守纪律，时常打断课堂或干扰其他同学。当学生违反课堂规则时，教师往往面临着是否惩戒以及采取何种惩戒措施的问题。此外，课堂教学时间的预测也是一个教师需要面对的问题，如教学内容的完成时间、师生互动时间等，而实际课堂可能难以计划。以上这些都反映了教师的课堂管理能力，会直接影响教学效果。

教师实践共同体成员可以通过观察，凭借自身经验在行为规范和纪律、时间管理和课堂组织、学生参与度和注意力等方面为其他教师的课堂管理问题提出有价值的评价反馈信息。也可以总结并分享自己在促进和维护学生良好学习氛围方面的实践经验。

（3）学生的课堂表现

学生的课堂表现有多个方面，包括学习态度、互动情况、参与程度和学习目标达成情况等。学习态度包括学生在课堂上是否认真听讲、积极发言和主动思考等，这些方面可以反映学生对课程的关注和对知识的兴趣程度。在课堂教学中，互动是不可或缺的一部分，师生之间的互动以及同学之间的互动都能反映学生的课堂表现。只有积极参与课堂活动，学生才能更好地理解和掌握课程内容。通过观察学生是否积极举手发言、回答问题等，可以了解他们的参与程度。此外，作业完成情况和学习成绩也是衡量学生学习目标达成程度的重要指标，是评估学生课堂表现的重要依据之一。通过分析学生的考试成绩、作业完成情况等内容，可以客观地评估他们的学习成绩。作为教师实践共同体的成员，通过观察和分析学生在课堂上的发言、提问、参与活动及作业情况等，可以为学生提供有关课堂表现的评价反馈信息。

（4）教师的教学能力和态度

教师的教学行为在课堂上表现为多个方面。一是教师的授课方式和态度，包括讲解知识是否生动、清晰以及是否关注学生的反馈并能及时调整教学方法等。二是教师的课程设计与教材选择，如是否根据学生的需求进行课程设计以及是否选择了满足学生学习需要的教材等。三是教师的评价方式和标准，如教师对学生的评价是否公正、科学以及能否指出学生存在的问题并给予帮助等。四是教师的教育理念和教学目标，如教师是否有明确的教育理念和教学目标，并能够将其贯彻到课堂教学中。五是教师的专业知识和技能水平，如教师是否具备相应学科领域的专业知识和技能以及能否灵活运用各种教学方法等。教师实践共同体成员可以通过观察课堂上教师的教学表现或结合技术采集的相关数据，为教师提供评价反馈信息。

（二）学生反馈

学生反馈是伴随式评价信息反馈系统的重要信息源。教师通过学生反馈能够了解学生对教学方法、教学内容等方面的评价以及学生的需求和期望。根据学生反馈，教师可以在未来的教学中进行改进和调整，从而提高教学质量。此外，教师通过积极听取学生反馈，可以与学生之间建立紧密联系，这种师生关系有助于增强学生的学习动力和参与度。作为伴随式评价信息反馈系统的重要信息源，学生反馈需要重点关注评价反馈渠道和评价信息两个方面的问题。

1. 评价反馈渠道

学生可以通过很多渠道向教师提供即时的教学反馈，线下教学可以面对面反馈（口头表达、书面表达），线上教学或混合教学则有更多的反馈渠道，如弹幕、发言栏、群（微信、钉钉等）和私信（短信、微信等）、在线匿名问卷调查。

（1）面对面反馈

学生可以通过面对面交流向教师提供反馈，包括反映自己还没有理解的内容、提出需要加强的地方等。口头反馈需要学生有勇气，同时也需要教师建立学生评价反馈机制，给予学生表达的机会。在提供反馈时，学生应该诚实客观地表达自己的想法和感受，避免夸大或缩小事实。同时，学生应该尽可能客观地陈述问题，避免情绪化言辞影响交流。在向教师反馈时，学生需要控制语气，保持礼貌和尊重，避免使用冒犯性的语言或态度。这有助于建立良好的沟通氛围，增强沟通效果。学生应本着解决问题的态度进行反馈，与教师一起探讨如何解决问题或应对挑战。

另外，学生也可以以书面形式将自己的问题和建议反馈给教师，如写个纸条由同学传递给教师。教师还可以设计课堂反馈表，让学生填写对教学的看法，包括难易程度、兴趣度以及对教师语言表达等的意见。这些反馈表可以随时发放给学生填写以便快速回收，帮助教师改进后续教学环节。

（2）线上公开反馈

学生在线上即时口头表达个人对教师教学的评价反馈意见已经变得非常方便，线上直播可以用麦克风连麦，视频会议则可以直接发言。然而，由于教师在上课时可能会担心出现噪声，往往会强制静音，这样一来学生的即时线上反馈就会受限。

学生线上公开反馈的形式还有很多，"弹幕"是常用的方式之一。在发表弹幕时，学生应注意使用礼貌的语言，避免使用侮辱性的言辞，以免影响教师的教学积极性。学生应尽量采用客观的评价方式，而不是主观臆断。此外，学生不应通过使用攻击教师的方式来表达自己的观点。在课堂上，学习是主要目的，因此学生发表的弹幕应尽量避免干扰其他同学听课。发表的弹幕应简短明了，避免发表过长的文字，因为这会影响他人的观看体验并对课堂秩序造成干扰。学生也可以通过群组（如微信、钉钉等）向教师提供课堂评价反馈信息。另外，教师还可以通过设置专门的讨论区来收集学生的课堂反馈意见，与发"弹幕"一样，学生也应该注意自己的语言表达和发表时机。

（3）私信/匿名问卷调查

学生可以通过发送电子邮件、站内信或使用其他网络工具以文字形式向教师提供反馈信息。然而，由于这些信息是私信的方式，教师在专注上课时可能无法及时关注这些反馈信息，即时性可能会受到一定的影响。

对于即时收集学生的课堂反馈，教师主动发起的匿名问卷调查具有独特的优势。由于具有匿名性，学生可以填答出个人的真实想法，更有可能为教师提供反映学生客观情况的信息。教师设计的问卷题目应该语义明确，避免设置模糊不清或不具备可操作性的问题。问卷应关注以下主要内容。一是询问学生在学习方面的收获，包括知识、技能、思考方式等方面。二是了解学生对教师采用的教学方法和策略的看法以及这些方法是否使他们更容易理解和掌握课程内容。三是了解学生对教师所提供的课程资源（教材、PPT、视频等）的看法。四是了解学生对课堂氛围和自身参与度的感受以及教师能否积极引导学生参与讨论和互动。收到学生的反馈信息后，教师应认真分析和考虑学生的意见，并据此持续改进教学。

2. 评价信息

学生的评价反馈信息是教师教学质量的直接体现，其内容反映的是学生对教学的感受，主要包括对教师的教学内容、教学手段、教学态度、作业评估等方面的评价反馈。

（1）教学内容

学生对教师教学内容的评价反馈信息主要涵盖以下几个方面。一是教学内容的难易程度。学生通常会关注教学内容是否过于简单或过于复杂，希望教师能够根据学生的水平进行适当调整。二是教学内容的实用性。学生希望所学内容与实际应用相关，而不仅仅是纯理论知识。他们希望了解如何将所学知识应用于真实场景中。三是教学内容的新颖性。学生希望教师能够提供新鲜、有趣且具挑战性的教学内容。如果教学内容过于陈旧和乏味，学生可能会失去兴趣。四是教学内容的可理解性。学生需要教师清晰地表达教学内容，避免使用学生难以理解的术语和语言。同时，学生需要教师提供足够的例子和案例分析，以便更好地理解教学内容。五是教学内容的时效性。学生也关注教学内容的时效性，希望学习最新的知识和技能以便更好地适应未来社会和职业发展的需求。

（2）教学手段

学生对教师的教学手段给出的评价反馈信息主要包括以下几个方面。一是教学内容的呈现方式。学生很关注教师是否能够以生动、有趣的方式呈现教学内容，并且以简洁明了的方式让学生理解。二是教学方式的多样性和适应性。学生希望教师能够采用不同的教学方法，包括讲授、讨论、展示、实验等方式，并根据学生的不同需求和特点调整教学方式。三是课堂的组织方式。学生希望教师能够营造轻松、愉快的课堂氛围，鼓励学生积极参与，促进课堂互动。四是教师对作业等的评价方式。学生希望作业和考试的内容和难度与教学相符，并且希望评分公正、合理。五是教师对待学生的方式。学生希望教师友善、体贴地对待学生，并且能够耐心回答学生的问题，帮助他们解决困难。六是运用多媒体开展教学。学生希望教师能够利用幻灯片演示、图表和图像、音视频、交互式白板、网络资源等多媒体进行教学。

(3)教学态度

学生对教师教学态度的评价反馈信息主要包括以下几个方面。一是对待教学工作的热情。学生希望教师热爱教育事业，对自己的教学工作充满激情和热情。二是有明确的教学目标导向。学生希望教师能够明确教学目标，重视学生的发展需求，通过科学的教学设计和有效的教学措施帮助学生实现这些目标。三是对学生关爱和尊重。学生希望教师能认真倾听学生的意见和建议，尊重他们的个性，关心他们的成长，鼓励他们勇于创新和探索。四是不断探索新颖、有效的教学方法。学生希望教师能够采用多种适宜的教学方法，为他们提供多元化的学习机会，培养他们的主动学习能力和创造力。

(4)作业评价

学生在教师对作业评价上的反馈信息主要包括以下几个方面。一是给予具体和明确的反馈。学生希望教师能够告诉他们在哪些方面做得好以及需要改进的地方。二是提供建设性的指导。学生希望教师能够给予有益的反馈和指导，帮助他们进一步提高作业的质量。三是鼓励和肯定努力。学生希望教师能够认可和鼓励他们的努力并给予积极的反馈。这可以增强学生的学习动力和信心，促使他们更好地完成作业。四是使用多种评价方式。学生希望教师能够采用口头评价、书面评价、分组讨论等多种方式以便获得更全面和准确的评价结果。五是允许学生参与评价。学生希望能有机会参与自己作业的评价过程，如讨论评价标准或对同伴的作业进行评价。这样可以让学生更好地理解评价标准，同时也能增强他们的学习效果。

(三)教师自我评价

教师自我评价也是伴随式评价信息反馈系统的重要信息源。教师教学自我评价是指教师在教学过程中，对自己的教学行为、教学效果进行客观而全面的审视和评估，反思教学过程中的不足并制订改进方案以不断提高自身的教育教学水平。教师自我评价信息的重要价值和具体评价信息是需要重点关注的两个问题。

1. 评价信息的价值

教师自我评价信息是一种非常重要的教育资源，对于教师个人和实践共同体以及学生都有重大意义。具体表现在以下几个方面。

①发现教学不足：通过对自己的教学进行全面、深入的分析和反思，可以及时发现教学中的不足之处，如课堂掌控能力、教学方法选用等。这样的认识有助于教师意识到自己的弱点并有针对性地采取措施加以改进。

②促进持续改进：教师在评价过程中可以收集并整理所有的教学信息，针对发现的问题制订出针对性的改进措施并在日常教学实践中加以落实。这样可以不断优化教师的教学方式，提高教学质量，实现持续的教学改进。

③改善师生关系：通过开展教师自我评价，教师向学生和家长展示了自己的积极态度和行动力，也表明了自己愿意承认错误并持续改进的决心，进而建立起良好的师生关系。这种积极的互动有助于增强学生对教师的信任和尊重。

④提高教育品质：通过自我评价，教师可以了解自己在教学中的优势和不足，及时调整教学策略和方法，提高自己的教育品质，使学生能够得到更好的教育，有助于提升整个教育系统的质量和水平。

综上所述，教师教学自我评价对教师个人的成长和教学质量的提升具有重要意义。它为教师提供宝贵的、有意义的反馈信息，帮助教师更好地发现自身存在的问题和不足，进而促进个人成长和提高教学质量。同时，教师自我评价也对师生关系的建立和教育品质的提升起到积极的推动作用。

2. 评价信息

教学自我评价是一种重要的教学反思方式，对于提高教学质量和效果具有积极作用。教师在进行教学自我评价时可以参考一些外部数据，具体包括以下几个方面。其一，可以录制课堂视频并回看。教师可以使用录制设备录制课堂的视频，在自己空闲时间回看授课过程。通过仔细观察和分析，教师可以发现自己在教学中存在的问题和不足之处并针对性地提出改进方案。其二，可以请同行进行观摩评价。教师可以邀请同科目或同领域的教师前来观摩自己的授课，听取他们的专业意见和建议。通过与其他教师的交流和互动，教师可以获得新的教学思路和方法，从而调整改进自己的授课方式。其三，可以借鉴学生的反馈意见。教师可以在课后向学生征询意见和建议以了解学生对自己教学的评价。学生的反馈可以帮助教师更好地了解自己的教学效果和影响，从而考虑如何根据学生的反馈意见改进自己的教学方式。其四，可以对教学过程和成果进行数据分析。教师可以通过对学生的考试成绩、课堂表现等数据进行分析，找出自己的教学优势和不足之处。

教师教学自我评价所提供的信息主要用于检视个人的教学情况并制订改进计划以提升教学能力和个人素质。教师教学自我评价包括以下评价信息。

①教学目标的达成情况：教师需要评估自己设定的教学目标，检验是否成功实现了这些目标。如果存在未达成的目标，需要分析原因并制订改进计划。

②教学效果的评估：教师需要评估自己的授课效果，如学生的学习成绩是否提高、学生的参与度是否增强等。同时也要关注学生的反馈，从学生的角度审视自己的教学。

③教学方法的优化：教师需要评估自己使用的教学方法，审视哪些方法取得了良好效果，哪些方法需要调整或淘汰。

④现代化教学手段的运用：当前数字化教学、个性化教学、翻转课堂等现代化教学手段已经进入课堂，教师需要结合个人教学情况，审视自己是否能有效地运用这些现代化的教学手段。

总之，教师的自我评价需要全面系统地考虑自身的教学实践，尤其要结合学生的反馈，定期对自己的教学进行全方位的自我评价和反思。这样做有助于个人的成长和教学改进，也为教学实践共同体研讨教学提供了有价值的信息。

（四）课程标准

课程标准是教师设计教学目标、开展教学评价的依据，也决定了教学内容、教学方法的选择，因此课程标准也是伴随式评价信息反馈系统的重要信息源。

1. 评价信息

通常情况下，课程标准为教师的教学评价提供了有关教学目标、教学内容、教学方法和教学评价等方面的信息。

①教学目标：课程标准中规定的教学目标是指课程追求的总体目标，通常包括培养学生的知识、技能和态度等方面的综合目标。教学目标则是针对某一节课或某个教育活动设定的具体目标，有助于学生理解和掌握特定的知识、技能或思想观念。具体来说，教学目标应是与课程目标相一致的，并在实现课程目标的过

程中发挥重要作用。如果教学目标没有明确地与课程目标联系起来，那么就很难达到课程目标。因此，在制订教学目标时，应考虑如何帮助学生实现课程目标并增加他们的学习成果。同时，教师还需要根据学生的实际情况和学科特点，设计符合其水平和能力的教学活动，帮助学生更好地实现教学目标。

②教学内容：教师教学评价与课程标准之间存在密切的关系，课程标准为教学提供了方向和基础。教师需要深入理解课程标准，明确教学目标以及学生需要掌握的知识和技能，从而确定具体的教学内容。课程标准的实施方案中，明确要求教师在教学过程中应该依据课程标准，在考虑学生的实际情况和学习需求的基础上，设计和选择教学内容，确保教学内容与课程标准相符。换句话说，课程标准是教师课堂教学内容的基础和依据，但同时也要考虑到学生的不同需求和学习水平。因此，教师还需要根据学生的实际情况灵活调整和拓展教学内容，以达到更好的教学效果。

③教学方法：课程标准是教师选择教学方法的重要依据，教师在进行教学时需要结合课程标准，明确学生需要掌握的内容和达到的目标，选择相应的教学方法来落实课程标准。当然，教学方法对于有效地实现课程标准也具有重要意义。不同的课程标准需要采用不同的教学方法以达到最佳的教育效果。举例来说，对于某些理论性较强的课程，可以采用讲授和讨论等方法；对于一些实践性较强的课程，则应采用实验、实践和案例分析等方法以加深学生对课程内容的理解。

④教学评价：课程标准中规定了明确的教学要求和教学中需实现的目标，教师在进行教学评价时，需要对学生在学习过程中表现出的知识水平、技能、素养和价值观念等方面进行评价。通过教学评价，教师可以了解学生的学习情况，发现学生的问题，为后续的教学提供有针对性的改进措施。在进行教学评价时，评价的内容、方式、对象和标准等都应该与课程标准相一致，确保评价结果的公正性和客观性。

2. 评价信息特征

根据课程标准进行教师教学评价的评价信息具有全面性、针对性、精细性、和反馈性的特征。

①全面性：对应课程标准，对教师的整个教学全过程进行全面、客观和科学的评估，包括教学目标的达成情况、教学内容的设计和传达、教学方法的运用以及学生的学习效果等方面。

②针对性：对应课程标准，对不同学科、课程和学生特点选择相应的评价指标和方法，确保评价结果信息符合课程标准的要求，能真实反映教学效果。

③精细性：对应课程标准，尽量精细地描述和刻画评价的内容，通过具体的数据和事实来支持评价结论，避免主观臆断。

④反馈性：向教师提供对应课程标准的评价结果并提出改进建议。有效的反馈可以激励教师改进自己的教学，从而提高教学质量。将评价结果与课程标准进行比较，可以为教师未来的教学改进提供参考。

根据课程标准进行教师教学评价所提供的评价信息具有很强的导向性，可以指导教师改进教学。

二、伴随式评价信息反馈系统的技术支持

伴随式评价信息反馈系统在信息技术和人工智能的支持下，通过评价信息数据的采集、评价数据存储与管理、评价数据的分析和评价信息的反馈等环节，为嵌入式教师教学评价提供即时服务，满足教学与评价的共域性、融入性和互动性需求。

（一）评价信息数据的采集

随着信息技术、人工智能的发展，教师教学评价信息数据采集的技术手段越来越多，数据采集的精度在不断提高，数据内容的丰富性在不断增强，数据采集效率也在不断提高。

1. 评价数据采集的技术手段

当前教师教学评价数据采集的技术手段越来越丰富，在技术的支持下采集方法变得越来越先进，目前采集评价数据的技术手段包括但不仅限于问卷调查、观察记录、视频监控、录像录音、学习管理系统等。

(1) 问卷调查

问卷调查是一种常见的数据采集方式，通过让相关人员填写问卷调查表等形式，直接收集他们对教师的评价和反馈信息。这种方式具有操作简单、易于实施的优点，但需要确保问卷设计科学合理，问题具有可操作性和代表性。近年来，各种大型在线问卷调查平台的出现，提供了各种预置问题类型，包括多选、单选、开放性问题和评分问题等。

(2) 观察记录

观察记录是一种评价数据采集的常见手段，观察教学过程中教师的行为、语言和教学效果，并将其记录下来以供分析。以往教师课堂教学主要依靠人工观察，通过听课填写观察记录表来获取数据。目前已结合了多种观察记录手段，如录音、录像、视频监控等技术。

(3) 视频监控

视频监控是一种用于采集课堂教学数据的技术手段。通过视频监控技术，可以记录教师的教学过程、学生的学习情况和课堂氛围等信息。视频监控技术一方面可以实时监控教室内的情况，确保教学秩序稳定和安全；另一方面还可以收集全面的课堂教学数据，为后续的评价和分析提供依据。

(4) 录像录音

选择一些专业的录像录音设备，如高清摄像机、麦克风等，也可以使用普通设备，如手机或平板电脑，对教师教学过程进行录制。可以选择全景录制整个教室或课堂，也可以对教师身体语言和表情进行特写录制。这些录像数据可以为后期分析教师教学过程中的重点、难点和亮点以及总结教师的授课风格和教学方法等提供数据支持。

(5) 学习管理系统

学习管理系统是一种重要的评价数据采集技术手段，可以记录学生的学习进度、作业完成情况、课堂讨论参与度、学生作品、课堂笔记、试卷等。一些教学软件还可记录学生的作答情况，如是否反复撤换答案以及答题时间等。这些数据是进行教师教学分析的重要依据。

2. 信息技术、人工智能对评价数据的采集

信息技术和人工智能采集教师教学评价信息数据的原理是通过使用计算机、网络等技术手段，将学生、教师实践共同体或其他相关人员对于教师教学质量的评价数据进行收集、处理和分析，从而生成相关的统计分析报告。这种方法具有快速收集大量的教学评价信息的优势，并且可以对多个教师的评价数据进行比对和分析。这有助于教师及相关人员更好地了解教学质量、课程设置是否符合教学目标以及学生学习表现等方面的情况并提出改进意见。基于信息技术和人工智能的评价数据采集具有以下3个突出特点。

（1）较高的数据采集精度

数据采集精度的提高是信息技术和人工智能在教学评价中的一个显著优势。传统的教学评价方式往往需要耗费大量的时间和人力，而且容易出现误差。信息技术和人工智能技术可以通过各种传感器、监控设备、数据分析手段，实时收集和处理教学过程中的各项数据指标，从而提高了数据采集的精度。具体而言，这种提升可以归因于以下几个方面。其一，硬件设备的升级。随着硬件设备的不断升级，可以存储和处理的数据量增加，计算速度也更快。这使得对数据进行处理和分析的速度更快，从而提高了数据采集的精度。其二，软件算法的进步。随着科学技术的发展，新的数据处理算法被引入数据采集中。这些算法可以利用大量的数据进行训练并根据新的数据进行调整，从而提高其精度。应用新的数据分析方法和机器学习技术，也在很大程度上提高了数据的精度和准确性。其三，数据源的多样性。随着互联网的普及和数字化的推广，数据源变得更加丰富和多样化。这使得相关人员可以从不同类型的设备、平台和应用程序中采集数据，从而构建更加全面和准确的数据模型。其四，数据清洗技术的改进。随着数据规模的扩大，数据清洗变得更加困难。但现在有更加先进和自动化的数据清洗技术，可以去除错误、重复或不准确的数据，从而提高数据采集的精度。

（2）丰富的数据内容

运用信息技术和人工智能技术可以收集更全面、详细的数据内容，涵盖教学过程的各个方面，包括教师的互动行为、课堂氛围和学生反应情况等多个维度的数据。这种丰富的数据内容收集得益于技术的进步，同时也得益于数字化技术和

智能化工具在教育教学中的广泛应用。例如，在某些教室里安装摄像头、麦克风以及其他传感器设备，可以记录每堂课教师的授课内容、语言表达方式、互动方式等，并实时录制和存储教学现场视频以便后续分析和评估。此外，通过智能软件或者在线平台可以获取学生在学习过程中的各种数据，如答题情况、考试成绩、浏览的资料以及与老师或同学之间的交流信息等，这些数据都可以反映学生的学习情况和心理状况，有助于评估和优化课堂教学效果。

（3）高效的数据采集效率

传统的教学评价方式需要投入大量的时间和资源。然而，信息技术和人工智能技术的应用可以实现教学数据的快速高效采集、处理和分析，同时减轻教师的工作负担，提高教学效率。例如，在课堂上使用数字化工具和设备（如电子白板、智能手机、平板电脑等），可以轻松记录学生的出勤情况、作业提交情况、课堂表现等，实现自动化的数据采集。此外，人工智能在自适应学习系统的开发中发挥着重要作用。通过对学生数据的分析和挖掘，人工智能可以更好地理解学生的学习习惯和偏好，为个性化教学提供支持。因此，信息技术和人工智能的应用极大地提高了教学过程中数据采集的效率。

（二）评价数据存储与管理

评价数据的存储是后期进行评价分析的基础。数据存储是指将数据或信息保存在计算机或其他数字设备中以便后续调用和处理。评价数据的存储技术主要包括关系型数据库、非关系型数据库、文件系统存储、分布式文件系统、对象存储、内存数据库等，根据不同应用场景和需求选择不同的存储方案。

1.关系型数据库

关系型数据库是以关系模型为基础建立的数据库。关系型数据库采用表格形式存储数据，能够实现复杂的数据查询和管理[1]。关系型数据库具有以下优势。

①数据结构清晰：关系型数据库使用表格来存储数据，每个表都有固定的列和行，数据之间的关系也很明确。这使得数据结构清晰，易于理解和维护。

②数据一致性强：关系型数据库通过约束（如主键、外键、唯一索引等）确

---

[1] SILALAHI M. Perbandingan performansi database mongodb dan mysql dalam aplikasi file multimedia berbasis web[J]. Computer Based Information System Journal, 2018, 6(1): 63.

保数据的一致性。这样可以避免出现数据重复或不完整的情况，从而提高数据质量和可靠性。

③查询方便灵活：关系型数据库支持用 SQL 语言[①]进行数据查询和操作，这种语言非常灵活且功能强大。用户可以根据自己的需要进行各种查询和统计，而且可以针对某个字段建立索引，提高查询效率。

④数据安全性高：关系型数据库通常具备完善的安全机制，如用户身份验证、访问控制等，以保护数据的安全性和隐私性。

⑤支持事务处理：事务是指多个操作被看作一个单独的操作，要么全部成功执行，要么全部回滚。关系型数据库支持事务处理，可以保证数据的一致性和完整性。

综上所述，关系型数据库在教学评价数据存储利用方面具有非常明显的优势，可以确保数据质量、提高数据查询效率，保护数据的安全性和隐私性。

2. 非关系型数据库

非关系型数据库也被称为 NoSQL（Not only SQL）数据库，其不使用传统的表格结构存储数据，而是采用键值对的方式进行存储[②]。教学评价数据存储利用非关系型数据库的优势如下。

①灵活性高：非关系型数据库对数据结构的限制较少，可以灵活地扩展和修改数据模型，特别适用于需要经常变更数据结构的应用。

②能快速处理大量数据：由于非关系型数据库不需要进行"连表查询"等操作，处理大量数据时速度更快，能够提供更出色的性能。

③可伸缩性强：非关系型数据库的设计是为了支持分布式环境，在负载不断增加时，可以通过简单的横向扩展来保证系统的可伸缩性和高可用性。

④高可用性：非关系型数据库通常支持数据复制和自动故障转移，从而提升了系统的容错能力，保证了数据的高可用性。

---

① SQL（Structured Query Language）是一种用于管理和处理关系型数据库的语言，它可以让用户对数据库进行增删改查等操作。SQL语言包含了一系列的命令，如 SELECT、INSERT、UPDATE 和 DELETE 等，这些命令可以帮助用户对数据库中的数据进行操作。通过 SQL 语言，用户可以创建表格、建立索引、查询记录、更新数据以及执行其他针对关系型数据库的操作。SQL 语言在各类应用程序或者网站中十分常见，也是许多企业级数据库管理系统的主要查询语言。

② GEORGE S. NoSQL—NOT ONLY SQL[J]. International Journal of Enterprise Computing and Business Systems, 2013, 2(2).

⑤适用于海量数据的存储：非关系型数据库适用于海量数据的存储，非常适合流媒体、互联网广告、社交网络等数十亿级别甚至千亿级别的数据存储和访问。

3. 文件系统存储

文件系统存储是一种常见的数据存储方法，是指将数据或信息以文件形式存储在计算机硬盘或其他存储介质上。相对于其他的数据存储方式，使用文件系统存储的优势主要体现在可读性强、易于管理、安全性高、互操作性好。

①可读性强：文件系统存储的数据可以使用应用程序直接打开并读取其内容。这种可读性使文件系统存储可以作为记录和传输数据的标准方式。

②易于管理：文件系统存储支持类型、大小、日期等不同属性的数据，并且可以通过文件夹层次结构来组织数据。这使得文件系统存储管理大量数据非常方便。

③安全性高：文件系统存储提供了许多不同的安全选项，如文件权限和加密，这些措施有助于确保只有授权人员才可以访问特定的数据。

④互操作性好：由于文件系统存储具有通用格式和标准，因此它可以在不同的计算机和操作系统之间无缝交换和共享数据。

利用文件系统存储方式可以提高教学效率，如方便管理学生提交的作业及其他资料等。

4. 分布式文件系统

分布式文件系统是一种可扩展的、高可用性的文件系统[1]。教学评价数据存储利用分布式文件系统的优势主要表现为高可靠性、高可扩展性、高效性和易管理性。

①高可靠性：分布式文件系统可以将数据分散在不同的节点上，避免出现单点故障，提高了数据的可靠性和稳定性。

②高扩展性：分布式文件系统可以方便地添加新节点来扩展存储容量和处理能力，因此具有很好的扩展性。

③高效性：分布式文件系统采用分布式存储和读/写操作，可以跨多个计算机进行并发访问，因此可以快速地处理大量数据，提高了系统的效率。

---

[1] 倪瑞轩，蔡淼，叶保留. 内存高效的持久性分布式文件系统客户端缓存 DFS-Cache[J/OL]. 计算机应用，1–10[2024–01–08].http://kns.cnki.net/kcms/detail/51.1307.TP.20230810.1706.005.html.

④易管理性：分布式文件系统中的所有数据都集中在一个系统中管理，管理员可以方便地进行配置、监视和管理，提高了系统的易管理性。

总之，分布式文件系统是一种具有高可靠性、高可扩展性、高效性和易管理性的数据存储解决方案，可以满足大规模数据处理的需求，是目前数据存储的主流技术之一。

5. 对象存储

对象存储是一种基于对象的存储设备，具备智能、自我管理能力，通过将数据存储为对象并将其分布在多个服务器节点上实现数据的容错性和可伸缩性[1]。教学评价数据利用对象存储的优势为可扩展性强、灵活度高、成本效益高以及可靠性高等。

①可扩展性强：对象存储可以轻松地进行横向扩展，无须增加硬件设备或更改应用程序代码。这意味着在不断增长的数据存储需求下，系统可以随时随地扩展其存储能力，不会对现有应用程序造成任何影响。

②灵活度高：对象存储可以方便地处理大量和不同类型的数据。与传统的文件系统不同，在使用对象存储时，可以使用元数据将信息嵌入存储中。这些元数据可被用于数据分类、过滤、搜索以及创建分类别存储，使得数据访问更为灵活。

③成本效益高：对象存储是一种经济实惠的解决方案。它可以根据需求动态调整资源使用，从而避免了因过度投资导致的资源浪费，同时也降低了存储操作的成本，使得使用者只需支付它们所使用的实际存储空间。

④可靠性高：对象存储提供多层数据安全保障，包括数据冗余、数据备份、读写控制等多种机制，确保存储数据的可靠性和安全性。此外，对象存储还具有可靠的容灾特性，可以在服务器故障或其他不可预见的事件发生时保证数据不受损坏。

6. 内存数据库

内存数据库使用内存而非磁盘作为数据存储介质，相比于传统的磁盘数据库具有更快的数据访问速度和更高的并发处理能力[2]。在教学评价数据存储方面，利

---

[1] WEIL S A, POLLACK K T, BRANDT S A, et al. Dynamic metadata management for petabyte-scale file systems[C]//2004 ACM/IEEE Conference on Supercomputing (SC'04) New York: ACM Press, 2004.
[2] 赵泓尧，赵展浩，杨皖晴，等. 内存数据库并发控制算法的实验研究[J]. 软件学报，2022，33(03)：867-890.

用内存数据库具有高速读写、实时处理、多种数据类型、数据一致性等优势。

①高速读写：内存数据库的所有数据都存储在内存中，因此可以实现非常快速的读取和写入操作，响应时间也更加稳定。

②实时处理：内存数据库支持实时数据处理，对于需要进行及时反馈的业务场景非常适用，如电商平台的订单管理系统。

③多种数据类型：内存数据库支持多种数据类型，如键值对、图形结构等，且可以与编程语言无缝集成，提高了开发效率。

④数据一致性：内存数据库可以自动保证数据的一致性。如果出现故障或者网络问题，内存数据库可以自动恢复数据的一致性。

综上所述，利用内存数据库可以提高数据处理效率、提升用户体验，同时也有很好的扩展性和稳定性，这些优势对于教学评价数据存储有很大的帮助。

（三）评价数据的分析

教师教学评价数据分析是指通过对教学评价数据的收集、整理、分析和解读，以客观的方式了解学生对课程和教师教学的看法，发现教学过程中存在的问题，评估教师的教学效果和监测教学质量的变化。目前常用的数据分析方法和前沿的数据分析技术是需要重点讨论的两个问题。

1. 数据分析方法

常用的数据分析方法包括描述性统计分析、相关分析、因素分析、回归分析、分组比较、聚类分析等。

（1）描述性统计分析

描述性统计分析可以对绩效指标（如学生成绩、考试得分等）进行汇总和描述，计算中心趋势与变异程度（如平均值、中位数、标准差等）以获取整体情况[1]。

描述性统计分析在教师教学评价中起着重要的作用。描述性统计分析从数量上了解和描述各种评价指标的特征和分布情况，从而提供对教师教学表现的客观描述和总结。其一，描述现象和规律。描述性统计分析可以从多个维度对教师教

---

[1] THOMPSON C B. Descriptive data analysis[J]. Air medical journal, 2009, 28(2): 56-59.

学质量进行描述和统计，通过数据展示，可以更直观地了解学生的学习情况以及教师的教学质量。其二，评估教学效果。通过描述性统计分析，可以针对教师的教学目标、教学方法、课程设置等方面进行综合评估，确定教学是否达到预期目标，及时进行调整和改进。其三，发现问题和提出改进措施。通过描述性统计分析，可以发现教学中存在的问题，如学生对某个知识点的理解难度较大或者教师的某种教学方法无法有效促进学生学习，针对这些问题提出改进措施，优化教学策略。通过描述性统计提供的数据支持，教师可以更加精准、有效地改善教学过程，提高教学质量。

（2）相关分析

相关分析就是用一个指标来反映变量之间相关关系的方向和密切程度的线性统计分析技术，它使用的指标就是相关系数[①]。

相关分析在教师教学评价中起着重要的作用。通过进行相关分析，我们可以深入探索各种评价指标之间的相互关系，了解它们对于评估教师的教学效果的影响程度。这有助于确定哪些评价指标对于准确评估教师的教学效果最为关键。例如，我们可以通过相关分析确定学生的成绩与教师的教学方法之间的关联性或是教师的教育背景与学生学业成就之间的关系。这些深入的相关性分析结果能够为学校和教育管理部门提供更加准确和全面的教师评估依据，进而促进教育的改进和教师的专业发展。

（3）因素分析

因素分析是一种常用的多元统计方法，可用于分析教师教学评价中涉及的多个指标变量之间的关系，从而确定这些指标变量共同反映的潜在因素或维度[②]。在教师教学评价中，采用因素分析能够发现影响教学效果的各种教学要素并对其进行分类、分析和解释，有助于深入理解教学质量的内部结构和本质特征。

因素分析在教师教学评价中的作用，主要表现在两个方面。其一，可以通过挖掘数据中隐藏的因素，对教学评价指标进行纵向、横向的整合和分类，提炼出评价体系中的主要因素，为教师教学评价提供科学的基础。其二，可以将多个指

---

① 张厚粲，徐建平. 现代心理与教育统计学（第三版）[M]. 北京：北京师范大学出版社，2009：108；151.
② 王孟成. 潜变量建模与 Mplus 应用：基础篇 [M]. 重庆：重庆大学出版社，2014：76；78.

标变量组合成为一个综合指标,量化各个因素的权重,进而实现对教师教学成果的有效度量和比较。

(4)回归分析

回归分析通过建立数学模型来预测一个变量(如成绩)与其他变量(如课程质量、学生特征等)之间的关系,评估每个变量对绩效的影响程度。

回归分析在教师教学评价中可以起到很重要的作用。教师教学评价旨在评估教师的教学质量,包括教学水平、授课效果等方面。而回归分析可以通过对各种因素进行分析,找出其中与学生学习成绩相关性比较强的因素。可以使用多元回归模型建立教师教学评价模型,通过统计分析来预测学生成绩,定量地评估教师的教学水平和授课效果。例如,可以建立一个以学生学习成绩为因变量,以教师的教学水平、教学技巧、教学方法、教材选择等为自变量的线性回归模型。通过该模型,可以评估每位教师在不同自变量条件下对学生学习成绩的影响程度。同时,也可以通过模型分析得到哪些因素会对学生成绩产生更大的影响,教师可以针对这些方面加强自身能力、提高教学质量。

(5)聚类分析

聚类分析是根据最大化类内的相似性、最小化类间的相似性的原则将数据对象聚类分组,所形成的每个簇可以看作一个数据对象类,用显式或隐式的方法描述它们[①]。聚类分析方法主要通过对分组的数据集进行分析来完成其任务,使用一系列数学的原理和方法(如距离度量和模式识别)来确定哪些数据点适合分配到特定组别中。不同的聚类算法有不同的方法用来计算每个数据点与其他点之间的距离,并根据这些距离将数据点分组成簇。聚类分析常用于数据挖掘、预测和分类问题,在这些过程中需要根据相似性、相关性或其他统计指标来组织数据。

在教师教学评价中,聚类分析有广泛的应用。教师可以利用聚类分析将学生分成不同的组,如高、中、低成绩组或高、中、低能力组等。通过比较不同组之间的学习特征和表现,教师可以更好地了解每个组的学习情况和问题,采取有针对性的措施来提高学生的学习效果。此外,聚类分析还可以用于探索学生之间的关系和交互作用。例如,在学习小组中进行聚类分析可以发现哪些学生经常合作、

---

① 熊赟,朱扬勇,陈志渊. 大数据挖掘[M]. 上海:上海科学技术出版社,2016:90.

哪些学生更适合合作等,为教师提供了更好的协作方式和任务分配的依据。

2.前沿的数据分析技术和工具

随着互联网和移动设备的普及,人们在各种场景下产生了大量的数据。这些数据数量不断增加,因此需要更加先进的技术和工具来处理。随着技术的不断发展,出现了许多前沿的数据分析技术和工具,如机器学习、深度学习、数据挖掘、自然语言处理、可视化工具等。这些技术和工具为我们提供了更加高效和准确的数据分析手段,帮助我们从大量数据中提取有价值的信息。

(1)机器学习

机器学习是人工智能领域的一个分支,它使用算法和统计模型来让计算机自动地通过从数据中学习来改进其性能。也就是说,机器学习允许计算机通过对数据的分析、学习和推理,提高其对新数据预测的准确性和能力[1]。

机器学习在分析教学评价数据中具有重要作用。教育领域的数据通常具有高维度和复杂性,因此传统的统计方法往往难以有效分析。而机器学习可以利用各种算法和技术来处理教学评价数据,提取其中隐藏的模式和规律。例如,对于学生满意度调查数据的分析,机器学习可以根据学生的回答自动生成关键词、主题和情感分析等结果。这些分析结果有助于教师更好地了解学生对课程、教学方式和教师的看法,从而更好地制订教学计划和改进教学方法。此外,机器学习还能够通过分析大量历史数据、建立预测模型来预测学生成绩以及他们可能遇到的问题。这使教师能够提前制订个性化的教学方案,帮助学生更好地完成学业。因此,机器学习在教学评价数据分析中是不可或缺的工具。

(2)深度学习

深度学习是机器学习的一个重要分支,其基本思想是通过构建深度神经网络(Deep Neural Networks)来处理和分析大规模、复杂的数据[2]。与传统的机器学习算法不同,深度学习算法可以自动从原始数据中学习特征表示并提取出高层次的抽象特征,从而显著提升模型的性能。深度学习的优势在于其能够处理大量的训

---

[1] LEE E Y, LEE M W, FULAN B M, et al. What can machine learning do for antimicrobial peptides, and what can antimicrobial peptides do for machine learning?[J]. Interface focus, 2017, 7(6): 20160153.
[2] DUPRE G. (What) Can Deep Learning Contribute to Theoretical Linguistics?[J]. Minds and Machines, 2021, 31(4): 617-635.

练数据，使模型能够更好地适应各种复杂情况。

深度学习技术能够通过学习和建立大量教学评价数据中的模式，实现对这些指标的准确预测和分析。具体而言，深度学习可应用于情感分析、特征提取和预测分析等方面。其一，通过自然语言处理技术，深度学习可以对教学评价中的文本进行情感分析，判断评价者在评论中表达出的情绪和态度，从而得出相应的评价结果。其二，深度学习可以利用卷积神经网络（CNN）等技术从评价数据中提取出有用的特征信息，如学生的课堂表现和对某位教师消极评价的原因等。其三，在特征提取和数据分析的基础上，深度学习可以训练出机器学习模型，通过对新的评价数据进行预测从而更准确地预测学生评价和学生成绩等相关指标。

（3）数据挖掘

数据挖掘（Data Mining）是一种利用计算机的高级分析方法，从大量数据中自动地提取有用的信息和知识的过程[①]。它涵盖了聚类分析、分类分析、关联规则挖掘、异常检测等技术，能够发现隐藏在海量数据中的模式、趋势和规律，帮助用户快速地发现数据中的价值并做出相应决策。

数据挖掘在分析教师教学评价数据方面具有重要作用。通过对教师教学评价数据进行数据挖掘，可以发现其中的潜在规律和特征并从中提取出有用的信息。具体而言，数据挖掘可以通过对评价数据进行分析，评估教师的教学效果，如学生的学习成绩、出勤率和关注度等。此外，数据挖掘还可以通过对评价数据进行模式识别和分类以了解不同教师的教学风格和特点。同时，数据挖掘可以帮助教师找到一些有效的教学策略，如根据学生的年龄、性别、学科特点等因素选择相应的教学方法。另外，可以通过对评价数据的分析，确定受到学生欢迎和认可的教学资源，从而对教学资源进行优化。

（4）自然语言处理

自然语言处理（Natural Language Processing，简称 NLP）是一种涉及计算机科学、人工智能和语言学等多个领域的交叉学科。其主要研究人类语言和计算机之间的相互作用。通过建立模型和算法，计算机能够理解、分析、处理和生成人类语言，包括文本和口语。其中，文本预处理、分词、词性标注、情感分析、语

---

① 孙家泽，王曙燕. 数据挖掘算法与应用：Python 实现 [M]. 北京：清华大学出版社，2020：5-6.

义分析、问答系统等都是 NLP 的研究方向[①]。这些研究方向在 NLP 领域具有重要意义，对于提升计算机对语言的处理能力和实现自然交互具有深远影响。

自然语言处理在教师教学评价数据分析中具有重要作用。具体而言，NLP 技术可以对评价参与人员对教师的反馈数据进行分析和总结以全面了解各种意见和建议。此外，NLP 技术还可以帮助分析学生在书面作品中的写作、口头表达和阅读等方面的能力，并为教师提供有关如何改进这些技能的建议和指导。在评估教师的教学质量时，NLP 技术可以用于分析课堂录音、笔记、学生作业、教材等信息。通过对这些信息进行自然语言处理，可以获得比简单的数量统计更深入的理解，包括学生与教师之间的互动情况、学生对学科知识的掌握程度以及教师的知识传递与组织能力等。

（5）可视化工具

可视化工具是一种能够将数据和信息转化成图像形式的软件。这些图像可以采用线图、柱状图、饼图、散点图等形式，通过多种方式展示数据，使用者能够更容易地理解和分析原始数据。可视化工具的应用能够帮助人们更轻松地探索和发现数据中隐藏的模式和关系，并提供更直观的洞察力。此外，它们也常被用于展示和分享数据分析结果以便与其他团队成员或利益相关方进行交流。

可视化工具在教师教学评价数据分析中扮演着非常重要的角色。它能够以一种直观、易于理解的方式呈现各种数据，帮助教师更好地了解学生的学习情况和教学效果。通过可视化工具，大量的教学评价数据可以转化为条形图、饼状图、散点图等图表形式进行展示。这些图表不仅能够简化数据使其更易于理解，还有助于人们快速发现和诊断潜在的问题。例如，在学生考试成绩方面，教师可以通过使用可视化工具快速比较学生的成绩，明显地显示高分、低分和平均分数，从而了解学生的整体表现趋势。而在课堂反馈方面，可视化工具可以帮助教师识别哪些学生在课堂上表现活跃、哪些学生需要更多的支持，从而进行相应的教学调整。通过利用可视化工具，教师能够以清晰、简洁的方式获取关键信息，使教学决策更加明确和有效。因此，可视化工具在教师教学评价数据分析和教学改进中具有重要的作用。

[①] CHOWDHARY K R, Natural language processing[J]. Fundamentals of artificial intelligence, 2020: 603–649.

（四）评价信息的反馈

利用相关技术将教师教学评价信息进行分析处理后，需要将结果即时地推送给教师，为教师提供伴随式的评价反馈信息，这是教师改进教学的依据，也是所谓的嵌入式教师教学评价的根本特征。这一环节目的的实现可以借助一系列的反馈技术，如实时报告系统、数据仪表盘、个性化建议系统等。

1. 实时报告系统

实时报告系统是一种能够帮助教师及时了解课堂教学情况的工具。它通过收集学生的表现数据（如出勤记录、作业提交情况、考试成绩等），向教师提供关于学生学习具体情况的反馈。这些数据可以通过图表或其他可视化方式呈现，教师可以更轻松地了解学生在整个学期内的变化趋势和学习瓶颈。同时，实时报告系统还能够提供个性化建议和推荐，帮助教师根据数据制订更具针对性的教学策略，提高课堂效率和学生学习成果。该系统能够向教师提供每堂课的学生表现和评估信息并跟踪学生的表现、学习进度和参与度等细节，及时将这些信息反馈给教师。

实时报告系统通常是通过将教学评价数据和分析结果存储在云数据库中，并与教师的电脑或移动设备进行实时同步来实现即时推送教学评价分析报告。具体而言，该系统可以使用名为"云同步"的技术，将教师所授课程的评价数据和分析结果与云数据库进行同步，并在需要时通过互联网将这些数据和结果传输到教师的电脑或移动设备上。同时，该系统还可以根据教师的个性化设置和需求，定制化展示和推送教学评价数据和分析结果，在短时间内为教师提供精准、实用的教学反馈信息。

2. 数据仪表盘

数据仪表盘是一种可视化工具，用于展示和监控组织内的关键业务指标。它通常以图表、表格、指示器等形式呈现大量数据，帮助人们更容易地理解和分析数据[1]。数据仪表盘可以根据不同使用者的角色和需求进行定制。例如，在教师教学实践共同体中，专家、学科教师和被评教师等都可以根据自己的关注点和需求

---

[1] SMITH V S. Data dashboard as evaluation and research communication tool[J]. New directions for evaluation, 2013, 2013(140): 21−45.

创建或使用不同的数据仪表盘。该工具通常会从多个数据源收集信息，包括数据库、电子表格和 CRM 系统等，并将它们聚合到一个单一的平台上。这样做可以方便快捷地获取实时数据，促进组织内的数据驱动决策。

数据仪表盘可以通过多种技术手段将教学评价分析报告实时推送给教师，包括电子邮件通知、App 推送、网页信息提示、短信提醒。系统在生成报告后会自动将其发送到教师的电子邮箱，这样教师便可以通过登录邮箱来查看最新的评价分析结果。此外，教师还可以安装教育管理类 App，可以通过 App 推送的方式将评价分析结果实时推送到他们的手机上。系统还会将评价分析结果实时更新到教师的个人网页中，当教师登录时便能够看到最新的评价分析结果。另外，系统会在生成评价分析报告后自动发送短信提醒教师以便其及时查看评价分析结果。

3. 个性化建议系统

个性化建议系统是一种基于用户的历史行为数据，利用机器学习和数据挖掘等技术，为用户提供个性化的产品或服务推荐、搜索结果排序、广告推荐等方面的建议和提示。该系统能够根据用户的兴趣、需求和偏好等个体差异的特征，对用户进行区分和分类。通过分析用户的行为和喜好，个性化建议系统能够帮助用户发现与其个人喜好相符的内容，提升用户体验并提供更有针对性的建议和服务。

个性化建议系统可以通过多种途径将教学评价信息数据即时推送给被评教师，包括手机 App 推送、电子邮件推送、短信推送、网页/系统消息推送以及语音通知推送，即当有新的评价信息提交时，系统会自动发送推送通知到教师的手机上，提醒教师及时查看评价内容。此外，在教学期间，系统会定期向教师发送包含评价结果的电子邮件并根据个人的特点推荐对应的改进措施，及时有效地促进教师的教学改进。对于手机不方便接收邮件和推送通知的教师，系统还可以通过短信推送方式及时给教师发送评价信息。同时，教师可以通过登录教务管理系统或相关的评价系统实现评价信息数据的即时推送，当学生提交评价后，系统会自动弹出提示框及时提醒教师。此外，系统还可以通过语音通知方式直接呈现评价结果，促使教师迅速调整自己的教学方式。

三、伴随式评价信息反馈系统的运行维护

伴随式评价信息反馈系统由硬件设备（如计算机、传感器等）和评价参与人（如教师实践共同体成员、学生等）共同构成。这一系统随嵌入式教师教学评价的开展而运转，其运行维护主要涉及系统性能的监控、系统软硬件维护以及数据安全的控制。

（一）系统性能的监控

系统性能是指计算机系统在处理特定工作负载时的行为方式，通常利用衡量系统的响应时间、吞吐量和资源利用率来评估[①]。伴随式评价信息反馈系统性能监控的目的是评估系统提供的反馈信息能否满足嵌入式教师教学评价的特点，即达成教学与评价的共域性、融入性与互动性。这里重点考虑系统性能监控的要点和标准两方面的问题。

1. 系统性能的监控要点

系统性能的监控要点实质是评估伴随式评价信息反馈系统为教师及评价参与者提供的信息的质量，即监控系统在教学目标与内容、教师教学表现、学生学习反应、学生表现评价等方面是否能体现共域性、融入性与互动性。

教学目标与内容。一方面是教师实践共同体成员通过课堂观察和自己的经验评估教师是否按照教学计划和课程标准来教授学生所需的知识和技能，评估教学内容的适切性以及目标的达成情况。他们通过各种形式，如默契的手势语言、通信设备等，即时将观察和分析的内容反馈给教师，形成互动。另一方面是各种机器基于数据采集和分析技术，及时将信息反馈给教师和相关评价人员。教师和教师实践共同体成员能够借助相关数据及时将其融入教学实践，从而有效改进教学目标和内容。

教师教学表现。这里的教师教学表现特指教师在教学方法以及态势语方面的表现。学生可以通过各种线上和线下途径与教师进行互动，向教师传递教学表现方面的信息。同时，教师教学实践共同体成员利用自身经验和专业知识，对教师

[①] 惠斌武，陈明锐，杨登攀.Web应用系统性能测试研究与应用[J].计算机应用，2011，31（07）：1769-1772.

在教学方法以及态势语方面的表现进行评估。他们能够及时发现问题并提出改进建议，与授课教师形成互动。机器部分则将其收集的相关数据分析后反馈给教师，教师根据个人判断和专业知识做出教学决策。

学生学习反应。学生的学习反应主要依靠教师通过观察学生的提问、回答以及在各种活动和测试中的表现来理解学生的学习状况，及时调整教学方法以适应学生的学习反应。同时，学生也可以通过个人提示来向教师传达信息，如直接告知教师自己的学习状态或者通过线上平台的"弹幕""发言区"以及通信设备告知教师自己的个人情况，如是否理解、哪些地方有困难等。此外，机器通过技术手段收集数据进行分析并将结果反馈给教师，也是系统性能监控的重要角度。

当然，还有其他方面的监控要点。监控过程就是在这些重要的点上，评估信息收集、分析和反馈是否及时，内容是否全面和有针对性，能否真正反映嵌入式教师教学评价共域性、融入性与互动性的特点。

2. 系统性能监控的标准

伴随式评价信息反馈系统是一种能够对教学过程进行实时监控、评价和反馈的技术应用，为保证伴随式评价信息反馈系统的稳定性和有效性，需要综合监控系统响应时间、数据准确性、可靠性、系统扩展性、评价参与者的体验等性能指标。

（1）系统响应时间

系统响应时间是指从用户提交请求到系统返回结果所需的时间。在伴随式评价信息反馈系统中，快速响应至关重要，因为它需要在短时间内收集、分析和反馈学生的表现数据、教师教学行为数据等。因此，系统的响应时间应该尽可能短并且被记录和监测，以确保反馈及时。

（2）数据准确性

数据准确性对于伴随式评价信息反馈系统而言也非常重要。此系统需要采集大量的学生表现数据和教师行为数据等，这些数据的准确性对于及时调整和改进教学至关重要。在监控系统性能时，必须确保系统能够正确地收集、存储和处理数据，并能够及时处理任何数据异常的情况。

(3)可靠性

可靠性对于伴随式评价信息反馈系统至关重要,因为它需要长时间的稳定运行。在评估系统性能时,需要考虑系统的稳定性、可用性和容错性等方面。这意味着系统应该能够持续运行,不出现频繁的故障,并且能够在出现故障时进行恢复以确保用户能够始终正常使用系统。

(4)系统扩展性

系统扩展性也是伴随式评价信息反馈系统必须具备的特性。伴随式评价信息反馈系统需要能够满足未来更多学生或课程的需求。因此,在监控系统性能时,需要考虑系统的扩展性。这意味着系统应该具备灵活的架构和可扩展的资源以便在需要时进行升级和扩展而不会影响系统的正常运行。

(5)评价参与者的体验

用户体验对于任何系统都是至关重要的。伴随式评价信息反馈系统的用户包括教师、学生和教师实践共同体等评价参与者。在评估系统性能时,需要考虑到用户界面的友好性、易用性和效率,确保系统能够真正促进教学过程中的交互,提供良好的用户体验。

综上,可以基于上述指标评估嵌入式教师教学评价中的伴随式评价信息反馈系统的性能。但在具体性能测试中,不能简单独立地分析各性能指标,往往要综合分析系统的性能表现,尽可能模拟系统的实际运行环境以期找出系统缺陷并修正[1],确保系统的稳定性和有效性。

(二)系统软硬件维护

伴随式评价信息反馈系统是一种能够实时监控、评价和反馈教学过程的技术应用,旨在有效改善教学质量并提高学生的学习效果。然而,在系统的运行过程中,硬件和软件都需要定期维护以确保系统不会出现问题或性能下降。下面将分别从系统的硬件和软件两个方面介绍伴随式评价信息反馈系统的维护方法,这里只侧重于机器部分。

---

[1] 李健,王亚民.一种基于 Web 信息系统的性能测试模型[J].现代图书情报技术,2009(10):45-49.

1. 系统硬件维护

伴随式评价信息反馈系统的硬件部分包括硬件设备和网络等。因此,在维护系统硬件时需要注意设备保养、硬件更新升级、网络维护等。

(1)设备保养

伴随式评价信息反馈系统的硬件设备需要定期检查、保养以确保各个设备的正常运行。例如,服务器和存储设备需要清理灰尘,防止过热导致故障;电源线和插头需要定期更换,防止老化短路等意外事件发生。

(2)硬件更新升级

随着时间的推移,伴随式评价信息反馈系统的硬件设备可能存在性能衰退或损坏等情况。为了保证系统的性能和功能持续改进,定期进行硬件更新和升级是必要的。这包括检查和更新服务器、存储设备、网络设备等硬件组件,确保其与最新的技术标准和要求相匹配。

(3)网络维护

网络是伴随式评价信息反馈系统正常运行的关键。因此,网络的维护也是非常重要的一项任务。定期检查网络设备的状态,确保其能正常工作和连接良好。此外,网络安全也是需要重点考虑的方面,应采取适当的安全措施确保系统数据的机密性和完整性。

2. 系统软件维护

伴随式评价信息反馈系统的软件部分包括操作系统、应用软件以及系统数据等。因此,在维护系统软件时需要注意操作系统维护、应用软件维护、系统数据备份等方面。

(1)操作系统维护

操作系统是整个伴随式评价信息反馈系统的基础,因此需要定期更新和维护。例如,定期更新操作系统的安全补丁和驱动程序,避免安全漏洞或驱动冲突等问题的出现。

(2)应用软件维护

为了确保伴随式评价信息反馈系统中应用软件的正常运行和稳定性,需要定期更新和维护。例如,针对数据库的维护,可以使用清理工具定期清理不必要的数据和日志文件，减少空间占用和提高系统性能。此外，还应定期更新应用软件的版本以获得最新的功能和性能改进，并进行测试和故障排除以确保其稳定可靠地运行。

（3）系统数据备份

伴随式评价信息反馈系统中存储了大量的教学数据，因此定期备份这些数据是非常重要的，防止因为任何意外情况导致系统数据丢失或损坏。在进行系统数据备份时，可以采用外部存储设备或云端存储技术等方式确保数据的安全性和可靠性。通过定期备份系统数据可以保障教学数据的完整性，并能在需要时进行恢复。

综上，伴随式评价信息反馈系统的硬件和软件维护工作对于保证系统的稳定性和运行效率至关重要。在维护过程中，需要进行定期检查、更新和备份，避免系统出现问题，保持系统正常运行。同时，建议由专业的团队进行系统维护，确保维护工作的专业性和有效性。最后，要不断优化系统的维护策略并及时更新系统维护计划，确保伴随式评价信息反馈系统的长期稳定运行。

（三）数据安全的控制

伴随式评价信息反馈系统中存在大量敏感数据，如果这些数据遭到非法获取或泄露，有可能带来巨大的损失。因此，伴随式评价信息反馈系统的数据安全至关重要。以下将分别从数据安全的控制策略、硬件设备安全、软件安全以及用户权限管理等方面介绍伴随式评价信息反馈系统的数据安全控制方法。

1.数据安全的控制策略

为保护伴随式评价信息反馈系统中的数据安全，需要采取数据分类、数据备份与保护、安全审计等控制策略。

（1）数据分类

将系统中的敏感数据分离并进行特殊处理和存储是非常必要的。通过对学生的个人信息进行加密处理并将其存放在独立的数据库中，可以有效防止非法获取或泄露。

（2）数据备份与保护

数据备份与保护也是关键措施之一。定期备份数据，可以避免因意外情况导致数据丢失或损坏。同时，采用加密和访问控制等技术手段对备份数据进行保护能够进一步增强数据的安全性。

（3）安全审计

安全审计是确保伴随式评价信息反馈系统安全的重要环节。它能够对系统中可能存在的安全问题进行检测和报警，从而及时采取相应的措施进行应对。因此，在伴随式评价信息反馈系统中，建议设置安全审计系统并定期对其进行管理和更新。

2. 硬件设备安全

为了确保伴随式评价信息反馈系统的硬件设备安全，需要采取以下措施。其一，对教师和学生进行资源访问控制，防止未经授权的人员访问系统中的敏感数据。可以通过设置密码和用户权限管理等方式来保护系统的数据安全。其二，在物理上限制硬件设备的访问，防止非法入侵和恶意操作。可以将服务器房间设在受控区域并只允许经过授权的人员进入该区域。

3. 软件安全

为了确保伴随式评价信息反馈系统的软件安全，除了保护硬件设备外，还需要采取一些措施来保障数据安全性。以下是建议的做法。

（1）软件更新

定期更新软件版本是确保系统能够及时修复已知的漏洞和弱点的重要步骤。通过及时应用软件供应商提供的安全更新，可以降低系统受到恶意攻击的风险。

（2）安全扫描

对软件系统进行安全扫描是一种有效的方式，可以帮助用户发现潜在的安全漏洞和配置错误从而及时修复发现的问题，并提供有关如何改进系统安全性的建议。

4. 用户权限管理

伴随式评价信息反馈系统的数据安全也受到用户权限管理的影响。因此，需要采取以下措施来管理用户权限，包括权限分类管理、访问控制、使用者培训等。

（1）权限分类管理

将教师和学生划分为不同的权限组并进行分类管理。通过权限分类，可以确保只有被授权的教师能够访问和修改学生成绩和评价信息等敏感数据，学生只能获取其个人信息和相关学习素材等非敏感数据。这样可以有效减少未授权访问，降低数据泄露的风险。

（2）访问控制

伴随式评价信息反馈系统应该设置适当的访问控制以限制不同用户的权限。例如，可以利用设置密码、双因素认证和 IP 地址过滤等技术手段，防止未经授权的用户访问系统中的敏感数据，确保只有授权的用户能够进入系统，可以有效地减少数据泄露的风险。

（3）使用者培训

使用者培训可以包括指导使用强密码、避免点击可疑链接或附件、定期更新软件等方面的内容。对伴随式评价信息反馈系统的使用者进行安全培训是非常重要的。通过培训，使用者可以了解数据安全的重要性，提高使用者的安全意识，减少人为原因导致的数据泄露和安全问题。

综上，伴随式评价信息反馈系统中的数据安全控制至关重要。需要从数据分类、备份与保护、安全审计等方面采取相应的策略，同时还需要对硬件设备、软件安全和用户权限管理等方面有所关注。只有采取有效的安全措施，才能确保伴随式评价信息反馈系统中的数据安全，保护教师和学生的权益。

第六章 伴随式评价信息反馈系统对评价的支持

伴随式评价信息反馈系统是一种新型教学评价方式，能够为嵌入式教师的教学评价提供全方位、多层次和即时有效的反馈支持。本节针对嵌入式教学的特点和需求，探讨了伴随式评价信息反馈系统在教学准备、实施和总结三个阶段对嵌入式教师教学评价的支持。在教学准备阶段，该系统能够协助教师进行课程教学目标分析、课程设计和学生学习现状诊断，从而帮助教师制订科学合理的教学计划。在教学实施阶段，该系统能够及时提供教师教学方法运用情况、学生课堂学习状态和学生课堂投入程度的信息，为教师及时调整教学策略服务。在教学总结阶段，该系统能够支持对学生学习效果的分析、教师教学效果的评估和教师的教学改进分析，有助于教师进行教学反思和改进。

一、为教学准备阶段提供评价信息

教师教学准备是在授课前对教学方式、教学媒体、教学方法等多个方面进行预期准备的过程。这一准备过程的范围广泛、角度宽泛、层次深入[①]。教学准备阶段在整个教学过程中至关重要，直接关系到教学效果的优劣。伴随式评价信息反馈系统在教学准备阶段能够为教师提供评价信息支持，帮助教师分析课程教学目标、制订课程设计方案和评判学生学习现状。

（一）课程目标分析

课程目标是指按照国家教育方针，根据学生身心发展状况，在一定时期内，通过完成规定的教育任务所设计的教育内容而使学生达到的培养目标[②]。课程目标

---

① 张天雪，李娜. 教师教学准备行为评价指标体系的建构[J]. 当代教育科学，2011（01）：19-21.
② 高孝传，杨宝山，刘明才. 课程目标研究[M]. 北京：教育科学出版社，2001：8-9.

分析是对课程目标进行详细分析和阐述的过程，包括课程涵盖的知识、技能以及要培养学生的关键能力、品质及价值观等方面。这项分析有助于教师清晰地了解所授课程的核心内容，从而更好地设计教学活动并采用合适的评估方法以确保学生取得预期的学习成果[①]。伴随式评价信息反馈系统能够为教师进行课程目标分析提供支持，具体包括课程目标分解、课程目标推进和课程教学综合审视等方面。

1. 课程目标分解

课程目标分解是教师对整个课程的教学目标按照不同层次进行逐步细化和分解的过程。通过对课程目标进行分解，教师能够更清晰地了解课程目标之间的关系和层次，明确课程所涵盖的知识、技能以及要培养的学生核心素养的目标等。课程目标分解对教师确定教学重点、明确学习内容、设计教学活动以及增强教育教学效果具有重要意义。

伴随式评价信息反馈系统在教师进行课程目标分解方面有很大的帮助，可以在收集学生数据、评估学生表现和确定教学重难点方面为教学目标分解提供支持。具体而言，其一，系统能够及时收集并记录学生在学习过程中的实际表现数据，包括知识点掌握程度、技能运用熟练程度等方面。收集和记录的学生实际表现数据为教师分解课程目标提供了数据支撑。其二，利用系统收集到的学生数据，教师可以更全面地评估学生的学习表现，更准确地了解学生的学习状态，从而更好地根据学生需求和实际情况分解课程目标。其三，基于系统提供的学生数据，教师可以确定哪些内容是学生相对容易理解和掌握的，哪些内容是他们理解有困难的。基于此，教师可以在课程目标分解过程中增加对这些重难点内容的关注，以便在教学中对学生给予更多的支持和指导。

2. 课程目标落实策略

教师在进行教学准备时，需要制订课程教学方案并着重关注课程目标的实现。教学策略的选择对于课程目标的达成至关重要。具体策略体现在以下几个方面。其一，教师应该仔细地考虑每个课程目标并将其具体化、可操作化。这样可以更好地引导学生逐步学习技能和知识，确保他们在整个学习过程中能不断进步。其二，教师应该预设多样化的教学形式、丰富多彩的讲解方式以及生动有趣的教材

---

① 崔允漷. 课程实施的新取向：基于课程标准的教学[J]. 教育研究，2009（01）：74-79.

内容以激发学生的兴趣，增强其学习热情。通过增加对学科领域的兴趣，学生可以更好地实现预期的学习目标。其三，通过区分不同层次的目标，使课程能够满足不同学生的成长需求。其四，为了了解学生是否达到课程目标，明确的评估标准也是必要的。

伴随式评价信息反馈系统在设计课程目标落实策略方面可以提供的帮助体现在：其一，系统能够及时收集学生在学习过程中的行为数据、知识水平和技能熟练度等方面的实际表现数据。这些数据对于制订具体可操作的课程目标落实策略至关重要，让教师在了解学生对知识点和技能的掌握情况的基础上，能够制订有针对性的、适合大多数学生的课程目标实现策略。其二，通过对系统收集到的学生数据进行分析，教师能够更加深入地了解学生的实际情况和需求，从而制订针对不同学生需求的不同课程目标落实策略。其三，基于系统提供的学生数据，教师可以进一步明确每个课程目标的重点和难点，并制订相应的教学计划和教学策略。

3. 课程目标综合审视

在教师教学准备过程中，分析课程目标是非常重要的一环。但仅对单一课程目标进行分析和审视往往难以达成完整的课程目标。因此，教师需要审视和分析每个课程目标，更好地了解课程的完整性和整合性。通过综合审视课程目标，教师可以清晰地了解课程目标与实现目标的各个环节和手段之间的关系，有助于理解课程教学，优化其他支持课程目标实现的环境。

伴随式评价信息反馈系统在教师进行课程目标综合审视方面具有重要的支持作用。其一，系统可以收集和分析以往学生在学习过程中的数据，包括他们的学习行为、学习成绩、参与度等。这些数据可以为教师提供全面的课程目标综合审视的基础。通过系统的数据分析功能，教师可以了解学生的学习进展和表现，评估他们是否达到了课程的目标以及是否需要对课程目标进行调整和优化。其二，系统可以收集学生反馈和参与度的历史数据，了解他们对课程目标的理解和感受。这些数据可以为教师提供重要的参考，帮助他们更好地理解学生的学习需求和兴趣，从而对课程目标进行合理的综合审视。

（二）课程设计方案

课程设计方案是教师或课程设计者为实现既定的课程意图而规划、设计和组织教学活动的详细方案[①]。它是教师在教学前必须制订的重要文件之一，既能够指导教师进行有效的教学活动，又能够确保教学质量的提高。在制订课程设计方案时，教学重点和难点确定、教材使用情况分析以及学生学习预评价3个内容板块，是需要伴随式评价信息反馈系统提供支持的重点。

1. 课程教学重、难点的确定

确定课程教学的重、难点是为了更好地指导教师针对学生的学习特点和认知能力安排教学内容以达到教学效果最大化的目标，同时也有助于提高学生在知识强化、理解和应用等方面的能力[②]。一般而言，确定课程教学的重、难点，首先需要分析本次授课要求学生达成的目标，并对这些目标进行归纳整理；其次，根据目标在学科领域中所占比例以及在后续学习中是否有延伸等因素来确定所有目标中的重点；再次，参考学生之前已有的知识基础来确定教学的难点；最后，将确定的重、难点与准备上课所需的时间相结合，按顺序编排教学内容。

伴随式评价信息反馈系统通过记录和分析以往学生在学习过程中的表现，为教师确定课程教学的重、难点提供针对性的支持。具体而言，其一，系统通过分析学生知识水平、学习速度和学习成果等方面的历史数据，可以评估学生的学习情况。这些评估结果为教师提供了了解学生当前学习状况的依据，有助于他们确定哪些内容是重点和难点。其二，系统通过分析学生在课堂上的互动行为、答题情况和作业完成情况等历史数据，可以揭示学生对于某些知识点或技能的学习困难程度，为教师提供信息使其能够有针对性地确定重点和难点。其三，系统可以采集学生学习需求和反馈的历史数据，如学生的困惑、问题或者对某个知识点深入探究的兴趣。根据这些数据，教师在再次进行教学准备时，可以调整课程教学的重点和难点以满足学生的学习需求。

2. 教材使用情况分析

教材是教育教学中最基本的工具和资源之一，也是学生学习的主要信息来源。

[①] 郑东辉. 什么样的课程方案评价是好的评价[J]. 当代教育科学，2011（16）：13-15.
[②] 冉亚辉. 中小学课堂教学突破教学难点的基本方法论析[J]. 课程.教材.教法，2023，43（03）：56-62.

教师制订课程设计方案应该建立在合理的教材使用基础上，以达成既定的教育目标为导向①。同时，应该吸取他人的经验，结合个人的经验和理解对教材内容进行深刻分析和挖掘。

伴随式评价信息反馈系统可以为教师教学准备提供合理使用教材的评价信息支持。该系统通过记录和分析以往学生的学习情况，结合教师的教学需求和理念，为教师提供有用的信息和建议，保证教材的使用能够取得最大的效果和利益。该系统具有多方面的优势，一是可以通过历史数据对不同教材内容的使用情况进行分析和比较。例如，根据系统收集到的数据可以得出哪些教材内容对学生掌握知识点的效果更好或者教材的某些内容学生不太感兴趣，这就能够帮助教师选择更加适合的教材内容。二是该系统可以对教材内容进行分析和评估，提供对应的教学优化建议，如引入更多的互动环节以加强学生的积极性、将教材理解难点做详细解释等，使教师可以更好地对教材中存在的问题进行优化和调整，从而达到教学效果最优化。三是该系统还可以通过分析以往学生的学习行为，包括答题、作业完成情况、互动行为等，了解学生对教材的掌握情况，从而为教师提供及时的反馈信息并制订相应的改进方案。

3. 学生学习预评价

预评价也称为"预备性评价"，是在特定的教学活动之前，判定学生的前期准备。它要解决的问题为：学生是否已掌握了参加预定教学活动所需的知识与技能；学生已经在多大程度上达到了预期的教学目标；学生的兴趣、习惯以及其他个性特征显示何种教学模式最为合适②。通过对学生的学习预评价，教师可以在课程开始之前获得学生的自我评价信息，有助于教师依据学生的个体差异制订课程设计方案，更好地满足学生的学习需求。

伴随式评价信息反馈系统可以有效支持学生适应性预评价，从而为教师制订课程设计方案服务。其一，该系统可以通过收集学生的预评价数据，分析学生的兴趣爱好、认知风格等因素，量身定制相应的课程内容和教学方法，更好地满足学生的需求和兴趣，提高教学效果。其二，通过学生的学习预评价数据，系统可

---

① 崔允漷，郭华，吕立杰，等. 义务教育课程改革的目标、标准与实践向度（笔谈）——《义务教育课程方案和课程标准（2022年版）》解读[J]. 现代教育管理，2022（09）：6-19.
② 陈玉琨. 教育评价学[M]. 北京：人民教育出版社，2005：69.

以了解学生在不同学科领域的学习特点和能力并根据相应的实际情况制订符合学生需求的课程设计方案。其三，基于学生的学习预评价数据，伴随式评价信息反馈系统可以根据学生的学习需求和能力水平，提供个性化的学习材料、教学资源和学习工具以支持学生的适应性学习。这些数据可以为教师制订课程设计方案提供参考，确保学生获得与其学习需求匹配的支持和资源。

（三）学生学习现状诊断

学生学习现状诊断可以为教师开展嵌入式教学评价提供重要的信息支持，伴随式评价信息反馈系统在这一过程中发挥了关键作用。该系统提供了学生基础知识水平、学习能力情况以及学习兴趣爱好等学习现状数据，为教师分析和预测学生在学习过程中可能遇到的问题和困难提供依据。

1. 学生基础知识水平

学生基础知识水平是指学生在学习新知识时所具备的基础能力，包括他们在过去学习中所掌握的基本概念、理论、方法以及相关的实践操作能力等。这些基础知识对于学生应对新的学习内容至关重要。学生基础知识水平是学生学习现状诊断的重要内容，也是教师在教学准备阶段必须要了解的内容。了解学生的基础知识水平可以为教师提供制订教学计划和设计教学内容的依据，有助于教师更好地调整和优化教学策略，帮助教师更好地应对学生的个体差异。

伴随式评价信息反馈系统在教师教学准备阶段在了解学生的基础知识水平方面扮演着重要角色。该系统通过采集学生学习的历史记录、测评结果和反馈数据等方式帮助教师了解学生的基础知识水平。其一，该系统能够记录学生的学习历史，包括所选课程、考试成绩和作业完成情况等，从而帮助教师了解学生在过去学习中掌握的知识和技能以及存在的问题和困难。其二，该系统可以进行多种形式的测评，用以评估学生目前的学习成绩、知识掌握情况和技能水平，同时也能评估学生在不同知识领域中的知识水平。其三，该系统能根据学生的学习历史记录和测评结果为教师提供反馈数据，如学生对知识点的掌握情况、在某些知识点上的困难和擅长的领域等信息。

2. 学生的学习能力情况

学习能力水平是指学生在学习过程中展现出来的与学习相关的各种能力的总和[①]。这些能力包括认知能力（如观察力、记忆力、注意力、思维力和想象力）、沟通能力（指学生有效地向他人传达自己的想法、意见和观点的能力）、问题解决能力（指学生在面对问题时，能够采取适当的方法和策略解决难题的能力）、自我调节能力（指学生管理自己的情绪、行为和学习过程的能力，包括自我评估、目标设定、时间管理和自我激励等方面）以及创新能力（学生在学习中寻求新的思路和方法，提出新的观点和想法的能力）等[②]。

伴随式评价信息反馈系统可辅助教师在教学准备阶段了解学生的多种学习能力。例如，该系统通过收集和分析测评学生过去的学习记录、成绩单和测试等资料，为教师提供学生认知能力、问题解决能力和自我调节能力的评估结果；可以追踪学生的参与互动情况，如在线讨论、小组活动和作业完成情况等，从而让教师了解学生的沟通能力和表达能力；通过测试和作业等方式检查学生的创新能力和创造性表现。总之，伴随式评价信息反馈系统能全面、深入地帮助教师了解学生的各种学习能力并为其提供学生学习现状的全面报告。教师可以根据学生的个体化特点制订相应的教学策略和方法，从而更好地了解学生的学习能力水平，有效地进行教学准备工作。

3. 学生学习兴趣

学生的学习兴趣是指学生对学习活动表现出来的喜欢、愉悦等积极的认识倾向与情绪状态[③]。这不仅能为学生提供持续学习的动力，还对他们的个性发展和多元化培养至关重要。了解学生的学习兴趣对于教师的教学准备特别是教师制订教学设计方案有重要帮助。具体而言，其一，了解学生的兴趣可以帮助教师制订更具针对性的教学目标。这些教学目标能够与学生的需求相契合，激发学生的学习热情，并帮助教师更加清晰地确定教学任务和方向。其二，教师可以根据不同学

---

① 许佩卿. 学习力及其作用 [J]. 教书育人，2011（30）：75-77.
② 邹云龙，陈红岩. 学习能力的本质内涵和维度建构研究 [J]. 东北师大学报（哲学社会科学版），2021（06）：156-162.
③ 胡金木，赵林卓. 学习兴趣的发展阶段、影响因素与激发路径 [J]. 课程.教材.教法，2021，41（11）：78-85.

生的兴趣设计更加个性化的教学策略。例如，对喜欢音乐和艺术的学生，可以加强相关内容的讲解和实践，提供更多的艺术作品的阅读和展示机会，满足他们的学习需求和爱好。其三，了解学生的兴趣还有助于教师选择更加丰富的教学资源。从学生的角度出发，可以选择与他们的兴趣相关的课程材料、图书资料和多媒体资源，这样能够进一步激发学生的学习兴趣和热情，改善学习效果。其四，了解学生的兴趣还可以推动教学方式的创新。教师可以根据学生的兴趣，探索更多元化、交互式的教学方式，如探究性学习、团队协作模式、案例教学等。这些探索可以促进教师的教学改革和创新，提高教学效率和质量。

伴随式评价信息反馈系统通过收集学生学习的历史记录、测评和反馈数据等信息，为教师提供了一个全面、深入了解学生学习兴趣的平台。其一，该系统能够收集并保存学生的学习历史记录，包括他们选修的课程、参加的活动以及自己感兴趣的领域。这些历史记录可以帮助教师了解学生的兴趣爱好和职业规划，针对性地制订相应的教学设计方案。其二，该系统可以通过在线测试、问卷调查等方式了解学生的学习状况和反馈意见。这些测评数据和反馈信息可以让教师更好地了解学生对于某个主题或学科的兴趣和认知水平，从而制订能够激发学生学习热情的教学策略和方法。其三，该系统还可以请专家对学生的作品、论文和实验报告等进行评价以了解学生的个人潜力和兴趣特点。教师可以根据专家的评价结果更好地指导学生发挥优势、克服不足，调整自己的教学策略和方向。

二、为教学实施阶段提供评价信息

教学实施是将教育理论和方法应用到实际教学活动中的过程。在这一过程中，伴随式评价信息反馈系统扮演着不可忽视的角色。该系统不仅能够让教师实时了解学生在课堂上的学习状态，还能提供有关教师教学方法运用和学生课堂投入度的信息。

（一）学生课堂学习状态

课堂学习状态是一个涉及学生自身因素和环境因素相互作用的复杂过程，不仅包括学生在学习过程中发生的相应生理变化，还包括学生在学习中表现出来的情感、态度、认知、关系和行为等与学习相关的各种活动和结果[①]。伴随式评价信息反馈系统能够实时记录和反馈学生在课堂中对教学目标的掌握情况、学习态度和学习方式等方面的学习状态。

1. 学生的教学目标掌握情况

学生的教学目标掌握情况是教师了解学生课堂学习状态的重要依据，如果学生有效地掌握教学目标，通常会表现出积极的课堂学习状态。积极的课堂学习状态的具体表现为理解力强，对课堂内容感兴趣，能够集中注意力，不易分心；对课堂讨论、提问等互动环节积极参与，愿意分享自己的观点和经验，能够促进课堂氛围的活跃；有一定的创造力和独立思考能力，能够通过对问题的深入思考和分析，找到真正的关键点和解决办法。学生的教学目标掌握情况与其课堂学习状态密切相关。教师应该通过合理的教学设计和方法帮助学生有效地掌握教学目标，同时营造积极的课堂氛围，促进学生的积极参与和主动学习。

由于学生众多、表现各异，面对复杂的课堂情境，教师在课堂上即时把握学生教学目标的掌握情况是有难度的。对此，伴随式评价信息反馈系统可以为教师提供支持。具体而言，第一，该系统可以实时收集和分析学生的学习成果、表现和反馈意见等，如测验成绩、课堂作业、参与度等数据。这些数据可以为教师提供实时的反馈，帮助教师了解学生对教学目标的掌握情况。第二，该系统可以根据学生不同的学习情况和水平提供个性化的分析和建议，帮助教师更好地了解每个学生的情况，以此把握不同学生的教学目标掌握情况。第三，该系统可以自动生成实时报告和提示，帮助教师了解学生在课堂上的表现和进展情况，以此了解学生的教学目标掌握情况。第四，该系统支持学生和教师之间的互动反馈和评价，在课堂上可以通过师生互动尤其是学生提问、答问、完成实际任务的表现，来了解学生的教学目标掌握情况。

2. 学生的课堂学习态度

学生的课堂学习态度是指学生在上课期间展现出来的对待学习的态度和情感

---

① 陆芳,魏李婷.大数据背景下大学生学习状态研究的方法探析[J].黑龙江高教研究,2019,37(12):143-148.

状态，是对学习较为持久的肯定或否定的内在反应倾向[1]，包括学生在课堂上的主动性、积极性、认真程度以及对学习内容的兴趣和态度等方面。了解学生的课堂学习态度对教师开展教学具有重要作用，可以使教学更有针对性，能够提升教学效果，促进教师教学反思以及增强师生互动。具体而言，首先，通过了解学生的课堂学习态度，教师可以制订相应的教学策略以满足不同学生的需求。例如，对于主动性较低的学生，教师可以采用启发式教学方法，通过调动学生的参与度和兴趣来提高他们的主动性。其次，了解学生的课堂学习态度还可以帮助教师全面评估自身的教学质量，及时反思课堂教学中存在的问题并主动进行改进。最后，通过了解学生的课堂学习态度，教师可以更好地与学生沟通，进一步增强学生的参与度和学习兴趣，促进教师与学生之间的互动。

伴随式评价信息反馈系统对于教师了解学生课堂学习态度具有非常重要的作用。具体而言，其一，该系统可以采集学生的主动性、积极性、认真程度以及对学习内容的兴趣等方面的信息，教师可以通过这些信息分析学生的课堂学习态度。其二，该系统还能够协助教师进行教学反思，揭示个人教学与学生学习态度间的关系，找到学生学习态度消极的根本原因。其三，针对缺乏主动性、缺乏动力以及学习态度消极的学生，该系统还可以协助教师分析可能的原因，指导教师改变教学策略，例如，通过利用多媒体互动、角色扮演等方式来激发学生的热情和提高其参与度，从而端正其学习态度。

3. 学生的课堂学习方式

学生的课堂学习方式是学生课堂学习状态的重要内容。发现学习和接受学习是较具代表性的学习方式[2]，反映的是教学过程的"三个中心"论，即教师中心、教材中心、课堂中心。然而，新课程要求学生改变学习方式，强调学生"自主、合作和探究"[3]。为了实现这样的学习方式，教师需要践行新课程理念，使学生能够在课堂上自主、合作和探究地学习。对于教师来说，如何在课堂上合理地选择

---

[1] 王爱平, 车宏生. 学习焦虑、学习态度和投入动机与学业成绩关系的研究——关于《心理统计学》学习经验的调查 [J]. 心理发展与教育, 2005（01）: 55-59.
[2] 张春莉, 宗序连, 邓惠平, 等. 不同学习方式对小学生数学知识建构的影响 [J]. 教育研究与实验, 2021（04）: 77-82.
[3] 张亚星. 自主·合作·探究：学生学习方式的转变 [J]. 华东师范大学学报（教育科学版）, 2018, 36（01）: 22-28; 160.

和组织符合新课程理念的学生学习方式是一个巨大的挑战。首先，教师需要投入更多时间来了解每个学生的需求和兴趣，以便为他们提供个性化的教学和学习体验。这要求教师具备更多的沟通技巧和教学经验。其次，教师需要学习如何引导学生自主学习、探究和合作学习，而不是仅仅依赖传统的讲解或固定的教学方法。这可能需要教师更新他们的教学理念和方法并持续不断地尝试和反思。最后，教师还需要能够通过灵活的组织方式和管理方式来协调学生之间的合作，确保每个学生都能得到充分的支持和帮助，这需要教师具备良好的组织能力和团队管理能力。

伴随式评价信息反馈系统则能够有效支持教师选择和组织符合新课程理念的学生课堂学习方式。该系统通过收集学生的学习成果和表现，帮助教师了解哪些是学生适宜的学习方式，能够促进学生学习；通过分析学生的反馈意见和建议，帮助教师了解学生对于课程内容和学习方式的需求和偏好，为教师制订更适合学生的学习方式提供参考；通过提供实时的数据分析和报告，帮助教师及时了解学生的学习效果和进步情况，为教师调整教学策略和方法提供支持；通过提供对学生个体差异的评价，帮助教师更好地了解学生成长和发展过程，设计个性化的学生学习方式。

（二）教师教学方法运用

教学方法是连接教师、学生和课程内容的桥梁与中介，也是教学系统中最具活力的因素之一[①]。教学方法指的是教师在教学过程中采用的具体策略、手段和方式，旨在实现教学目标并促进学生的学习和发展。伴随式评价反馈系统在教师教学方法的应用中扮演着至关重要的角色。它可以为教师在教学技巧、教学流程以及课堂氛围的营造方面提供全方位的支持，帮助他们开展科学、有效的教育教学工作。

1. 教师的教学方法

教师的教学方法是指教师为实现教学目标而采用的各种具体手段，包括课堂教学设计、课堂语言表达、知识讲解与演示和课堂互动等方面[②]。教师运用良好的

[①] 赵鑫，李森. 我国教学方法研究70年变革与发展[J]. 课程. 教材. 教法，2019，39（03）：14-21.
[②] 韩延明. 试谈教学方法的科学分类与应用[J]. 课程. 教材. 教法，1994（05）：9-13.

教学方法可以更好地引导和激发学生的学习兴趣和积极性，从而更好地实现教学目标。拥有优秀教学方法的教师不仅可以提高学生的学习效率，还能够改进学生的学习表现，促进他们的个人发展和全面素质提高。通过多样化的教学手段和方法，教师能够生动而形象地传递知识，使学生更快地理解和消化知识并提升知识的应用能力和创新能力。教师的教学方法对学生的成长和发展起着至关重要的作用。富有启发性和激励性的教学方法可以激发学生的学习兴趣，引导他们积极参与学习。

伴随式评价信息反馈系统在改善教师的教学方法方面发挥着重要的支持作用。首先，该系统通过数据分析和反馈，帮助教师更准确地了解学生的认知水平和学习兴趣以便针对不同学生的学习情况和兴趣类别设计相应的教学方法。其次，通过系统提供的反馈和评估信息，教师可以及时了解学生的学习情况和理解程度，判断教学方法的有效性并进行调整。最后，该系统还可以帮助教师及时了解自身的教学效果和不足之处，从而进行自我反思和发展，改善自身的教学方法。

2. 教师的教学流程

教师的教学流程是指教师在授课过程中采用的有组织性和系统性的一系列教学步骤和环节，包括课前预备、开课导入、知识讲解、思考启示、实践操作、联系应用、教学归纳和总结等环节。教学流程应紧密围绕教学要求和教学目标展开以达到良好的教学效果。在教学流程中，教师需要注重授课顺序、讲解方式、思考引导、实践演示、课堂互动等方面的处理，注重多种教学手段的运用，有针对性地布置作业和提供反馈，为学生更好地理解和掌握教学内容提供有力支持。通过合理的教学流程设计，教师可以有效地降低学生的学习难度，增强学生的学习兴趣和参与度，推动学生的知识积累和能力提升。

伴随式评价信息反馈系统对教师的教学流程设计具有多方面的支持作用，包括教学目标和课程设计、课堂内容和教学方法、课堂互动和反馈、学习效果评估和反馈等方面。其一，该系统能够通过分析学生的认知水平、兴趣爱好和学习特点等要素，为教师提供有针对性的教学目标和课程设计建议，帮助教师明确教学任务和完成路线，根据学生的不同需求和情况对教学流程进行相应的调整和优化。其二，在实时监测中，该系统能够反馈学生对课堂内容和教学方法的反应，为教师提供实时的反馈和建议，帮助教师及时调整教学流程，更有效地引导学生的学习。其三，该系统还具有提供课堂互动和反馈信息的功能，帮助教师更好地与学生沟通、交流和互动，在课堂上实时了解学生的想法和问题，及时地调整教学流程，促进学生的学习和发展。其四，通过收集和分析学生的学习成果和表现数据，该系统为教师提供了精准评估学生学习效果的依据，并给出相应的反馈和建议帮助教师不断优化课堂教学流程。

3. 课堂氛围的营造

为了营造积极、活跃的课堂氛围，教师需要采取一系列措施来激励学生积极参与课堂教学和互动交流。良好的课堂氛围能够营造出轻松、愉悦的学习环境，增强学生的主体性和参与性，更好地激发他们的学习兴趣和积极性，改善学习效果，提升学生的自我意识。为了营造良好的课堂氛围，教师需要具备一定的教育素养和能力，包括亲和力和良好的沟通能力、微观管理能力和细致的情感、多样化的教学方法与手段等。教师需要不断地改进自己的教学方法和手段，创造出有趣、生动、积极向上和多元化的课堂氛围。

伴随式评价信息反馈系统能够为教师在课堂氛围的营造方面提供多方面的信息支持。具体而言，其一，系统可以通过语音识别、笔记和课堂实时监测等方式实时分析和评估学生的情感状态，为教师提供关于学生情感反应及变化的实时数据和指标，以便教师及时调整教学策略和方法，营造更加舒适和积极向上的课堂氛围。其二，系统还能记录和分析学生的学习行为和参与度，观察学生的注意力集中程度和思维深度，考察学生的学习兴趣。系统提供相应的数据分析结果和建议，助力教师营造课堂氛围。其三，该系统还可以记录学生之间的互动以及师生之间的互动情况。教师可以从这些记录中获取关于学生、课堂和教学的信息，进而及时对课堂氛围进行调整。

（三）学生的课堂投入度

学生的课堂投入度是教师在课堂教学过程中需要关注的一个重要指标，它直接反映了学生对知识的掌握程度和学习兴趣[①]。伴随式评价信息反馈系统为更好地

---

① 杨碧君，曾庆玉. 影响学生课堂投入的关键课堂教学环节 [J]. 中国教育学刊，2014（11）：53-56.

了解学生的课堂投入情况提供了一站式解决方案，能够实时监测和追踪学生的课堂互动、学习表现和学习结果，将相关数据及时反馈给教师，协助教师全面了解学生的课堂投入情况，为教学改进提供有力保障。

1. 学生的课堂互动

学生的课堂互动是指在教学过程中，学生与教师或其他同学之间进行的交流、合作和相互影响的活动。这种互动不仅可以提高学生的积极性和参与度，改善学习效果，还能增强师生之间及学生之间的沟通合作能力，从而构建更融洽、和谐的学习氛围。学生的课堂互动具有多种形式和表现方式，如回答教师提出的问题、同学之间的提问、讨论解决问题以及共同完成课堂任务等。

伴随式评价信息反馈系统可以帮助教师了解学生的课堂互动情况，提高互动质量，提供重要的信息支持。具体而言，其一，该系统利用语音录音和视频监测等技术手段，对学生的课堂互动情况进行数据分析，包括学生的积极参与程度、有效沟通能力和合作能力等方面，反映学生的具体表现。其二，通过该系统对互动表现数据的分析，教师可以及时调整教学策略和方法以促进学生的积极参与和互动。其三，该系统还针对不同学科、年级和课程内容提供多样化的课堂互动方式和策略，协助教师创造出丰富多彩、有趣而又引人入胜的互动模式，激发学生的兴趣和积极性。其四，该系统还能够对学生的课堂互动质量进行定量评估并提供相关反馈信息和建议，帮助教师及时了解学生的互动效果，进一步完善教学方法和策略，提升课堂互动质量。

2. 学生的学习表现

学生的学习表现是指在学习过程中展现出的各种学习行为，包括知识掌握、问题解决能力、思维能力、合作精神和自主学习等方面的表现，学生的学习表现不仅是考查学生学习投入程度的重要指标，也是评估教师教学质量的关键因素。

伴随式评价信息反馈系统是一种能够提供全面学生学习数据的系统，可以帮助教师了解学生的学习表现。该系统利用大数据分析技术，收集、整合和分析学生的学习数据，并从中找到规律和趋势以反映学生的学习表现。具体体现在，其一，该系统可以提供有关学科成绩、作业完成情况和课堂互动表现等方面的数据，为教师提供重要的学生学习表现信息。其二，该系统支持实时反馈机制，使教师能够及时了解学生在课堂上的学习情况和表现，并根据实际情况及时调整教学方法和策略以达到更好的教学效果。例如，在互动教学模式下，该系统能够及时记录学生的课堂互动情况，包括提问、回答和讨论等，从而对学生的课堂表现进行综合评估，并及时向教师提供反馈。其三，该系统还支持学业数据记录功能，可以收集考试成绩、作业完成情况等方面的数据并通过大数据分析技术实时呈现，为教师提供更全面的学生学习状况概览。此外，伴随式评价信息反馈系统具备多元信息源，不仅能够评估学生的整体学习表现，还提供详细的分层次信息，如学科单元、知识点和技能要求等方面的表现。这些细节层面的数据对教师非常重要，因为它们可以帮助教师更加深入地了解学生的学习状况，发现学生在哪些方面需要额外的帮助和支持。基于这些信息，教师可以制订相应的教育方法和策略，帮助学生更好地掌握学科知识和技能，提高他们的学习成绩。此外，分层次信息还可以协助教师更准确地评估学生的学习成绩，从而更好地促进学生个性化的学习。

3. 学习的结果反馈

学习的结果反馈指的是在教学过程中不同教学内容和环节下学生学习目标的实现情况。例如，学科知识水平是衡量学生课堂学习结果的重要指标，反映了学生对相关学科知识的掌握程度。同样，学科技能也是衡量学生学习结果的一个重要指标，反映了学生在实际操作中应用所学知识的能力。此外，学生学习态度和行为的改变，如学生对学习的认真程度、积极性和主动性等方面的变化也是重要的学习结果。教师能够及时获取学生学习结果的反馈，可以有效地帮助教师了解学生的学习状况和表现，发现学生存在的问题和改进的空间。这样，教师就能够根据学生的实际情况采取相应的教学方法和策略，促进学生的成长和发展。此外，学生学习结果的反馈也可以激发学生的学习主动性、积极性和自觉性，让学生更深入地了解自己的学习成果和不足，引导学生形成良好的学习习惯和态度。

伴随式评价信息反馈系统为教师获取学生学习结果反馈信息提供了支持。就学科知识水平而言，该系统能够帮助教师了解学生对不同学习内容和知识点的掌握程度，及时发现和纠正学生存在的问题，为不同学生提供个性化的指导和激励，增强他们的学习效果和提高课堂参与度；在学科技能方面，该系统能够帮助教师了解学生在实际操作中应用所学知识的表现情况，发现和纠正学生存在的问题，注重培养学生的实践能力和创新精神，为他们未来的职业发展奠定坚实基础。在学生学习态度和行为改变方面，该系统能够帮助教师全面了解学生的学习情况和表现，在评估学生的学习态度和行为时反映出学生的主观能动性和自我管理意识，使教师更好地了解学生的个体状况，从而制订相应的教育计划和策略，促进学生形成良好的学习习惯和态度。

综上所述，伴随式评价信息反馈系统对于教师获取学生学习结果反馈信息非常有帮助，能够通过科学的数据分析方法，及时向教师提供准确的学习记录和数据，帮助教师全面了解学生在不同学科领域的学习表现和成果。

三、为教学总结阶段提供评价信息

教学总结是教师对一学期或学年阶段性教学工作的回顾、反省，进而总结出教学中的成功经验或教训为以后的教学活动提供借鉴和参考。在这方面，伴随式评价反馈信息系统是一种有效的工具。它能够提供细致、科学的数据，帮助教师全面了解学生的学习效果、教师的教学效果并进行教学改进分析。

（一）学生的学习效果分析

学生的学习效果分析是教学总结阶段至关重要的内容之一。通过伴随式评价信息反馈系统，教师可以获取详细的数据和信息，帮助他们深度分析学生作业、学业成绩和综合素质。这有助于教师有针对性地对学生实施个性化指导和激励，增强学生的学习效果，提高课堂参与度。

1. 学生的作业审读

对学生作业进行审读是教师了解学生在学科知识水平和技能应用等方面的表现和问题的重要过程。教师通过认真阅读和分析学生的课后作业，获取学生对学科知识掌握程度、答案完整性和正确性、思考深度和创新性、作业完成时间和质量等方面的情况。通过深入分析和评估学生作业，教师可以更全面地了解学生的学习情况和成果，发现并纠正学生存在的问题和需要改进之处。此外，教师还可以根据学生的实际情况，提供个性化的指导和激励，增强学生的学习效果，提高课堂参与度。审读学生作业是教师教学中不可或缺的环节，为教师改进自己的教学方法提供了有价值的信息。

伴随式评价信息反馈系统在教师审读学生作业中可以起到的信息支持作用，包括全面了解学生的学科知识掌握情况、精准分析学生思考深度和创新性、实现个性化指导和激励三个方面。

第一，通过伴随式评价信息反馈系统，教师可以获取学生提交作业和测试的详细数据记录，包括学生每道题目的作答时间、正确率、错误类型等。这些数据能够直观地反映学生在不同知识点掌握和技能运用方面的实际表现和存在的问题。在审读学生作业时，教师可以结合这些数据全面了解和评估学生的学科知识掌握情况，及时发现存在的问题，制订针对性的教育计划和指导策略以增强学生的学习效果，提高课堂参与度。这样的系统为教师提供了宝贵的信息，帮助他们更好地了解学生的学习状况，以便采取相应的措施来促进学生的发展。

第二，伴随式评价信息反馈系统提供了丰富和深入的数据支持，使教师能更精准地评估学生的思考深度和创新性。系统通过对学生作业的大数据分析和挖掘，识别思考深度和创新性的特征模式。同时，反馈系统通过分析作业中的关键词、语句结构、内容组织等方面的数据，协助教师找出学生思考不足或创新力低下的问题，并提供改进建议，如提出有挑战性的问题或引导学生多角度思考。利用这样的系统，有助于激发学生的深度思考和创新能力。

第三，通过伴随式评价信息反馈系统，教师能够利用其提供的个体化数据记录制订针对具体学生学习情况的个性化指导和激励措施。例如，在审读学生作业时，教师可以及时了解学生的困惑和难点，制订具体的解决方案来帮助学生克服学习障碍。同时，当学生获得优异的成绩时，教师也能通过系统及时给予赞扬和鼓励，促使学生更好地巩固和拓展所学知识，增强学习效果和自信心。

2. 学业成绩的深度分析

学业成绩的深度分析是对学生在学习过程中取得的成绩数据进行系统、全面、多角度的分析，目的是揭示其中的规律和趋势并探索相关因素和影响。学业成绩的深度分析是学生学习效果分析的重要组成部分，通过对学生成绩进行深入分析，可以全面了解学生在各学科中的表现，从而为教师制订有针对性的教育教学措施提供依据。通过分析学业成绩的结果，可以了解学生在哪些方面表现较差并进行有针对性的教学改进以提高教学质量。此外，通过分析学生的学业成绩数据，可以客观评估教学活动的效果，及时调整教育教学策略。

对学生学业成绩进行深度分析需要运用多种统计方法、数据挖掘技术和机器学习算法等，伴随式评价信息反馈系统在此过程中发挥着重要的作用。伴随式评价信息反馈系统可以收集学生在各科目中的成绩数据，并对数据进行整理、筛选和清洗，确保数据的准确性和完整性。该系统利用统计方法对学生的成绩数据进行分析，如计算平均分、方差、标准差等指标，绘制散点图、直方图等图表，可以揭示学生成绩的分布规律和趋势。此外，该系统通过运用相关系数分析、回归分析等方法，结合学业成绩数据和其他因素的数据，可以探讨不同因素对学生成绩的影响程度，如家庭背景、学习方式、生活习惯等因素。在了解学生学业成绩的分布规律和趋势后，还可以运用机器学习模型对学生成绩进行预测分析。

3. 学生综合素质的评价

学生综合素质是指学生在知识、能力、精神、态度等方面的全面发展和表现，具体体现在学科表现、综合能力、心理素质、文化素养、实践能力等方面。学生综合素质不仅是各个方面素质的简单组合与拼装，更强调学生不同素质之间的内在融合[①]。因此，可以看出学生综合素质的内涵包含着多层次、多种复杂因素，评价学生的综合素质是一项复杂的任务。

伴随式评价信息反馈系统能够为教师评价学生的综合素质提供信息支持。具体而言，该系统可以帮助教师对每个学生进行个性化评估，分析和探究其综合素质的特点、长处和不足；教师可以通过该系统从多种来源（如学科成绩、社会实践、考试成绩、问卷调查等）收集与学生综合素质相关的数据，从而更全面准确地评价学生的综合素质水平；此外，伴随式评价信息反馈系统还能够对收集到的学生综合素质相关数据进行专业的数据分析和可视化展示，使教师能够直观地了解学生综合素质的发展情况和趋势。可见，基于多方面数据，伴随式评价信息反馈系统可以客观地评价和比较学生的综合素质变化，帮助教师更好地了解学生的发展动态，评价其综合素质的提升情况。

---

① 李雁冰.论综合素质评价的本质[J].教育发展研究，2011，33（24）：58-64.

（二）教师的教学效果分析

教学效果分析是教师教学总结阶段必然要进行的工作。伴随式评价信息反馈系统可以在此过程中提供全面、及时、科学的分析和评估支持。通过该系统反馈的信息，教师能够了解课程目标的达成情况、教学对学生学习进步的影响以及教师教学和学生学习过程中存在的问题。

1.课程目标的达成情况

对于教师来说，评估课程教学目标的达成情况非常重要。这种分析的主要意义在于评估教学效果以便检验教学质量并为今后的教学工作提供参考。通过评估学生是否真正掌握了所需的知识、技能以及是否具备正确的学习态度等方面，教师可以更好地评估自己的教学效果。如果教师发现有些学生未能达到预设的教学目标，就需要反思并考虑在未来的教学中调整教学方法和策略等。这样的分析可以帮助教师不断改进自己的教学方式，更好地促进学生的学习和发展。

然而，进行课程目标达成情况的考察分析并非易事，需要对教学过程和教学效果进行全面、系统和科学的评估。这涉及多个方面，如学生的课堂参与度、学习目标的掌握程度、对学习内容的理解情况以及技能发展水平等。幸运的是，伴随式评价信息反馈系统能够为教师提供多方面的信息支持。首先，它可以实时收集学生在课堂上的参与度、知识掌握程度、理解能力和技能水平等数据。其次，该系统能够将来自不同信息源的课堂数据进行综合分析，为教师提供多样化的数据视角和分析方法并生成详细的报告和图表。此外，该系统甚至能够提供学生个性化的数据，分析每个学生的表现和问题，通过深入分析每个学生的情况，为教师提供个性化的反馈和建议，协助教师改进规划并制订个性化的教学策略和方法。

总之，伴随式评价信息反馈系统为教师评估课程目标的达成情况提供了强大的支持。它能够帮助教师进行全面的评估，从而更好地了解学生在课堂中的表现。通过多方面的数据和个性化的反馈，教师可以进行精确的分析和决策以增强教学效果并满足学生的学习需求。

2.教学对学生学习进步的影响

在教师教学总结阶段，深入分析教学对学生学习进步的影响是一项非常重要的任务。首先,通过深入剖析教学对学生学习进步的影响,教师可以更好地了解自己的教学方法、教学策略和课程内容的优缺点并及时进行改进和调整以提高教学质量。其次,教师深入剖析教学对学生学习进步的影响还可以为学生提供更好的学习机会和体验。通过深入分析学生的表现和问题,教师可以发现学生的需求和特点,制订适合他们的教学策略和方法,从而增强学生的学习动力和积极性。最后,深入剖析教学对学生学习进步的影响还可以推动教育教学工作内在质量的不断提升。只有通过科学的分析和评估,才能持续完善教育教学的质量和效果,提高教学过程的针对性、有效性和可持续性。

教师进行有关教学对学生学习进步的影响的分析是非常重要的,但是也存在一定的难度。为了评估设定的教学目标对学生学习进步的影响,需要对学生所达成的教学目标进行量化和细化,否则难以进行准确评估。此外,还需要收集和整理学生的表现数据,包括课堂参与度、目标掌握程度等相关的数据,并根据不同的教学目标收集和整理相应的数据。同时,还需要综合考虑多种因素对学生学习进步的影响并进行深入的分析。例如,教师自身的教学方法、课程内容以及学生的学习兴趣和个性差异等因素都会对学生的学习进步产生影响,因此需要进行全面的分析。此外,确保收集到的多信息源数据具有客观性、准确性和代表性并采用科学的分析方法进行处理,避免人为主观因素对数据的影响。然而,这些复杂的工作有时会超出人的承受能力。在这种情况下,伴随式评价信息反馈系统可以提供信息支持。

伴随式评价信息反馈系统可以通过以下方法帮助教师分析教学对学生学习进步的影响。首先,系统可以收集学生的学习成绩、作业完成情况、参与度和学习反馈等数据,也可以收集教师的教学行为数据,如课堂观察记录、教学策略和教材使用情况等。通过整合这些数据,系统可以获得学生和教师的全面信息,从而进行分析和评估。其次,系统可以利用数据分析技术比较学生在教学前后的学习表现和进步情况。通过对不同时间点的数据进行对比和统计分析,系统可以量化学生的学习进步并提供可视化的结果。最后,系统可以根据学生的学习成绩、作业质量和参与度等数据,评估教学对学生学习进步的影响。例如,系统可以通过分析学生成绩的变化趋势,判断教学措施的有效性。此外,系统还可以将学生的学习进步与教师的教学行为进行关联分析，了解教师行为与学生学习进步之间的关系。

3. 教学呈现的问题分析

在教学总结阶段对课堂教学中呈现的问题进行分析是一项重要的工作，为改进教学提供了有益的参考。通过分析教学过程中出现的问题，教师可以深入了解自身在教育教学工作中的问题和不足，找出问题产生的原因并提出相应的改进措施，进一步提高教育教学质量。

要分析课堂教学呈现出的问题，需要收集整理各种记录，包括教学设计、课堂笔记、学生作业和考试成绩等。这些记录为问题分析和改进提供了基础数据。同时，还需要分析学生在课堂上的表现，了解他们实际掌握的知识和技能以及存在的问题和困难。此外，还需要全面分析教师的教学情况，如是否达到预期目标、教学策略是否适合学生、内容是否有针对性等。更重要的是，通过分析教学过程和学生表现，可以进一步梳理出问题产生的原因，如教学目标是否清晰、教师授课方式是否得当、教材内容选择是否适宜等。最后，根据分析结果制订具体的改进方案并实施，解决教学过程中出现的问题和不足。

伴随式评价信息反馈系统能够将收集到的学生课堂表现数据以直观易懂的方式呈现给教师，帮助他们分析学生在学习过程中的问题和困难，在未来的教学中进行相应调整。该系统还能提供多样化的数据分析视角，根据不同类型的教学目标展示数据分析结果，如知识点掌握情况、学生能力分类和授课效果等，帮助教师全面了解每个学生的学情和教学成效，全面分析教学问题。此外，该系统还可以利用学生成长档案、智能推荐系统等技术和算法，为每个学生提供个性化分析和建议；为教师提供精准的指导意见，使其有针对性地改进教育教学工作，及时解决教学问题。

（三）教师的教学改进分析

教学改进分析是教师教学总结阶段必不可少的重要工作。在这一阶段，教师需要进行反思和自我评估，回顾过去的教学行为和所做的教学决策的合理性，思考存在的问题和不足之处并制订具体的改进计划。伴随式评价信息反馈系统凭借其记录、分析和反馈的优势,在教师的教学反思、经验总结和目标再设定方面为教师教学改进分析提供有力支持。

1. 教师的教学反思

教师进行教学反思是一种重要的教学改进方式,能够帮助教师深入分析自己的教学实践并从中获取有益的经验和教训。伴随式评价信息反馈系统提供了多元的信息源,包括教师个人、教学实践共同体、学生和监测系统等,这些都可以辅助教师进行教学反思。

①教师个人可以回顾整个教学过程,包括课前准备、教学内容的呈现方式、学生参与情况以及教学策略的运用等。教师可以思考以下问题:教学目标是否明确、具体;学生是否能够理解和接受这些目标;教学准备是否充分;是否使用了适当的教学资源和教材;教学内容是否清晰、有条理;是否能够激发学生的兴趣和思考;学生参与度如何;是否鼓励了学生进行积极的互动和合作;教学策略是否适应学生的学习风格和需求。

②听取学生的意见和学习体验是教师分析是否达成教学目标的另一种方法。通过让学生分享他们在学习过程中的感受,特别是课堂参与的体验和对作业的态度和意见,可以发现教学中存在的问题和不足。在此基础上,可以对学生的学习情况进行深入思考,如学生在哪些内容上存在困难、为什么会有这些困难,教学方法是否能够完全满足学生的需求,是否需要使用其他教学方法来更好地促进学习,是否需要进行个别辅导或提供额外的教学资源。

总之,伴随式评价信息反馈系统在教师进行教学反思时能够提供多维度的数据收集、及时的反馈和分析、个性化的改进建议、教学资源和案例分享以及专业发展等方面的支持。这些支持有助于教师深入了解自己的教学情况,发现问题和不足,并提供相应的解决方案,进一步提高教学质量和学生的学习成果。

2. 教学的经验总结

教师进行教学经验总结是为了归纳、总结和反思自己的教学活动,以改进教学和提高教学质量为目标。伴随式评价信息反馈系统可以帮助教师评估他们所取得的教学成果,分析成功经验。要考察教师是否达到了预期的教学效果,可以从以下几个方面入手:学生的学习成绩是否有提升,学生在知识、技能和态度方面是否有所改变，学生对教学过程和内容的满意程度如何。

伴随式评价信息反馈系统在教师分析学生的学习成绩是否有提升时能够提供以下支持。其一，通过记录学生的考试成绩、作业完成情况和课堂表现等方面的数据，帮助教师全面了解学生的学习状况。其二，系统可以进行趋势分析，展示学生在一段时间内的学习进步或退步情况，从而帮助教师判断学生的学习成绩是否有提升并了解提升的速度和幅度。其三，系统针对每个学生提供个体化的学习成绩分析报告，通过展示学生在不同知识点或技能方面的成绩表现，帮助教师更好地了解学生的优势和问题所在，从而提供有针对性的指导和支持。其四，系统还可以将学生的学习成绩与班级或年级其他学生进行比较并提供相应的排名信息，帮助教师评估学生的相对表现和成绩水平。其五，根据学生的学习成绩和历史数据，系统还能提供基于数据的个性化改进建议，教师可以根据这些建议来调整教学策略、进行个别辅导或提供额外的教学资源以促进学生学习成绩的提高。

伴随式评价信息反馈系统在教师分析学生在知识、技能和态度方面是否有所改变时能够提供以下支持。首先，系统帮助教师明确相关的学习标准以便将学生的学习成果与预期目标进行比较，从而判断学生在知识、技能和态度方面是否有改变。其次，系统收集学生多维度的数据，包括学习成绩、作品展示、项目表现和参与度等，帮助教师全面了解学生在不同领域的改变和发展情况。再次，系统通过提供学生自我评价的工具或进行问卷调查以便学生能够主动反思和表达自身在知识、技能和态度方面的改变，为教师提供额外的参考。最后，系统可以根据学生的学习表现和行为，提供相应的评价指标并量化分析，教师可以利用这些指标和分析结果来判断学生在知识、技能和态度方面的改变程度并进行比较和评估。

伴随式评价信息反馈系统在教师分析学生对教学过程和内容的满意程度时能够提供以下支持。首先，系统通过学生问卷调查或反馈收集，帮助学生表达对教学过程和内容的满意程度。学生可以评价教学方法、教材使用、课堂活动等方面，从而帮助教师了解学生的意见和反馈并总结经验。其次，系统能够对学生的反馈进行分析和总结，整理出学生对教学过程和内容满意度的关键问题和趋势，帮助教师把握学生的主要期望以提炼和总结经验。最后，系统还具有实时互动和讨论功能,促进教师与学生之间的沟通和交流。学生可以直接表达他们对教学过程和内容的满意程度便于教师进行教学经验总结。

3. 教学目标再设定

教学目标再设定是教师教学改进分析的重要内容之一,是对原有教学目标进行重新定义、调整或细化的过程。通过深入分析原有教学目标,教师可以确定以下方面。首先,教学目标是否具有明确的表达性,学生能否清楚地知道要达到的目标是什么;其次,教学目标是否具有实施的可行性,是否根据学生的实际情况和能力水平进行制订;最后,教学目标是否可以转化为可量化的指标或标准以便教师和学生更加清晰地了解学习目标的达成情况。通过这些分析,教师可以发现原有目标存在的问题和需要改进的方面并进行相应的教学目标再设定。

伴随式评价信息反馈系统通过提供学生表现数据、自动化评估与分析、个体学习需求分析和教学资源推荐等,为教师的教学目标再设定提供支持。首先,系统记录学生的学习表现和成绩数据,帮助教师了解学生当前水平和知识掌握情况,判断原有教学目标是否适用于学生并根据学生的实际情况进行调整或重新设定。其次,系统能够将学生的学习表现与教学目标进行比较并生成相应的报告,帮助教师了解学生的学习进展,为教学目标的再设定提供支持。系统还能根据学生的学习数据和行为模式,分析每个学生的学习需求,使教师可以更好地理解学生的差异性,相应地再设定教学目标以满足不同学生的学习需求。最后,系统还能推荐相关的教学资源和学习材料,帮助教师更好地支持学生的学习,实现教学目标的再设定。

第三部分
数据驱动的教师教学自我纠正系统

教师教学的自我纠正系统,是基于"自适应"理论构建的教师应对教学环境变化、发现问题并快速纠正问题的反应系统。它是教师自身具备的一种素质,通过教师长期的教学反映性实践累积而成,是应对复杂情境的一种机制性反应。教师建立教学自我纠正系统是开展嵌入式教师教学评价的需要,也是开展嵌入式教师教学评价的产物。教师建立教学自我纠正系统可以通过收集、分析和管理教学数据,帮助教师全面了解自己的教学情况;可以更加清晰地认识到自己的优势和劣势,有针对性地进行个性化的专业发展;在对收集的大量教学数据进行深度分析和挖掘的过程中,教师成为教学的研究者,更好地理解了教学过程的本质,通过不断地尝试和反思推动教学的进步与发展;有助于建立起科学的教学评估机制,让教师能够了解学生对教学的实际反应,从而更好地调整和改进自己的教学行为。本章由三节构成。第一节为教师教学自我纠正系统的数据源,内容包括教师实践共同体成员供给、学生学习过程分析数据、互联网及人工智能生成的大数据;第二节为教师个体教学反映性实践的作用,内容包括教师个体教学反映性实践特征、教师个体教学反映性实践过程、教师个体教学反映性实践贡献;第三节为教师教学自我纠正系统的运行,内容包括教师教学的"自适应系统"、教师教学自我纠正系统技术支持、教师教学自我纠正系统的工作流程。

第七章　教师教学自我纠正系统的数据源

教师教学自我纠正系统是教师利用信息技术手段，在复杂情境下面对任何因个人因素出现的教学问题和错误，通过启动内部的"自适应系统"来快速地纠正和改进。嵌入式的教学评价有助于教师教学自我纠正系统的建立。教师具备自我纠正系统对提高自身的教学水平和专业素养意义重大，也是改进教学、提高教学质量的基础和保障。该系统能够通过各种数据源收集并分析信息，本节重点介绍教师教学自我纠正系统的三个主要数据源，即教师实践共同体成员供给、学生学习过程分析数据、互联网和人工智能生成的大数据。

一、教师实践共同体成员供给

教师实践共同体成员供给是教师教学自我纠正系统的重要数据源之一。在实践共同体中，教师通过彼此之间的互动交流发现自身教学中存在的问题并获得各方面的反馈和建议[1]。这些反馈和建议可以来自定期的集体备课、教研活动、专业培训等。而实践共同体成员通过嵌入式的教师教学评价，为教师建立自我纠正系统供给三类信息，包括教学经验和策略、教学反馈和建议、专业发展和资源。

（一）教学经验和策略

教学经验和策略是有效教学的重要保证，也是支持教师成长的重要内容。教师实践共同体成员具有共同的成长目标，通过共同学习、不断地研究教学课例，在教学实践中互助，积累了大量的教学经验和成功的教学案例；在不断的教学实践中，在课堂教学应变上也形成了有效的策略；针对不同的学生群体积累了差异化的教学经验。这些都是教师建立教学自我纠正系统的数据源。

---

[1] 李子建，邱德峰．实践共同体：迈向教师专业身份认同新视野[J]．全球教育展望，2016，45（05）：102-111.

1. 成功的教学案例和经验

教师实践共同体成员在分享成功的教学案例和经验上有很多优势。通过分享成功的教学案例和经验，教师可以从中获取灵感和启示，为自己的教学实践提供新思路和方法。这种分享可以促进教师之间的交流和合作，形成一个相互学习、共同成长的氛围。更重要的是，这种分享可以为教师形成教学自我纠正系统提供宝贵的数据支持。

例如，某教师设计的项目化学习方式（project-based learning，PBL）激发了学生的阅读兴趣并提升了阅读能力。将此案例分享给其他教师实践共同体成员，同时讲述自己是如何设计课程内容、如何实施项目化学习、如何评估学习效果的。同样，在数学教学中，某教师运用了具体物体操纵的教学方法，帮助学生理解抽象的数学概念。与其他教师分享这个案例并探讨如何利用具体物体操纵引导学生思考和建立概念的教学策略。这种分享有助于教师建立自我纠正系统。又如，在科学教学中某教师使用了虚拟实验室软件进行模拟实验，让学生在没有实际实验条件的情况下进行观察和实验操作。与其他教师分享这个成功的应用案例并讨论如何选择适合的虚拟实验室软件、如何引导学生进行有效的观察和实验以及如何评估学生的实验结果等方面的经验。再如，某教师在采用某种教学方法时遇到了困难，而采用共同体成员所用的教学方法却有效地提升了课堂质量，并观察到学生的进步和提升。此类事例不胜枚举，表明了成功的教学案例和经验的分享对教师形成教学自我纠正系统至关重要，分享本身就是教师形成教学自我纠正系统的过程。

综上，教师实践共同体成员分享成功的教学案例和经验，对教师形成教学自我纠正系统具有重要价值：促使教师从中获取灵感和启示、促进交流和合作、为教师形成教学自我纠正系统提供宝贵的数据支持。通过分享成功的教学案例和经验，教师可以不断改进教学实践，改善学生的学习效果。

2. 有效的课堂教学应变策略

由于课堂的复杂性以及教学本身的特殊性，教师在教学过程中会遇到许多意想不到的情形。其实教学计划本身就是预测性的，不可能完全吻合教学实际，需要教师具有随机应变的能力。以学生在某个知识点上遇到理解困难为例。

这种情况其实是教师教学中经常遇到的问题，而如果教学实践共同体成员通过个人的故事分享找到了出现这个问题的原因并采取了有效的应对策略使问题得以解决，将对教师教学自我纠正系统的建立产生积极影响。

以下是某教师实践共同体成员的应对策略。总体思路是提供清晰的解释和示范，变换语言解释方式，以简洁通俗的语言解释知识点的关键概念和原理。同时提供实际生活中的示例或案例帮助学生理解。接着进行演示或展示，让学生亲眼看到相关现象，增强理解效果。具体做法是教师可以通过提出一系列引导性问题引导学生思考、推理和发现知识点背后的逻辑和规律。例如，当教师讲解关于植物光合作用的知识点而学生难以理解其中的化学反应过程时，教师可以先提出一个开放性问题："你们认为植物是如何利用阳光进行光合作用的呢？"这样可以激发学生主动思考。进而教师可以组织学生进行小组讨论，让他们互相交流和分享自己的观点，同时提供一些提示问题，如"光合作用中有哪些重要的化学物质参与？""你们觉得光合作用在哪个部位进行？"随后针对小组讨论中尚未解决的问题，教师可以使用模型、动画或实验演示等视觉辅助教具，以直观的方式展示植物光合作用的化学反应过程，对学生理解的困难点进行详细讲解。在学生深入理解植物光合作用基础知识后，教师可以提出更具挑战性的问题："为什么植物需要光合作用？""光合作用的产物对生态系统有什么重要作用？"通过引导式提问与探究，学生在思考和探索的过程中积极地参与到知识的建构中来，从而更深入地理解光合作用的原理和过程。

可见，教师实践共同体成员分享课堂应变策略能够为教师建立教学自我纠正系统提供数据支持。

3. 针对性的差异化教学经验

差异化教学指的是教师要确保教学内容、教学方式与学习者的准备水平、兴趣等相匹配[1]。针对不同学生群体的差异化教学实质是教师因材施教的一个方面，既是教学的基本原则，也是教师必备的教学能力，同时也是教师教学自我纠正系统的功能之一。在现实课堂中，从不同的角度看存在不同的学生类型，如从学习

---

[1] TOMLINSON C A. How to Differentiate Instruction in Mixed-Ability Classrooms[EB/OL]. [2023-08-05]. http:// toolbox2.s3-website-us-west-2.amazonaws.com/accnt_42975/ site_42976/Documents/Harrison_PLDiffAnchorActivities.pdf.

风格的角度看，学生对获取信息和处理信息的方式有所偏好，可以分为视觉型、听觉型、动觉/操作型等[①]；从学习能力的角度看，根据学生在学习目标实现和学习表现上的差异，可以分为高水平、中水平、低水平；从兴趣爱好不同的角度看，根据学生对特定主题或领域产生兴趣的程度，又可以分成对各种不同主题感兴趣的学生。教师教学实践共同体成员分享针对不同学生群体的差异化教学经验，可以助力教师建立自我纠正系统。

以学生历史学习中"二战期间的诺曼底登陆"为例，教师实践共同体成员可以分享其针对不同学习风格学生的差异化教学经验，从而给其他教师带来巨大的启发。例如，视觉型学生更倾向于使用图像和图表来帮助理解和记忆，对直观的内容，如图示、图表和地图以及笔记和标注感兴趣，并对视觉刺激有高度的专注力。教师可以展示诺曼底登陆的地图，并标注重要城市和行动计划，帮助学生理解整个行动的布局。同时，教师还可以利用图像和模拟视频展示登陆过程、战斗场景和相关军事装备。听觉型学生喜欢听讲解，对声音细节敏感。教师可以通过口头讲解、讲座和演讲等方式传达知识，详细解释诺曼底登陆的背景、目的、策略和结果，强调关键的事件和人物。同时，教师还要鼓励学生参与讨论和互动、提问和回答问题。动觉/操作型学生喜欢实践和实验、模型和实物以及体验式学习。因此，教师可以设计模拟诺曼底登陆的角色扮演游戏，让学生分组扮演不同的军事指挥官或士兵，通过实际操作体验战斗策略和决策过程。通过对不同学习风格的学生进行差异化教学，每个类型的学生都可以更好地理解和学习与诺曼底登陆相关的知识。

可见，教师实践共同体成员分享针对学生不同群体的差异化教学经验，能够为教师建立教学自我纠正系统提供数据支持。

（二）教学反馈和建议

教师实践共同体成员提供的教学反馈和建议是教师建立教学自我纠正系统的重要数据源。教学实践共同体成员不断的教学反馈和建议可以使教师获得视角补

[①] DUNN R, DENIG S J, LOVELACE M. Multiple intelligences and learning styles: two sides of the same coin or different strokes for different folks?[J]. Teacher librarian, 2001, 283: 9-15.

充,即获得看问题的不同视角和观点,帮助教师更全面地了解自己的教学情况。通过不断地接收反馈和建议,教师可以及时发现错误,重新审视自己的教学并作出相应的调整和改进。另外,当教师接收到来自共同体成员的积极反馈时,还会获得动力驱动,进一步增强工作的积极性。在教学反馈和建议方面,教学实践共同体成员主要提供以下3个方面的信息供给。

1. 面对教学问题和挑战的指导和解决方案

教师在日常教学中时常会遇到教学问题和挑战,如学生缺乏学习兴趣和动力,课堂参与度不高;因学生学习能力和水平差异导致教师上课难以满足不同学生的需求;教师不能适应新技术和教育改革带来的挑战;等等。这就需要教学实践共同体成员提供面对教学问题和挑战的指导和解决方案,使教师能够完善教学自我纠正系统。

以教师在教授代数课程时遇到学生对于方程的解法和变量的运用理解存在困难为例。教师讲解一元一次方程 $2x + 3 = 9$ 时,部分学生对此方程的解法理解有困难,授课教师对此感到茫然。教师实践共同体成员研讨发现,出现这一问题的原因是学生不知道如何通过逆运算来解方程,无法正确地计算未知数的值。解决方案如下。

①引导学生理解方程的意义。先将方程转化为图形,其中 y 轴表示物体的数量,x 轴表示未知数值 x,绘制坐标系,确定 x 轴和 y 轴的范围;将等式两边的物体数量分别绘制在图上,等号左边的 $2x + 3$ 绘制成一条斜率为2、截距为3的直线,该直线表示 x 取不同值时物体的数量;绘制一条水平线,表示等号右边物体的数量为9;让学生观察两条线的交点,获得解的近似值。通过可视化的方式帮助学生理解方程。

②讲解逆运算的概念。逆运算是指解方程时可以将方程中的未知数从一侧移到另一侧,加号(减号)变减号(加号),减(加)法是加(减)法的逆运算、乘(除)法是除(乘)法的逆运算。将方程中的常数项3移到等式的另一侧,采取的操作是等号左边减去3,同样等号右边也减去3,获得方程式为 $2x + 3 - 3 = 9 - 3$,这样,将方程变为了 $2x = 6$,消除等号左边 x 的系数2,即 $2x / 2 = 6 / 2$,获得 $x = 3$ 的结果。这样,通过两个步骤,得到了方程 $2x + 3 = 9$ 的解为 $x = 3$。理解逆

运算的概念是解方程的基础，可以帮助遇到解题困难的学生更好地理解和应用代数运算。

③反复练习和巩固。教师设计一系列的类似方程的练习题，如 $3x + 1 = 4$、$3y + 5 = 14$、$5b - 2 = 13$ 等涵盖不同难度和类型的方程问题，培养学生的代数思维能力和问题解决能力。

④培养学生的解题思维。教师设计开放性的问题，要求学生自己列出方程并解决。教师提出问题：一家餐厅正在举办特别优惠活动。每位顾客只需支付固定的基本消费金额（假设为 x 元），然后再根据消费的食品数量 y 付相应的单价（假设为 p 元/份）。如果小明共支付了 67 元，他购买了 3 份食品，请你帮助小明计算出基本消费金额和食品单价。学生建立方程：设基本消费金额为 x 元，食品单价为 p 元/份，建方程为 $x + 3p = 67$。解方程：假设 $p=10$ 元/份，代入方程得到 $x + 3 \cdot 10 = 67$，计算结果为 $x = 37$ 元；假设 $x = 25$ 元，代入方程得到 $25 + 3p = 67$，计算结果为 $p = 14$ 元/份。让学生亲身体验提出方程和解决问题的过程，可以培养他们的问题分析和解决能力，并且通过在实际情境中的应用又进一步使学生理解方程与实际问题之间的联系。

教师教学实践共同体成员在教师面对教学问题和挑战时给予指导和解决方案，能够为教师建立教学自我纠正系统提供有效的信息供给。

2. 针对教学资源和教学内容的推荐和意见

针对教学资源和教学内容的推荐和意见是教师教学实践共同体的基础性的信息供给。由于共同体成员彼此熟悉各自的教学风格，而且往往针对一节课反复研究，得出课程要实现的教学目标、选用什么样的教学内容及方法策略等，常常是集体的智慧。

以教学"中国古代文明中的汉唐时期"为例，教学内容包含了汉唐时期的政治制度、社会生活与经济状况、文化艺术成就、对外交往与影响。教师在教学准备阶段，需要寻找能展示汉唐时期的文物、壁画、建筑遗迹等的图片、图表等，帮助学生直观地了解当时的文化成就；利用相关的历史纪录片、教育视频，让学生通过视听的方式了解汉唐时期的历史细节；选取一些典型的历史文献和诗歌进行原文阅读等。内容如此丰富的教学资源，教师个人收集起来有困难，需要借助

AI 等先进的技术，更需要教师教学共同体成员的提供和推荐。教学过程中对这些教学资源的使用更是需要精心设计、合理安排。例如，教师向学生展示了汉唐时期的文物、壁画、建筑遗迹等经典的图片、图表，而学生并不能理解。因为汉唐时期与现代社会有着较大的差异，汉唐时期的文化特点和艺术风格表现出了独特的风貌。儒家思想在汉唐时期得到广泛传播和发展，影响了社会的价值观念、道德规范和教育体系；佛教文化的影响使得汉唐时期的艺术和文化呈现出宗教性、超凡脱俗的特点；汉唐时期文人墨客的地位得到提升，他们以诗歌、书法、绘画等艺术形式表达自己的情感和理念，反映在文物、壁画、建筑遗迹中的创作作品具有内涵丰富、意境深远的特点；汉唐时期建筑艺术繁荣，形成了具有中国特色的建筑风格，建筑结构精巧、装饰华丽，注重对称和比例，体现了尊贵、庄重的气势等。学生对教师展现的教学资源难以理解，除了对汉唐文化背景缺乏理解外，图片解读能力包括观察细节、分析形象、理解符号等能力不足也是影响因素。

可见，教师教学实践共同体针对教学资源和教学内容的意见，对教师建立教学自我纠正系统意义重大。通过有效的评价信息供给，教师能够在教学中形成应对措施，在不同的教学主题及环节上都能应对自如。

（三）专业发展和资源

在教师专业发展和教学资源方面，教师教学实践共同体可以为教师建立自我纠正系统提供数据源。当然，这种评价供给是自觉和相互的。通过不断了解和学习最新的教研成果和理论知识，教师能够不断更新自己的教学理念和方法，提高教学质量。同时，通过参加相关培训和研讨会，教师可以与同行深入交流和分享经验，进一步拓宽自己的专业视野和改善思维方式。此外，共同体成员之间的教学资源共享和交流可以丰富教师自身的教学内容和方法，提高教学的多样性和创新性。

1. 最新的教研成果和理论知识

对于教师而言，获取最新的教研成果和理论知识能够使教师走在教学的最前沿，掌握最新的教学方法及技术。信息技术、人工智能的发展给教师教学带来了巨大冲击，需要教师不断地更新知识和调整改进习惯性的教学方式。获取最新的教研成果和理论知识，可以让教师了解到不同领域的研究成果和教学经验，拓宽自己的专业视野。这有助于提高教师的综合能力，培养跨学科思维和创新思维，从而更好地应对复杂多变的教学环境。

例如，目前借助人工智能（AI）技术实现个性化教学已成为教学研究的热点，利用机器学习和数据分析技术，根据学生的学习特点和表现自动调整教学内容和难度，满足学生的个体学习需求已成为现实①。技术的发展要求教师转变角色，从传统的知识传授者转变为学生学习的引导者和支持者。教师需要适应这一角色定位，与AI系统共同协作，为学生提供个性化的学习体验和指导。教师需要学会如何收集、分析和解读学生的学习数据，了解AI系统如何根据学生表现生成个性化的反馈，能够利用这些信息为学生提供更好的指导和支持。又如，虚拟教研室的建立为教学改革研究、学术创新和学生培养等提供了一个跨越地域和场域限制的平台。在虚拟教研室中，不同学科、专业和地区的参与者能够带来丰富的教学发展资源和专业知识②。这些最新的教研成果和理论知识能够拓宽教师的视野，使其不断更新自己的专业知识和教学技能。

可见，教师对前沿的教研成果和理论知识的深入了解可增强其积极学习和改进的动力，从而成为促进教师专业发展的推动因素。

2. 相关培训及研讨会的信息汇聚

随着信息技术的发展，教师培训和召开研讨会不仅频率越来越高，还越来越高效。国家推出智慧教育公共平台，为中小学及高校教师提供了寒暑假培训服务，内容涉及师德、专业素养、教学技能等多个方面，带领教师走向专业及技术发展的前沿。各种学会、高校、培训机构等也会召开大量的培训会议、专题研讨会，同时附有线上参会链接，为教师提供了海量的学习机会。较之传统的线下培训和研讨会，为教师节省了大量的时间和成本，教师可以根据自己的时间和地点选择性地参加一些免费或付费项目，甚至有机会参与国际性的培训和研讨会。笔者就近调查了教师实践共同体成员的一周参会情况（包括各种专业的直播会、研究方法培训会，有免费也有付费，2小时以上的会议才计入），据不完全统计，人均达

---

① 陈静远，胡丽雅，吴飞.ChatGPT/生成式人工智能促进以知识点为核心的教学模式变革研究[J].华东师范大学学报（教育科学版），2023，41（07）：177-186.
② 陈静，谢长法.数字化转型下虚拟教研室建设的逻辑框架与推进路径[J].电化教育研究，2023，44（06）：54-59.

5次之多。汇聚这些相关培训及研讨会的信息，让教师感觉信息"铺天盖地"。

以一次教师实践共同体成员的"相关培训及研讨会的信息汇聚"分享为例。小李老师参加了所在专业学会分会组织的以"教学改革"为主题的年度学术研讨会、教研部门组织的"高效课堂提问"培训会、某教育机构组织的以"教师幸福"为主题的研讨会、某培训机构组织的"如何与学生有效沟通"研讨会、某培训机构组织的以"研究方法、工具构建"为主题的培训会和以"如何利用在线协作工具"为主题的学术交流会。大家参会的内容基本围绕教育教学研究，参会的形式以线上为主，而大家将转化为个人收获的信息共同享有后就是一种推动专业发展的巨大力量。正如小李老师分享其参加"如何与学生有效沟通"研讨会收获时的感悟，"以前最担心的是课堂上学生挑战了自己的权威性，通过参加研讨会对此有了不同的看法，认为教师与学生沟通最应关注的，是要为学生建立一个表达个人意见的安全环境，让学生感受到被尊重，而且在课堂上与学生沟通时应展示出对每个学生的关注和兴趣。

可见，教师们分享参加各种研讨会、培训的感悟，是教师获得专业发展的重要资源，也是建立教学自我纠正系统的数据源之一。

3.教学资源的共享和交流

一定意义上，教师实践共同体是一种协作学习的模式，教学资源共享、交流是教师教学实践共同体的活动组织原则，也是这一非正式组织得以维持的基础。通过共享和交流教学资源，教师实践共同体成员可以获得来自不同教师的各种教学资源，如教案、课件、教学活动设计等，能够为教师提供更多样化和优质的教学素材，丰富他们的教学内容和方法。通过借鉴和学习其他教师的教学资源和经验，可以激发教师教学创新的意识和行为，不断地优化个人教学。特别是在交流与共享中感受到来自他人的支持和认可，对教师是一种莫大的激励，能够促使他们更加积极地投入教学并热心扶助他人。

仅限于教师实践共同体成员间共享和交流教学资源具有局限性，在信息技术不断更新、教学不断走向开放的环境下，可以考虑创建在线教学共享平台向更大的范围开放，如建立教学网站，教师可在专用栏目中分享自己的教案、课件等并在线与其他教师交流和互动；与其他学校或教育机构建立合作关系，开展联合教研活动、课堂互访等，最大范围地分享教学资源；建立专业学习社区，通过在线论坛、线上群组等方式实现沟通和互动，让教师能够随时随地分享和获取教学资源。这种不断扩张、随时更新的教学资源是教师获得专业发展的有力支持，也是建立教师自我纠正系统的巨大的信息源。

二、学生学习过程分析数据

学生学习过程分析数据是教师教学自我纠正系统的重要数据源之一。通过对学生的学习过程进行细致的观察、记录和分析，教师可以获取学生的学习表现和进步、学习困难和挑战、学习策略和效果的信息。

（一）学生学习表现和进步

学生学习表现和进步是学生学习过程分析数据的重要内容之一。通过收集和分析学生的学习成绩和考试结果、学生在课堂互动中的参与度和表现以及学生作业完成情况和质量等数据，教师可以了解每个学生的学习水平和进步情况。这些数据能够揭示学生在各个学科领域的优势和弱点，帮助教师更好地制订个性化的教学计划，针对不同学生的需求进行差异化指导，从而提升整体教学质量。

1. 学生的学习成绩和考试结果

深度分析学生的学习成绩和考试结果可以为教师提供关于学生学习表现和进步的有价值的数据，为教师建立教学自我纠正系统提供基础。这是由于深入分析学生的学习成绩和考试结果可以使教师通过对学生的评估考察自己所预设的教学目标的合理性以及学生的达标情况，并根据学生的实际情况进行教学目标调整，从而支持学生的学习。

例如，原本教师预期学生考试结果可以达成其所设定教学目标的80%，但结果却出乎预料，学生中只有30%的人达到了预期目标，促使教师重新审视自己设定的目标，意识到所设目标过于理想化了、需要调整。一方面要使目标与学生的实际水平相匹配，另一方面是要采取相应的教学策略来提高学生的学习成绩。同时，如果教师在分析学生成绩和考试结果时发现，大多数学生在某个特定的概念或学习目标上表现较差，教师便可以推断出自己在此概念的教学上出了问题，需要调整教学思路、改进教学方法。其实教师在发现问题的同时，也会去寻找问题产生的原因，从中获得启示而改进教学。假如教师发现一部分学生在某个重要的教学目标上获得了非常好的成绩，而另一部分学生却表现较差，那么教师会查找原因。如果进一步分析发现，获得好成绩的学生在学习过程中更加积极主动，认真参与讨论并能主动提出问题，还利用课外资源进行深入学习，便会启发教师向表现较差的学生分享这些学习成绩优异的学生的经验，鼓励他们也去尝试类似的学习方法。

可见，通过深入分析学生成绩和考试结果，教师能够识别出问题并有针对性地调整自己的教学方法和策略，这就是教师建立教学自我纠正系统的过程。

2. 学生在课堂互动中的参与度和表现

学生在课堂互动中的参与度和表现在提升学生的学习能力、思维能力和沟通能力等方面具有重要作用。具体而言，学生积极参与课堂互动可以促进其主动思考、深入理解和消化所学知识，积极参与讨论又可以加深其对学习内容的理解。特别是在与他人的互动中，能够培养学生的批判性思维，学会提出问题，同时分析和评估他人的观点，从而形成个人观点。参与课堂互动还可以锻炼学生的口头表达能力和沟通技巧，如果学生需要清晰地表达自己的想法、观点和论据，就必须认真倾听和理解他人的观点，无形中也会提升学生的交流能力和团队合作能力。教师要了解学生在课堂互动中的参与度和表现，需要多角度的观察、收集和记录相关数据，记录学生在课堂互动中回答问题的次数和回答的正确率、提出问题的数量和问题的深度等，这些是判断学生互动积极性、对学习内容的理解程度和思考力的重要指标。而考查学生在讨论过程中的参与程度和贡献度也是一个重要指标，如他（她）能否主动分享个人观点并提供解释，从而引发其他同学的思考，以此来评价其贡献度。

教师对学生课堂互动中的参与度和表现数据的收集、分析和处理过程，有助于教师教学自我纠正系统的建立。例如，物理课上老师要求学生分小组讨论并完成任务："小柯用一个弹簧秤测量一本书的重量。在空气中，该书的示数为8N。如果将该书完全浸入水中测量，弹簧秤的示数会发生变化吗？如果会变化，请说明变化的原因。"作业布置没多久，各小组同学开始争论，普遍认为弹簧秤示数会发生变化，但原因不一：一种观点认为将书完全浸入水中后，书所受的重力减小，导致弹簧秤示数减小；另一种观点认为，当书完全浸入水中时，液体对书的阻力增加，导致示数减小；还有一种观点认为，书放水里会太重了会使弹簧秤本身出现故障导致示数发生变化。教师分析发现，认为重力减小导致弹簧秤示数减小是忽略了在水中物体仍然受到重力的作用，并没有直接导致重力减小；而认为液体阻力导致弹簧秤示数减小，则没有考虑到液体对物体的阻力通常很小，在该问题中对示数的影响可以忽略不计；认为弹簧秤本身出现故障导致示数发生变化，是因为没有考虑到水中的浮力对示数的影响，将问题归咎于仪器故障而不是物理原理。正确的解释是：当将书完全浸入水中测量时，弹簧秤的示数会发生变化。这是因为物体在液体中会受到浮力的作用，根据阿基米德原理，当一个物体完全或部分浸入液体中时，它会受到等于其排开的液体重量的浮力。在水中，由于水的密度较大，书会受到较大的浮力作用。浮力的大小与物体在液体中排开的液体的重量成正比，而排开的液体的重量可以通过物体在液体中的体积和液体的密度来计算。那么，学生之所以未能正确解释，是因为他们对浮力的概念掌握有问题，教师需要尝试采用新的方法再进行教学。

可见，学生在课堂互动中的参与度和表现数据的收集、分析和处理为教师教学自我纠正系统的建立提供了宝贵的信息和反馈。

3. 学生的作业完成情况和质量

学生的作业完成情况和质量没有固定的标准，但总体来看，准确性、完整性、思维深度、表达的清晰性、创新性等是基本的考察点，即学生是否正确理解了问题并能够用适当的方法和理论来解决问题，答案准确；是否完整地回答了所有的问题并能提供足够的信息和解释来支持他们的答案；是否展示了其独立的思考能力并能够深度地思考作业问题；是否用准确的语言和术语来清晰地表达问题，具备良好的写作与表达能力；是否能在作业中提出自己的问题并有独特的解决问题的思路和创新的方法。

通过分析学生的作业完成情况和质量，教师可以深入地了解学生的学习表现和进步情况，更重要的是了解学生的学习困难和出现的问题，从而评估个人的教学效果，反思自己的教学方法和策略是否需要调整。以教师分析学生完成的一篇关于第二次世界大战的作业为例。以学生是否正确描述了第二次世界大战爆发的原因和参战国家、是否正确列举了重要的战役和事件来考查学生作业的准确性；以学生是否详细描述了战争的影响和后果、是否提供了足够的事实和细节来支持其所提出的观点和论据来考查学生作业的完整性；以学生是否能够解释战争爆发的深层次原因、是否能够分析不同国家和领导人的角色和动机来考查学生的分析能力；以学生是否用准确的语言和术语描述战争事件和历史人物，叙述是否连贯、有条理来考查学生表达的清晰性；考查学生是否引用了正确的历史书籍、文章或其他资源来支持他们的观点和论据。教师通过这样一个追问和评判的过程，不仅掌握了作业质量的评价指标和方法，还获得了大量的个人教学反馈数据，这些数据也同样支持教师建立教学自我纠正系统。

（二）学生的学习困难和挑战

学生的学习困难和挑战也是学生学习过程分析数据的重要组成部分。通过收集学生在学习中遇到的问题、困难和挑战，教师可以发现学生在知识理解、技能掌握等方面存在的薄弱环节。这些数据能够帮助教师及时发现学生的学习障碍，并采取相应的教学策略和辅导措施帮助学生克服困难，提高学习效果。

1.学生在学习过程中遇到的问题和困惑

学生在学习过程中出现的问题和困惑，体现了学习的难度和挑战。正是通过不断解决这些问题和克服困难，学生才会有所发展和进步。学生在学习过程中遇到的问题和困惑可能源于对学习内容的理解不深，或是缺乏必要的基础知识，也可能是学习方法不当。因素有许多，但寻找并定位问题的原因及其合理的解决方案是至关重要的。

对于教师而言，需要帮助学生分析遇到问题和产生困惑的具体原因并采取有针对性的解决措施。以山脉形成为例，它是地壳运动中的重要现象之一，通常与板块碰撞相关。当两个地壳板块相互靠近并发生碰撞时，岩石层会承受巨大压力和挤压，导致变形和折叠，平坦地层被推向上方形成隆起的山脊。然而，对学生来说，板块碰撞、岩石变形和地壳运动等都是抽象概念，可能较难理解和想象。尤其是山脉形成是一个漫长的过程，需数百万年甚至更久的时间才能完成。在如何理解及感知这种长时间尺度下的地质变化方面多数学生可能感到困惑。若教师能意识到学生遇到困难及产生困惑源自抽象概念难以理解、缺乏实际观察、无法理解山脉形成的多因素综合作用关系以及缺少直观示例等，则可采取有针对性的措施协助学生理解山脉形成过程。例如，利用动画、模拟演示等多媒体资源直观展示板块碰撞与山脉形成过程，帮助学生更好理解这些抽象概念；组织实地考察让学生参观山脉区域，亲身体验其特征，加深对其生成过程的认识等。

学生在学习过程中遇到问题和困惑是常态，对于教师来说通过发现学生的问题点并快速地找到应对策略的过程，则是其建立教学自我纠正系统的过程。

2. 学生对不同学习内容的理解程度

学生对不同学习内容的理解程度表明了他们在特定主题或领域的知识掌握程度和理解水平，同时也展示了他们应用这些知识解决问题和思考的能力。教师可以通过评估学生对学习内容的理解程度来了解他们的学习进展并为其提供有针对性的支持和指导，这同时也是个人建立教学自我纠正系统的过程。学生对所学关键概念、事实和信息以及它们之间关系具有较高的理解程度意味着学生已经掌握了相关的知识内容；在此基础上能够将所学的知识运用到实际情境中，分析问题并提出解决方案，表明学生更进一步具有了解决问题的能力；如果学生对某一学习主题不仅有较深入的理解还能够提出新的观点、构建新的概念和创造性地应用所学知识，则表明其具有了创造性的思维；学生能够对自己的学习过程进行反思和评价则意味着其具有了高水平学习和掌握相关主题内容的能力。

以高中学生学习物理学科的电磁感应主题为例。学生如果对电磁感应的原理、法拉第电磁感应定律以及电磁感应与发电机、变压器等应用之间的关系具有较高的理解程度，便能够描述电磁感应与发电机、变压器等设备的工作原理并理解其实际应用。同时，能够利用所学知识解决问题，如通过计算电流、磁场强度和线圈的转动速度之间的关系，解释发电机的输出电压大小和频率。再进一步，他们可以探究电磁感应与磁悬浮列车、感应加热等领域的联系，提出创新性的想法和应用。再回到学习本身，如果学生能够对自己的学习过程进行反思和评价，即在学习电磁感应主题中遇到了何种困难和挑战以及是怎样克服这些困难和挑战的，表明他们在相关主题的学习中具备了更高水平的能力。

学生对不同学习内容的理解程度表明了其学习的进步和发展水平,教师对学生这一过程的分析和采取相应的教学策略也是教师建立教学自我纠正系统的过程。

3. 学生在解决问题和应用知识上的困难

学生的学习困难和挑战还表现在其解决问题和应用知识上的困难。我们常见到的学生表现是:错误地应用所学知识或技能导致错误的解决方案或结论;提供的问题解决方案不完整、不全面;不考虑具体情况而照抄、照搬他人的解决方法和方案;抽象概括、总结反思能力弱,难以在问题解决后汲取经验教训[1]等。以学生地理学习中学习气候带和气候类型为例。很多学生常常将气候带和气候类型混淆,导致在解决问题和应用知识时出现错误。拿我国的广东省来说,其位于我国的南部,属于热带季风气候区。根据气候带的划分,广东处于北回归线以南的热带气候带。然而,由于热带气候带通常与热带气候类型相关联,有些学生就错误地认为广东的气候类型仅限于热带气候。事实上,广东的气候类型是多样化的,除了热带气候,还有亚热带湿润型季风气候,如茂名、佛山、揭阳;亚热带海洋性季风气候,如深圳、江门、惠州、珠海、阳江;中亚热带湿润型季风气候,如韶关;等等。这些不同的气候类型与广东地区的地理位置、地形和海洋环境等因素密切相关。学生出现的问题与其不理解气候带与气候类型的区别有关,需要教师重视易混淆概念的清晰讲解和教学策略。针对学生如何能理解"气候带是地球表面根据纬度划分出来的区域"而"气候类型是指在某一气候带内根据气候要素(如温度、降水量)的组合而划分的不同气候类型"的问题,教师可以引用广东的实际气候数据和特征,学生可以通过具体案例了解广东有哪些不同的气候类型,并将其和热带气候进行比较。如果条件允许,教师还可以组织实地考察,让学生亲身体验不同的气候类型,从而深化他们对气候带和气候类型之间关系的理解。

教师在应对学生在解决问题和应用知识上的困难时,可以意识到自己在教学中存在的某些问题或不足之处,会主动检测和评估自己的教学效果,这为教师建

---

[1] 王蕴,何庆青.培养学生问题解决能力的学习活动设计和课堂评价准实验研究[J].教育学报,2022,18(05):44-55.

立教学自我纠正系统提供了重要的反馈信息。进一步来看，教师通过分析学生出错的类型、出错的频率等可以找出个人教学的纰漏，同时针对学生在解决问题和应用知识时的困难调整和改进自己的教学策略，这一过程也是教师建立教学自我纠正系统的过程。

（三）学生学习策略和效果

学生的学习策略和效果也是学生学习过程分析数据的重要内容之一，包括学生采用的学习方法和策略、学生使用学习资源和工具的效果以及学生在学习过程中的自主性和合作性表现。

1. 学生采用的学习方法和策略

学生采用的学习方法和策略是反映其学习效果的重要方面。教师可以从中获得大量的信息，包括学生的学习态度和行为方式，有些学生倾向于使用主动参与和探索性学习方法，展现出了学生积极主动的学习态度；反之，喜欢机械计算方式的学生则显示出了较为被动的学习行为状态。学生的学习方法和策略也反映了他们的学习能力和水平。有的学生可能倾向于采用深入理解和灵活应用知识的学习方法，表明他们具备较高的学习能力和批判性思维能力；而偏向于机械记忆和简单计算的学习方法的学生，则显示出了较低的学习能力和理解能力。学生的学习方法和策略还反映了他们的学习自主性和独立性，如果学生具备了自主学习的能力，则可以选择适合自己的学习方法和策略并灵活调整以适应不同的学习任务；缺乏学习自主性的学生则较依赖教师指导和适应规定性的学习方法。

以学生对"历史事件的背景和影响"的学习为例，小刚和小明采用了不同的学习方法和策略。小刚主要依赖于阅读教科书来获取历史事件的信息，仔细阅读相关章节并将重点内容摘录下来，然后将其认为的关键知识点加以背诵以备考试可以准确回答相关问题。小明则去寻找相关的资料，翻阅了大量的历史文献、专业文章，观看了相关视频，收集到了较全面的历史信息，然后对这些资料进行分析，从多个角度思考历史事件并提出个人见解。比较小刚和小明的学习方法和策略，小刚更倾向于被动学习，依赖老师的指导并采用死记硬背的方式获取知识，这可能导致他对知识的理解程度相对较低，缺乏主动性和独立思考的能力。相比之下，小明更注重深入理解知识，具备主动探究和自主学习的能力，倾向于通过多种途径来获取信息，并通过思考和讨论来加深理解。

教师通过分析不同学生的学习方法和策略，可以根据学生的学习情况和表现及时调整自己的教学方法和策略以提高教学效果和学生学习成果。这一过程无疑为教师建立教学自我纠正系统提供了数据。

2.学生使用学习资源和工具的效果

学生使用学习资源和工具的效果指的是学生通过使用各种学习资源和工具，如教科书、电子资料、多媒体资源、在线课程、学习平台、应用程序等，所取得的学习成果。这种成果包括多个方面，如利用学习资源和工具帮助学生更好地理解和掌握学习内容，从而在考试或评估中取得更好的成绩；学生的学习兴趣增强，通过使用学习资源和工具使其更愿意主动参与学习过程，学习态度变得积极；学生的学习效率提高，录音转录文字等工具方便了学生记录知识，各平台提供了各种学生间的交流圈，使资料共享更为便捷；扩展了学生的学习领域，学生的学习远远超越了课堂，通过观看教育视频、线上讨论等扩大了学生的视野使学生学习更为深入。

教师分析学生使用学习资源和工具的效果可以检视个人教学策略和学生学习的有效性，如果学生在使用教师提供的学习资源和工具后增强了学习动机、提升了学习能力等，说明教师对学生产生了积极影响。反之，如果学生在使用学习资源和工具后没有明显效果，教师则需要自我审视，评估自己的教学策略和为学生学习创设的环境。值得关注的是，教师通过分析学生在使用学习资源和工具上的效果，可以了解到不同学生的学习特点和需求，促使教师因材施教。例如，某教师使用在线学习平台进行教学，提供了诸如教学视频、在线练习和互动讨论板等各种学习资源和工具，分析学生在线上平台完成相应练习题的表现时发现存在三类学生：一是观看视频后迅速掌握概念并顺利完成练习，显示出较高的理解和能力水平；二是观看视频后仍然存在困惑，在练习题上遇到了一些困难，需要额外的指导和解释；三是观看视频后没有充分理解概念，对给定的练习题无从下手。教师通过分析认识到，第一类学生对教师提供的学习资源和工具具有适应性，练习题与其学习能力和水平不完全匹配，教师可以提供更有挑战性的练习题，促进其进一步深入学习，提供额外的拓展资源满足其学习需求。第二类学生表现出对教师提供的学习资源和工具不完全适应，但原因不一，有的学生不能清晰地理解教师提供的教学视频，有的学生需要更多的学习资源来帮助其理解概念等，需要教师对这类学生进行一对一的指导和讨论，解答其疑问并提供更多练习机会，帮助其克服困难并加强理解。第三类学生反映出的问题是教师提供的学习资源和工具不适合他们，需要教师重新解释概念，提供更多基础练习确保其掌握基本知识。

教师分析学生使用学习资源和工具的效果，不仅有助于提高教学质量，还为教师建立教学自我纠正系统提供了宝贵的数据源。

3. 学生在学习过程中的自主性和合作性表现

学生在学习过程中的自主性和合作性表现是指他们在学习活动中展示出的独立思考、主动学习和与他人合作的能力。具体表现在能够制订学习目标、安排学习时间、制订有效的学习计划；具备自主获取知识的能力，能够主动寻找信息、分析问题、提出解决方案并进行评估和调整；对学习有积极的态度和兴趣，能够主动参与学习活动并保持学习的动力。同时，能够站在小组或团队的立场考虑问题，协调团队或小组内的资源和行动的角色和责任，与他人互相支持共同完成学习任务[①]；能够清晰地表达自己的想法和观点，倾听他人的意见，通过有效的沟通促进团队的合作和协作；能够与他人合作解决学习中的问题，通过集思广益、共同探讨和协商达成最佳解决方案。

通过学生在学习过程中的自主性和合作性表现数据，教师可以深入了解学生在学习中展现的自主性和合作性水平，从而更好地指导和支持他们的学习；了解学生在学习过程中的主动性、责任感和自我管理能力，进而为他们提供更适合的学习资源和策略。同时，了解学生的合作性表现可以帮助教师评估他们在小组或团队合作中的角色扮演、沟通协调和问题解决能力，以便更好地营造合作学习氛围和培养合作技能。这些数据不仅可以帮助教师实施个别化的教学计划和干预措施，还有助于教师反思和改进自己的教学策略和课堂管理方式。以学生在化学学习中制备酸碱中和溶液时的小组合作完成实验为例。学生分工明确、各司其职并

---

① 徐冠兴，魏锐，刘坚，等.合作素养：21世纪核心素养5C模型之五[J].华东师范大学学报（教育科学版），2020，38（02）：83-96.

有效合作：有人负责测量和配制酸溶液、有人负责测量和配制碱溶液、有人准备反应容器和装置、有人定期检测反应物的 pH 值等。教师通过观察整个过程，发现学生个人能够独立思考并完成自己的任务，学生之间能相互协作、分享信息。在操作过程中有学生没有佩戴好个人防护装备，教师发现有同学及时提醒并马上得到了纠正。教师发现小组成员在实验过程中展现了较高水平的自主性和合作性，同时也意识到有必要提醒学生分组后指定 1 名负责安全检查的同学，发现问题并及时纠正。

教师获取的学生在学习过程中的自主性和合作性表现数据，反映了学生学习策略和效果的一个方面，为教师建立教学自我纠正系统提供了宝贵的数据源。

三、互联网、人工智能生成的大数据

互联网和人工智能技术的发展为教师教学自我纠正系统提供了丰富的数据资源。通过利用互联网和人工智能生成的大数据，教师可以获取教学理论和最新研究成果、教学资源和案例、学生学习数据和趋势分析等各种信息和资源。此外，利用人工智能技术进行数据分析和挖掘，教师可以从这些海量的教学数据中发现规律和趋势并将其应用于自己的教学实践中以提高教学质量。

（一）教学理论和最新研究成果

持续学习和应用最新的教学研究成果对教师来说至关重要。随着教育研究的深入和教学理论的不断完善，出现了更多关于教学方法和策略的研究成果。同时，教育心理学和认知科学等领域的教学理论对教师的教学起着深刻的指导作用。具有指导性的教学模型和框架为教师提供了实践中的指导和支持。在互联网及人工智能时代，教师可以轻松获取这些教学理论和最新的研究成果，这对于教师建立教学自我纠正系统至关重要，能够帮助他们不断改进和调整教学策略以更好地满足学生的学习需求，促进学生的学习成长。

1. 教学方法和策略的最新研究成果

教学方法和策略的最新研究成果不断涌现，并且还在不断地迭代。例如，混合式教学，既可以称为一种教学模式，也可以说是一种教学方法和策略。随着网

络技术的成熟和电子学习资源的丰富，人们开始意识到通过在线学习平台和工具结合传统面授教学，可以提供更灵活、个性化和互动性强的学习环境[①]。混合式教学在最新的发展中，呈现出了强调学生主导、教师扮演指导者和支持者的角色的特征，教学越来越支持个性化、互动和合作，创新了学生的学业评估方法，强调学生的深度学习体验。又如，游戏化学习，通过将游戏元素和机制应用于教学中，提高学生的参与度，促进他们的主动学习[②]。以学生学习化学的游戏化学习为例，教师可以设计一个虚拟实验室的游戏环境，在游戏中，学生通过完成各种化学计算题目解锁新的实验任务和关卡。游戏中的题目涵盖化学方程式的平衡、摩尔计算、溶液浓度等内容，学生需要在游戏中灵活运用这些知识进行计算和决策。通过游戏化的学习方式，学生可以在充满趣味和挑战的环境中掌握化学计算技巧，提高对于化学概念的理解和应用能力。

教学方法和策略的最新研究成果对教师发展具有重要的影响。这些研究成果为教师提供了丰富多样的教学选择和指导，使其能够根据不同的学习需求和教学环境灵活调整和优化教学策略。同时，最新研究成果还提供了更深入的理论基础，帮助教师更好地了解学生的认知过程和学习心理，从而更有针对性地设计和实施教学活动。通过应用最新研究成果，教师可以不断改进自己的教学实践，增强教学效果、增加学生学习成果，促进自身的专业发展和成长。

教学方法和策略的最新研究成果作为教学理论的一部分为教师建立自我纠正系统提供了数据源，使教师在教学的实践中不断成长。

2. 教育心理学和认知科学等领域的教学理论

教育心理学和认知科学等领域的教学理论对教师开展教学具有非常重要的支持作用。以教学模式演变为例，有学者用最新技术工具分析1993—2022年间的以教学模式为主题的4313篇期刊论文，发现目前探讨较多的教学模式为翻转课堂、互动教学、探究式教学和分层教学。教育技术带来的改变就是教学范式迈入

[①] 冯玲玉，甄宗武，虎二梅."以学习活动为中心教学设计"视角下的混合式教学机理分析[J].电化教育研究，2021，42（11）：100-106.
[②] 李玉斌，宋金玉，姚巧红.游戏化学习方式对学生学习效果的影响研究——基于35项实验和准实验研究的元分析[J].电化教育研究，2019，40（11）：56-62.

3.0阶段[1],将数据纳入了教学要素的核心,认为教学要素已不只是教师、学生、教学内容和媒介[2]。

教育心理学和认知科学等领域的教学理论为教师提供了指导原则和策略,帮助他们更好地理解学生的学习过程和需求,设计有效的教学活动并创造积极的学习环境。同时,这些理论也为教师的专业发展提供了理论基础,为教师开展教学研究提供了研究框架。以基于认知科学的教学反思性实践理论为例,如果通过互联网、人工生成的大数据发现学生在理解平方根的概念上有困难,可能的原因是学生缺乏对平方运算的基本理解,那么教师的教学实践就会采用更多的示例和图形化表示来帮助学生理解。还可以引入与平方根相关的实际问题,通过增强学生的兴趣和动机帮助其理解。调整教学策略后再通过观察学生参与度、课堂表现等方式,来评估学生的学习情况,如果发现学生的理解和学习情况有所改善,那么教师可以认为调整教学策略是有效的。以上反思实践不仅改善了学生的学习,也助力了教师教学自我纠正系统的建立。

3. 具有指导性的教学模型和框架

具有指导性的教学模型和框架是教师在设计和实施教学时可以参考和应用的一种理论框架或者指导性模型。这些模型和框架提供了一套明确的原则、策略和步骤,帮助教师组织教学活动、促进学生的学习和发展,如ADDIE模型。该模型本是一种经典的教育设计模型,包括分析(analysis)、设计(design)、开发(development)、实施(implementation)和评估(evaluation)5个阶段[3]。随着现代信息技术的发展,融合现代信息技术可以在教学设计和实施的各个阶段中更加高效地收集、处理和分析数据,创造丰富多样的教学资源和活动并提供个性化的学习支持和评估。

①分析(analysis)。利用在线调查工具或学习管理系统(LMS)收集学生背景信息和学习需求,更好地了解学生的特点和需求。使用数据分析工具对学生的

---

[1] 杨现民,田雪松. 中国基础教育大数据(2016—2017):走向数据驱动的精准教学[M]. 北京:科学出版社,2018:1.

[2] 张秀梅,赵明仁,陆春萍. 技术赋能的中小学教学模式创生路径研究——政策理论成果、特点与趋势[J]. 中国电化教育,2023(08):32-39

[3] NGUSSA B M. Application of ADDIE Model of Instruction in Teaching-Learning Transaction among Teachers of Mara Conference Adventist Secondary Schools[J]. Journal of Education and Practice, 2014.5(25), 1-11.

学习成绩和表现进行统计和分析，帮助教师确定学生的问题和挑战。

②设计（design）。利用教育技术工具和资源库来选择、定制和创建教学资源，如使用在线课件制作工具、教学视频制作工具等。利用虚拟实验室、模拟软件等技术支持学生的实践和探索学习。

③开发（development）。利用多媒体制作工具和教育应用程序开发平台，创建互动式教材、在线课程和教学游戏。利用协作工具和版本控制系统与其他教师和设计师共同开发和修改教学资源。

④实施（implementation）。利用在线会议工具和视频教学平台进行远程教学和在线互动，促进师生之间的沟通和交流。利用教育应用程序和平台与学生提供个性化的学习体验，如自适应学习系统、在线测验和作业平台。

⑤评估（evaluation）。利用在线测验和评估工具进行自动化的学生评估和成绩统计，提供即时反馈和个性化建议。利用学习分析工具和大数据分析技术，对学生的学习行为和表现进行定量和定性分析，了解学生的学习进度和困难。

通过信息技术辅助下的分析、设计、开发、实施和评估5个阶段，教师可以更加全面地了解学生的需求和表现，设计和实施个性化的教学策略，及时收集并分析学生数据和反馈信息，从而进行反思和改进教学实践，建立一个能够不断纠正教学行为和提升教学质量的闭环系统。

（二）教学资源和案例

在当今互联网和人工智能时代，教学资源和案例的获取变得更加便捷。通过在线教育平台上的教学资源和课件、学术论坛和博客中的教学案例和分享以及开放教育资源库中的教材和教学工具，教师可以获得广泛的教学资料和实践案例，为建立教学自我纠正系统提供重要支持。这些互联网和人工智能生成的教学资源和案例，不仅扩展了教师的教学视野和知识储备，还提供了丰富的教学策略和创新思路，使教师能够更好地了解学生需求、评估教学成果，根据反馈信息进行教学反思和改进，从而不断提高教学质量和满足学生的学习需求。

1.在线教育平台上的教学资源和课件

在线教育平台上的教学资源和课件是通过互联网提供的教学材料和教育内

容，包括教学视频、PPT课件、电子书籍等。它们作为教师进行教学的重要辅助工具，可以提供多样化的教学内容和案例，帮助教师更好地准备和呈现教学内容，激发学生的学习兴趣。

教师可以充分利用在线教育平台上的丰富教学资源和课件，将其融入个人的教学实践中，提升教学效果和满足学生的学习需求。首先，教师可以根据自己的教学内容和目标，在平台上搜索相关主题的教学资源和课件并进行筛选和评估。选择适合自己教学风格和学生特点的资源，如优质的教学视频、互动式PPT课件等，以丰富教学内容和为学生提供直观的学习体验。其次，教师应灵活运用这些资源和课件，结合课堂教学或远程教学的需要，设计出具有启发性和互动性的教学活动。通过引导学生观看教学视频、参与在线讨论、完成互动课件等方式，激发学生的兴趣和提高其参与度，促进学生对知识的消化和理解。同时，教师还可以根据学生的学习反馈和表现，对教学资源和课件进行调整和优化以不断提升教学效果和满足学生的学习需求。最后，教师也可以借鉴平台上其他教师的教学案例和经验分享，探索创新的教学方法和策略，从而丰富自己的教学思路、提升教学水平。通过充分利用在线教育平台上的教学资源和课件，教师能够个性化地设计和实施教学，为学生提供更具启发性和互动性的学习体验，促进学生的全面发展和成长。

教师可以通过使用这些资源和课件，不断反思和评估自己的教学实践，了解学生的学习情况和反馈，根据反馈信息进行调整和改进教学策略，增强教学效果、增加学生学习成果。同时，教师也可以借鉴平台上其他教师的教学案例和经验分享，丰富自己的教学思路和方法，从而建立教学自我纠正系统。

2.学术论坛和博客中的教学案例和分享

学术论坛和博客中的教学案例和分享是一种重要的教学资源。在互联网、人工智能环境下，各种学术组织和专业团体大量建立网络平台，通过在线平台设置学术论坛或以会议形式召开学术论坛，而且线上线下同时进行，特别是线上的学术论坛更是层出不穷。各种论坛的形式使教师对海量教学案例、教学观点的分享和获取更加便捷。"博客"更是以其独特的优势备受教师喜爱，尤其是同学科教师可以通过博客发布个人教学观点、经验、教学案例，"博客"之所以受到教师喜爱,是因为实时更新,教师可以获得最新的教学信息和观点,而且还可以通过评论或留言与博主进行互动,提出问题、分享意见,进行交流和讨论。

在此,以某学术论坛创建的在线平台设计的"教学案例及经验分享"板块为例。教师可以在该板块分享自己的教学案例和教学观点,详细描述他们的教学目标、教学方法和学生学业评价方式,分享他们在教学过程中的经验。教师通过学习其他教师的教学案例,了解了不同教学方法和策略的应用情况。在所展示的教学案例中有成功的教学实践,也有失败的教训,教师可以从中获得启发,反思自己的教学实践,并根据需要作出调整和改进。同时,同行教师、教育专家及其他教育从业者对发布的教学案例进行评论和提出建议,所有参与教师又可以获得来自不同角度的意见和建议,以此改进教学。更为难得的是,教师可以通过参与线上的讨论和交流活动,与其他教师共同探讨教学问题和挑战,促进了教师的思考和创新。

可见,学术论坛或博客平台通过教学案例和教学观点分享为教师建立自我纠正系统提供了宝贵的数据和反馈。教师可以学习借鉴,改进教学实践,与其他教师进行互动和讨论,推动教育领域的创新和进步。

3. 开放教育资源库中的教材和教学工具

2007年,《开普敦开放教育宣言》提出全世界教育工作者在因特网上开发出的教育资源应供人们免费使用[①]。随后,许多大型机构和社区联盟纷纷推出了各种开放资源项目,如麻省理工学院的开放课件项目、卡耐基·梅隆大学的开放学习项目以及网易公开课等。此外,还有众多高等教育机构、组织和个人为全球教学社区贡献了自己创建的开放教育资源库。这些资源库提供的免费教材和工具不仅降低了获取门槛,也促进了其品质不断提升。同时,这些资源通常具有可定制性,使得教师能够根据自身需求和学生特点进行适当修改和调整以满足不同学习者的需求。这种广泛人群参与的模式有助于确保教育资源的持续更新和发展。

开放教育资源库中的教材和教学工具为教师提供了多样化的资源选择,使其能够根据自身的教学目标和学生需求进行有针对性的资源筛选,从而丰富课堂教

---

① 庄秀丽.开普敦开放教育宣言:开启希望之门——开放教育资源[J].中国信息技术教育,2008(06):85-86.

学。此外，开放教育资源库中的教材和教学工具常包含学习者的反馈与需求，这有助于教师全面了解学生的学习情况、理解程度以及存在的问题，发现自身在授课方面可能存在的不足之处，从而进行相应调整与改进。更为重要的是，开放教育资源库提供的教材和工具还可以间接获取学生的学习数据信息，从而协助老师深入了解学生在学习过程中遇到的困难与问题，基于这些数据驱动实施有效的教学决策。

综上，开放教育资源库中的教材和教学工具为教师提供了多样化的资源选择、学习者反馈和学习需求以及数据驱动的教学决策等，为教师建立教学自我纠正系统提供了丰富的数据源。

（三）学生学习数据和趋势分析

互联网和人工智能的发展已实现了对学生学习现状和学习趋势数据的捕捉。通过对学生学习行为和学习轨迹的数据分析，教师可以了解学生在学习中的表现和需求，从而为他们提供更加个性化的教育服务。同时，教师还可以了解学生对各种教学资源的使用情况，进一步优化教材和教学方法，增强教学效果。此外，通过对学生学习过程中的评估和对反馈数据的收集和分析，教师可以及时发现学生的学习问题和困惑并进行针对性的指导和辅导，促进学生的进步和成长。这些数据都是教师建立教学自我纠正系统的宝贵数据源。

1.学生学习行为和学习轨迹的数据分析

学生学习行为和学习轨迹的数据分析是学生学习数据和趋势分析的一部分。通过对学生学习行为和学习轨迹进行数据分析，教师可以深入了解学生的学习习惯、学习方式和学习效果，特别是通过分析学生在学习中遇到的困难、错误的答案或反复出现的错误模式，可以识别出其学习瓶颈[1]。

以通过在线教育平台收集学生在数学课程中的学习行为和学习轨迹数据（包括学习时间、学习内容、学习方式以及每次作业的答案）为例。通过对收集到的数据进行统计分析，发现不同学生在学习时间上存在差异，有些倾向于在晚上短时间内进行高强度学习，而有些喜欢全天分散进行。此外，在观看视频、阅读文

---

[1] 陈立娟.智能技术时代的精准教学：主体之维与行动取向[J].现代大学教育，2023，39（02）：19-26.

章和参与讨论等方面也存在显著差异,这些差异会影响他们的学习效果。因此,通过统计分析学生的个体差异和偏好以及其对于不同教学方式的反应可以了解他们的学习习惯和方式对其自身表现产生何种影响。同时,在统计分析过程中还可以发现一些困难、错误答案或者重复出错模式,进一步推断出某几道题目对大多数人来说具有挑战性。在深入分析后,发现学生对某几个教学目标没能掌握,需要教师有针对性地对学生再次进行讲解或教学。

这样的数据分析过程对教师具有重要价值。通过深入了解学生的学习习惯、学习方式和学习效果,教师可以制订个性化的教学策略和教学计划,满足学生的学习需求。同时,通过识别学生的学习瓶颈,教师可以针对性地提供辅导和教学资源,帮助学生克服困难。因此,对学生学习行为和学习轨迹的分析数据能够为教师建立教学自我纠正系统提供数据源。

2. 学生对各种教学资源的使用情况

学生对各种教学资源的使用情况也是学生学习数据和趋势分析的一部分。互联网和人工智能的发展使教师了解学生对各种教学资源的使用情况变得更加便捷和高效,如 Canvas 在线学习平台、Google Classroom 在线互动平台、Edmodo 协作平台都是了解学生对各种教学资源使用情况的有效途径。

以某校提供的在线学习平台为例。通过该平台,教师可以获取学生在课程中的学习进度、视频观看记录、作业和测验情况、讨论区互动情况、学习时间统计以及考勤记录等相关信息。教师可利用学习平台提供的课程管理功能,查看学生每门课程的学习进度,了解他们是否按时完成各个章节的内容,从而掌握他们对教育资源的使用情况。通过平台提供的视频教育资源,还能追踪学生观看视频次数、观看时长和重复观看情况等数据,从而深入分析学生对视频教育资源的使用状况。同时,在作业和测验功能方面,可以查阅到学生提交作业时间和测验得分等信息,从而准确把握他们对相关教育资源的使用程度和掌握水平。此外,在讨论区同学们可以进行交流与提问活动。通过分析同学们在讨论区内的发帖数量、回复频率及质量等指标来了解他们对教育资源使用情况。最后,值得一提是,该平台还能记录同学们所花费的时间,通过分析其时间分布与持续时长了解同学们对不同教育资源投入程度等相关信息。

综上，通过分析学生在学习过程中的行为和反馈，教师能够了解学生对不同教学资源的偏好、使用频率以及理解程度，从而更加精确地调整和优化自己的教学方法和资源选择。这有助于教师提供更加个性化和高效的教学内容，满足学生的学习需求，及时发现和解决教学中可能存在的问题和误区。同时，教师通过分析学生对教学资源的使用情况，可以进一步提升自身的教学能力和教学质量。因此，利用互联网和人工智能了解学生对教学资源的使用情况为教师建立教学自我纠正系统提供了全方位的数据支持和指导，可称之为教师教学自我纠正系统的数据源。

3. 学生学习过程中的评估和反馈数据

在学生的学习过程中，互联网和人工智能往往通过在线教育平台或学习管理系统收集评估和反馈数据。根据在线教育平台或学习管理系统事先设定的评估指标，人工智能全面、多维度、综合地分析学习者的学习基础、学习风格和学习需求并对这些学习数据进行处理和分析，实时地反馈学生的学习进展、理解程度和问题领域等[①]。

学生学习过程中的评估和反馈数据对教师教学具有重要的价值。以收集和分析学生课堂表现数据为例。观察学生回答问题、提问或者积极参与讨论的情况，如学生经常主动回答问题，且回答内容准确、有深度；不断地提出有创见性的问题；积极参与小组或班级讨论活动等。据此，教师可以了解这些学生在课堂中是积极主动且展示出较高参与度的；反之，则说明参与度不高。这些数据可以帮助教师更好地调整教学策略以满足不同学生的需求，促进全体学生的积极参与并增强学习效果。

通过分析学生的学习数据和反馈信息，教师可以全面了解自己的教学效果，发现自身的优点和改进的方向，及时调整教学策略和方法以提升教学质量和增加学生学习成果。可见，学生学习过程中的评估和反馈数据对教师建立教学自我监控系统具有支持性，也可被视为教师教学自我纠正系统的数据源。

---

① 郭炯，郝建江.人工智能环境下的学习发生机制[J].现代远程教育研究，2019，31（05）：32-38.

第八章　教师个体教学反映性实践的作用

教师个体的教学反映性实践是教师建立教学自我纠正系统的基础。教师个体的教学反映性实践是指教师在教学实践中通过自我观察、反思和评估，不断调整和改进自己的教学方法和策略以更好地满足学生学习需求的过程。嵌入式教师教学评价强调教师教学实践过程中个人的即时反映，即教师能够在实践中"觉悟"。这不仅累积教学实践性知识，还增长实践智慧。本节将从教师个体教学反映性实践特征、教师个体教学反映性实践过程和教师个体教学反映性实践贡献三个方面探讨教师个体的教学反映性实践对教师建立教学自我纠正系统的作用。

一、教师个体教学反映性实践特征

反映性实践理论由唐纳德·A. 舍恩（D. A. Schon）提出。舍恩致力于研究专业工作者如何在行动中思考，通过描述并检验一些专业领域工作者真实解决问题的过程提出了"行动中反映"实践的基本规律，即反映性实践理论。反映性实践理论基于实践认识论的哲学观点，强调通过实践来获得对世界和真理的认识，认为人类的认识活动不仅仅依赖于理性思维和理论推导，更重要的是通过实践与客观世界进行互动来获取知识。教师教学实践是一种专业实践，作为专业实践工作者同样具备舍恩通过实践实例而验证的假设，即有能力的实践工作者在实践过程中收获的知识无以言表，正是这样一种在实践中表现出来的认识反映能力，才有可能使其应对独特的、不确定的冲突情境[①]。教师的教学反映性实践的特征表现为教学实践中进行多方面的"反思实践"、伴随教学实践产生的强烈问题意识、面对复杂的教学情境能及时地应对、在实践中生成教师教学实践性知识。

---

① 舍恩. 反映的实践者：专业工作者如何在行动中思考[M]. 夏林清，译. 北京：教育科学出版社，2007：16-18.

(一)教学实践中进行多方面的"反思实践"

舍恩提出了"反思实践"(reflective practice)的概念,即通过仔细观察和分析自己的实践行为、决策和经验获取新的见解和知识。教师的教学实践中进行的"反思实践"则表现为深入分析教学行为和决策、持续评估教学效果、反思教学方法和策略的有效性。

1. 深入分析教学行为和决策

教师对教学行为和决策进行深入分析的"反思实践"行为,是指教师在教学过程中主动、有意识地回顾和思考自己的教学实践,主要针对教学目标、教学方法和策略、学生参与和互动、教学资源和环境等方面内容。

(1)在教学过程中,教师需要反思自己设定的教学目标是否清晰、明确,是否与学生的学习需求相匹配。例如,教师设定的某次化学课的教学目标是"学生能够理解和应用离子键和共价键的形成原理,能够区分不同类型的化学键,能够进行相应的计算。"那么,教师需要反思自己设定的目标是否明确表达了课程标准中规定的学生需要掌握的学习内容和技能、是否掌握了明确的衡量标准来评价学生是否达到了设定的目标、自己设定的目标是否与学生的学习需求相匹配。对这些问题的回答就是教师的"反思实践"行为。

(2)在教学过程中,教师需要反思自己的教学方法的多样性和灵活性、是否针对不同学生的个体差异和学习风格进行了调整以及是否使用了有效的教学资源和辅助工具。例如,在教授初中数学"平行线和相交线的性质"时,教师需反思是否针对不同学生采用了多样的方法,如直观图示、课堂讨论等;是否对不同学习风格的学生采用了不同的策略,如为视觉型的学生提供了更多的图表、图像助其理解平行线和相交线,为听觉型的学生做了详细而准确的口头解释;反思自己是否使用了合适的教学参考资料、绘图工具及多媒体资料等教学资源和辅助工具。对这些问题的回答就是教师的"反思实践"行为。

(3)在教学过程中,教师需要反思自己在课堂上促进学生参与和互动的方式、是否充分鼓励了学生提问、讨论和分享意见,是否为学生提供了积极的学习环境和支持。例如,在教授高中历史"第二次世界大战的起因和影响"时,教师需要反思所提问题是否激发了学生的好奇心同时引发了思考，如设置"你认为导致第二次世界大战爆发的最重要的因素是什么？为什么？"这类问题，关注问题的开放性以及引发学生思考的情况；设计活动的方式是否有利于学生互动、能否让每个学生的声音都被听得到、是否给予了学生多种表达观点的机会，如进行口头演讲、书面作文以适应不同学生的学习风格和表达偏好。对这些问题的回答就是教师的"反思实践"行为。

（4）在教学过程中，教师需要反思在课堂上使用的教学资源和环境，是否提供了足够的学习材料，是否充分利用了现代技术手段进行教学，是否创造了积极、支持性的学习氛围。例如，在教授地理"全球气候变化的影响"时，教师需要反思是否为学生提供了足够的学习材料（新闻报道、图表和数据等）支持他们对全球气候变化的理解，是否充分利用了现代技术手段（利用多媒体投影仪展示相关图片、视频和动画，直观形象地呈现全球气候变化的过程和影响），是否营造了积极、支持性的学习氛围（如小组讨论、辩论、角色扮演等）。对这些问题的回答就是教师的"反思实践"行为。

通过进行多方面的反思实践，教师可以更好地了解自己的教学实践特征，发现问题和改进的空间。这种反思实践有助于提高教师个体的教学质量和效果，更好地支持学生的学习和发展。

2. 持续评估教学效果

对教学效果进行不断的评估分析，也是教师"反思实践"的特征表现。在教师教学过程中对教学效果进行不断的评估分析主要反映在教学目标的达成、学生参与度及兴趣、学生的学习成果等。

（1）在教学过程中，教师需要不断地反思自己设定的教学目标的达成情况，持续关注和观察学生的学习表现以判断学生是否真正掌握和理解了设定的教学目标。同时可以利用一些测评工具包括小测验、作业等考量教学目标的达成情况。利用小测验：如在数学课上，教师可以设置几道选择题或计算题，要求学生在限定时间内完成并提交答案。通过批改和分析学生的答案，便可以了解学生对相关知识点的掌握情况，从而反思自己是否成功地达到了教学目标。利用作业：如在语文课上，教师布置一篇作文作业，要求学生运用所学的写作技巧和知识点进行创作。通过检查和评估学生的作业，教师可以判断学生是否能够准确地运用所学知识，从而反思自己的教学是否达到了预期目标。利用课堂观察：如在科学实验课上，教师观察学生在实验操作中的技能掌握情况和对实验结果的分析能力。通过观察学生的表现，判断学生是否达到了预期的教学目标并针对性地进行反思和调整。这一过程反映了教师在教学实践中的"反思实践"。

（2）学生参与度及兴趣从一个角度反映了教师教学的效果，是教师进行"反思实践"的重要内容。例如，在英语课上，教师设计了小组讨论活动，让学生以小组形式讨论一个他们感兴趣的话题并展示他们的讨论结果。教师需观察学生的参与度，如果学生表现得很被动、不够投入，意味着其对教师设计的话题或讨论方式缺乏兴趣，抑或是不能理解任务要求。教师需即时反思是否课前没能为学生提供足够的知识背景、是否自己任务传达不明晰等。教师在观察学生是否有兴趣时，要注意学生在讨论过程中的表情、姿态和语言表达。如果学生表现出积极投入、热情洋溢的态度，彼此之间互相倾听并积极交流，那么可以推断学生对话题和活动的兴趣较强。教师可以通过这些观察到的情况评估教学效果，反思自己是否选取了与学生实际生活经验、兴趣爱好相关的话题以及是否采用了多样化的教学方法和资源激发出了学生的兴趣。这一过程反映了教师在教学实践中的"反思实践"。

（3）学生的学习成果是指学生在教学过程中获得的知识、技能以及核心素养的提升等。之所以认为学生的学习成果是衡量教师教学效果的重要指标，是因为教师的主要职责是为学生提供有效的学习机会和指导，帮助他们获得发展，学生的学习成果反映了教师在教学中是否成功地促进了学生的学习和成长。以数学课上教师布置小组合作解题活动为例，教师为每个小组分配了一个复杂问题，要求学生通过合作讨论给出解决方案。教师观察学生在小组合作中的表现，以此分析学生的合作能力和讨论质量，从而反思自己的教学实践。如果学生能够积极合作、相互支持、共同努力找到解决方案，那就可以认为教师在培养学生的合作能力方面有效。如果学生能够提出有深度的问题、互相倾听并尊重彼此的意见、通过合理的论证和解释达成共识，则可以认为教师在引导学生进行有效讨论方面有效果。如果学生在分享解决方案时能够清晰地表达自己的思路、使用恰当的数学术语和逻辑推理，教师便可以认为自己在培养学生的解题思维和表达能力方面取得了效果。这一过程反映了教师在教学实践中的"反思实践"。

综上，从教学目标的达成、学生参与度及兴趣、学生的学习成果等多方面持续评估教学效果，教师可以了解学生的学习情况和教学的有效性，有助于教师及时调整教学策略、提供个性化支持，不断改进自己的教学实践。

3. 反思教学方法和策略的有效性

反思教学方法和策略的有效性，是教师进行"反思实践"的重要内容。以英语口语教学中教师组织学生"一对一对话练习"为例。教师发现学生不积极且对话不流利，便反思自己的教学方法和策略，是不是学生对传统的对话练习方式感到无聊而缺乏动力；是否因为没有足够的实际语言运用机会而导致口语表达能力不佳；是不是对话练习设计不合理、难易程度与学生实际水平不匹配，不能引起学生的参与兴趣。教师在反思中探明原因，从而尝试其他方法改进口语对话练习的效果，如设计有趣的角色扮演活动或游戏，激发学生的兴趣和提高参与度；引入真实场景的对话练习，如模拟订餐、购物等情境，使学生能够更贴近实际运用英语的情况；设计不同难度级别的对话练习，确保每个学生都能够在适合自己水平的任务中获得挑战和成长。

（二）伴随教学实践产生的强烈问题意识

问题意识是指个体对现实中存在的问题、困难或矛盾的敏感性和认知能力[①]。在教师教学中随时会发生各种问题、出现各种矛盾，需要教师对此保持敏感。更确切地说，教师应具有研究的意识，即将关注到的现象转换为研究问题并通过不断思考和探索解决研究问题。

1. 面对教学过程中的问题保持敏感性

教师面对教学过程中的问题保持敏感性，是指教师在实际教学中对于学生的学习情况、教学效果以及自身的教学方法和策略等方面保持高度的关注和具有敏锐的觉察能力。例如，教师发现学生在数学课上不好好听讲，一会儿翻课本、一会儿在本上画来画去，则需要注意到学生的行为。这里所谓的敏感性使教师能够

---

① 何善亮. 论教育研究者的问题意识[J]. 教育理论与实践，2017，37（19）：6-10.

意识到学生对学习数学失去了兴趣或遇到了困难。又如，英语教师发现学生在阅读英语文章时理解总是出现偏差、对文章中的关键信息把握不准，敏感性使得教师意识到这是学生在英语学习中的一个普遍问题。在此，以一次语文课上教师课堂提问后学生的反应为例，说明教师只有具有敏感性才能意识到问题。教师的问题是"请举出一个你最喜欢的图书并分享一下该书对你的影响"。教师提问后，发现大多数同学似乎对此毫不关心，有的低头看书，有的漫不经心地望向窗外，还有很多人望向经常发言的几位同学。教师突然意识到，自己也在不自觉地期待经常发言的几个同学。一位同学发言道："我喜欢《围城》，它引发了我对人性和社会现象的思考。"另一位同学也很踊跃发言，"我喜欢《哈利·波特》系列，它让我沉浸其中，激发了我的想象力和创造力。"几位经常发言的同学一个接一个发言，显得课堂气氛很活跃。其实这种情况是以往课上经常出现的，从未引起教师的关注。在学生发言的同时，教师也陷入了深思，这种情形长此以往，课堂成了少数人交流的场所，相当于限制了很多人分享自己观点和经验的机会，这不就是课堂中存在的问题吗？

2. 对关注的问题不断思考和探索

对关注的问题不断思考和探索是教师问题意识的必然表现。面对问题，教师会不断地思考和探索，发现问题产生的原因。教师敏锐地发现了学生在数学课上不好好听讲，一会儿翻课本、一会儿在本上画来画去，意识到了学生对学习数学失去了兴趣或遇到了困难，但具体原因尚不清楚。经与学生沟通，教师发现了一些潜在的原因，有学生觉得课程内容无聊，学习无动力；有的学生缺乏自信，怕自己出错被同学嘲笑；还有学生觉得课堂有压力，担心被老师叫起来回答问题。教师关注到了长期在课堂上只有少数几个人发言，而且教师和学生普遍期待这些人发言的现象。但为什么会出现如此情形，而且教师一直不在意？教师通过不断地思考和探索了解到，在课堂上，学生往往根据他们对同伴的角色和能力的认知形成一种期待，即只有某些人才会回答问题或发表意见，其他人则被认为与问题无关。这反映了学生对自己在课堂上的地位和角色的认知以及对其他同学的观察和评价[1]。教师的期待也是出现此情形的重要因素，往往教师为能按时完成教学任

---

[1] 王萍，孔青霞. 高中学生课堂提问的体验研究 [J]. 中国教育学刊，2018（12）：77-80.

务，希望学业优秀的学生能快速回答问题，久而久之，不自觉地在学生中形成了一种角色分配机制，塑造了学生的行为和互动模式。

3. 形成研究问题并思考和解决问题

在关注到问题后，经不断地思考、探索形成研究问题，从而解决问题，这是一个把教学中关注到的现象上升为教师研究问题的过程，实质是把问题意识落地。我们常言，"作为教师有人工作几十年依然是个教书匠"，教师职业看似是不断地进行课堂的重复，实则不然。教学对象、教学环境时时在发生变化，教师需要成为研究型教师，在教学实践中观察课堂、发现问题、研究问题、解决问题。需把日常的教育教学工作转变成融合教学研究的过程；要不断地学习，与同事交流，了解当前教育领域的热点问题和研究进展，从而对个人的实际教学问题保持敏感，发现需深入研究的问题和方向；密切观察自己的教学环境和实践，注意学生的行为、表现、反应等，随时记录观察到的问题、挑战，为后续的研究提供素材；基于对教学问题的敏感和对现有知识的了解，把观察到的教育现象转化为明确的、可操作的研究问题，这个研究问题足以引导教师进行研究并产生新的见解和贡献；选择适合研究问题的研究方法和设计，一般来说，行动研究的方法更适合一线教师，不仅利于问题解决也学习了研究方法[①]；在教学实践中不断地收集所需数据，可以采用观察记录、问卷调查、实验等方法，对所收集到的数据进行整理、统计和分析；获得研究结果并总结和反思。

（三）面对复杂的教学情境能及时地应对

舍恩提出"反映性实践"（responsive practice）的概念，强调专业工作者需要具备对复杂情境作出灵活和及时的反应的能力。教师作为专业工作者，也需要灵活和及时地应对复杂的教学情境，具体表现为针对不同的教学环境和学生需求进行个性化教学、面对挑战快速决策和调整教学策略、善于利用各种资源获得教学支持。

1. 适应教学环境和学生需求的个性化教学

针对不同情境适应教学环境和学生需求，是指教师能根据学生的背景、兴趣、

---

① 陈向明. 行动研究对一线教师意味着什么[J]. 教育发展研究，2014，33（04）：3.

学习风格和能力以及教学场景的特点和要求，灵活调整教学策略、教学方法和资源以满足学生的学习需求，激发学生的学习动机，为其提供个性化和差异化的学习体验以实现良好的教学效果。要做到这一点，需要教师与学生建立良好的关系，了解他们的背景、兴趣、学习风格和能力水平并采取有效的方法了解每个学生的特点和需求；根据学生的需求，制订个性化的学习计划并设定具体的学习目标和阶段性的评价标准，为学生提供个别辅导和指导，帮助他们实现学习目标；关注最新的教学研究和发展，不断更新自己的教学理念和方法。

以一次生物课程教学为例。教学内容是"植物的生长和繁殖"，教师发现班级里有来自不同学科背景和具有不同学习能力的学生，有些学生对生物学习异常感兴趣，有些学生缺乏生物学习基础，还有些学生有特殊的学习需求；学习风格也存在差异，有人愿意教师多呈现图像、实例，有些人愿意亲身实践，还有人希望教师多讲解。而教室内设备有限，无法进行大量的实验，也无法提供给学生更多的植物标本。复杂的教学情境需要教师"反思实践"：应采取怎样的差异化教学策略，创设什么样的学习环境，怎样为学习基础较差、学习能力较弱的学生提供个性化辅导和支持，怎样整合教学资源以应对有限的资源情境等。面对复杂的教学情境能及时地应对，需要教师有一定的教育理论素养，也要有良好的审辨性思维及实践能力。

2. 面对挑战快速决策和调整教学策略

面对复杂的教学情境，教师能及时地应对挑战，表现出快速决策和调整教学策略的能力。这意味着教师需要具备敏锐的观察力和分析能力，能够快速判断当前情境的需求和问题并根据学生的反应和表现迅速作出相应的调整。

以某教师讲解有机化合物的命名规则和化学反应内容为例。该教师计划利用课时的三分之一时间来讲解命名规则，但在具体的讲解过程中却着力于过多的细节，为了追求完整性试图覆盖各种特殊情况和异常。由于其使用了复杂的术语，学生不能理解便不断地提问，课程时间过半还没有讲完预计的内容。这时，教师果断地选择播放为课程录制的乙醇（ethanol）这个典型的有机化合物命名过程的小视频，继而又播放了乙醇的氧化、脱水和酯化等反应的步骤和机制的视频。学生通过视频直观地了解了乙醇的命名规则，很快理解了教师所用的复杂术语。通过视频演示，学生也很快理解了化学反应发生的原理和条件，教师顺势引导学生思考不同反应条件下可能的产物，学生在短时间内快速理解了乙醇的反应机制并掌握了相关的知识。

3. 善于利用各种资源获得教学支持

面对复杂的教学情境，教师需要利用各种资源帮助其"反思实践"，从而应对挑战并获得自身专业发展。这些资源可能来自有经验者的教学辅助、现代教学技术和工具的支持、实时的教学反馈和评价等。

（1）教师在面对复杂的教学情境时，往往需要借鉴他人的经验和智慧，特别是需要教学实践共同体成员的辅助。他们可以分享成功的案例、有效的教学方法以及应对困难的经验，这种经验分享有助于教师在教学实践中有意识地审视自己的教学过程，发现其中的优点和不足。更重要的是，有经验者可以扩展教师的视野，不断地更新知识以及学习到不同的教学理念和方法，助力教师在教学实践中"悟道"。所以，有经验者的教学辅助是一种宝贵的资源，可以帮助教师进行"反思实践"，不断地获得专业成长。

（2）现代教学技术和工具的支持是教师在面对复杂的教学情境时不可或缺的重要资源，教师利用多媒体教学软件、教学平台、教学应用程序等技术工具，可以将课程内容呈现得更加生动有趣，激发学生的学习兴趣和积极性。通过图像、视频、音频等多种形式的展示和表达，教师可以创造出更具互动性和参与感的教学环境，促进学生的主动学习和深度思考。更重要的是教师在运用这些现代教学技术和工具的同时会通过与传统教学形式的对比产生新的思想和感悟，从而获得新的教学实践性知识。

（3）实时的教学反馈和评价能够帮助教师了解学生的学习情况和进展。通过各种形式的即时反馈，如口头回答、小组讨论、在线测验等，教师可以快速获取学生的理解程度、问题掌握情况以及学习兴趣等信息。值得关注的是，通过观察和了解学生的反应和表现，教师可以在教学过程中审视自己的教学，通过反思获得对教学新的理解和自我成长。

通过利用各种资源获得教学支持，教师可以拓宽自己的教学视野，增强教学的多样性和灵活性。这有助于教师更好地应对复杂的教学情境，提供更有效的教学，增强学生的学习效果和改善教育体验。

（四）在实践中生成教师教学实践性知识

舍恩认为，专业工作者不仅是知识的应用者，也是知识的生成者。生成的这种知识更确切地说是一种实践性知识，教师反映性实践正是一种主动建构实践性知识的过程，它不是靠有经验的教师或理论书本来传授，只能靠学习者主动建构①。教师在教学实践中积累丰富的教学实践性知识，并将实践中获得的知识转化为教学策略和方法，从而不断建构和重塑个人的教学实践性知识。

1. 教学实践中积累丰富的教学实践性知识

教学实践性知识涉及教师在实际教学中所掌握和运用的知识和技能，这是教师根据自己的经验和实践进一步总结提炼出的知识体系。这个体系包括了如教学方法、策略、资源选择和使用、课堂管理、学生评价等与教学活动直接相关的元素。教师的经验是获取这类知识的主要来源。教育学者布鲁巴赫（Brubacher）则强调了反思在教学中的重要性②，通过反思可以积累丰富的实践性知识。

以一位语文教师教授"诗歌鉴赏"课为例。该教师选择了一首富有情感的古诗，以互动的方式进行教学，设计了一系列的问题让学生思考："这首诗给你的第一印象是什么，为什么""诗中有哪些词句或意象引起了你的注意，你觉得它们有什么特别之处""谁能说一下这首诗与我们之前学过的哪首诗有相似之处"等。学生回答得很是主动、活跃，互动讨论也很积极，在互动中加深了学生对古诗的理解，欣赏能力也有了很大的提高。通过学生的回答，教师也发现了问题，学生们对诗歌背后的深层意义和隐喻难以理解，捕捉不到诗人用意象和比喻表达的情感。教师边观察记录边思考：为什么这些问题能引起学生兴趣、为什么互动讨论对学生提升理解和欣赏能力有作用、为什么学生不能很好地理解诗歌背后的深层意义和隐喻以及如何改进教学方案能解决所发现的问题。教师通过反思实践，明确了互动有效性的原因并针对问题进一步调整了教学策略。可见，在此过程中教师积累了丰富的教学实践性知识。

---

① 布迪厄，华康德. 实践与反思：反思社会学导引[M]. 李猛，李康，译. 北京：中央编译出版社，2004：173.
② 舍恩. 反映的实践者：专业工作者如何在行动中思考[M]. 夏林清，译. 北京：教育科学出版社，2007：1-2.

2. 将实践中获得的知识转化为教学策略和方法

教师在教学实践中发现了问题，再通过实践反思转化为教学策略和方法。还是以教师教授古诗为例，教师通过反思发现学生在理解诗歌中的隐喻方面存在困难，原因在于他们无法捕捉到诗歌中的隐喻，究其根源在于他们缺乏相应的文化和历史背景知识。因此，学生首先要对隐喻概念进行理解，其次还需要有发现隐喻的练习机会。

基于以上教学反思实践，教师设定了明确的教学目标：帮助学生理解隐喻概念、认识常见的隐喻表达形式、运用阅读策略解读诗歌中的隐喻。教师选择了一些富有隐喻的诗歌，引导学生分析其中的隐喻表达形式；通过角色扮演的方式让学生体验隐喻的意义；提供了练习题目让学生运用所学的隐喻理解技巧解读诗歌。

教师通过不断反思和调整个人的教学实践，适应学生需求，为其提供了有效的学习支持。这一过程反映了教师的进步，将实践中获得的知识转化为教学策略和方法，是实践中生成教师教学实践性知识的过程，也是所生成的实践性知识的再运用。

3. 不断建构和重构个人的教学实践性知识

教师教学实践性知识随教学理念的改变和个人的反思实践而不断丰富，是一个不断建构和重构的过程。柯兰蒂宁（Clandinin）认为，个人的实践性知识反映的是个体先前的知识，因为实践性知识具有情境性，实践性知识会随情境及自我经历的变化而重构[1]。因此，在教学实践中，教师需要不断反思教学经验，发现新问题并勇于尝试新的教学策略。

（1）在实践中不断反思教学经验。反思教学经验是教师对自己的教学过程、教学方法和教学效果进行有意识的思考和评估的过程。教师对个人教学过程，包括教学准备、教学实施和教学总结等环节进行的教学决策以及对学生的影响进行反思。通过反思总结教学效果，重要的是提取教学经验，如成功的教学策略、有效的教学资源、激发学生学习动力的方法等。通过反思教学经验，教师能够不断

---

[1] CLANDININ D J. Teachers and teaching: from classroom to reflection[M]. London: Flmer Press, 1992: 125.

优化自己的教学过程,增强教学效果,从而建构和重构个人的教学实践性知识。

(2)在教学实践中不断有新发现。教师之所以能不断建构和重构个人的教学实践性知识,是因为其在教学实践中不断地有新发现。这种发现得益于以下几点:教师扎实的学科知识和教学理论储备,把观察到的教育现象上升为研究问题;具有敏锐的观察力,能够注意到学生的学习动态、学习方式等方面的变化;强烈的适应学生需求的意识,促使教师了解学生的需求和特点,探索个别化教学;具有良好的自我反思能力,能够对自己的教学过程进行深入的思考和评估;保持积极的学习心态,如此才能不断更新自己的知识和教学理念。教师在教学实践中不断地发现新问题才能去探索和解决问题并在此过程中建构和重构个人的教学实践性知识。

(3)勇于探索和尝试新的教学策略。教师教学的反映性实践只有在不断地尝试改变、创新中才能实现。这就需要教师积极关注教育领域的最新研究成果、教学方法和教育技术等方面的进展,了解前沿的教育理念和实践,从中获得启发和灵感,进而反思和评估自己的教学实践,发现问题,寻求改进;勇于探索和尝试新的教学策略,才有可能了解不同教学策略对教学质量的影响,从而建构和重构个人的教学实践性知识。

通过不断建构和重构个人的教学实践性知识,教师可以不断提升自己的教学水平和专业素养。这有助于教师灵活应对复杂的教学情境,通过不断的学习和反思为学生提供更优质的教育。

二、教师个体教学反映性实践过程

教师个体教学反映性实践的过程,也是教师建立教学自我纠正系统的过程。教师掌握数据收集技术并对数据资料进行有意识的采集与记录是教师进行教学反映性实践的基础。对数据的深入分析和解读帮助教师对个人的教学现状有了客观、全面的了解,对教学产生新的理解。这不仅能推动教师进行教学的反映性实践,更是推动教师进行教学改进、自我纠正的前提。

(一)数据收集和记录

教师在教学实践过程中要积极地收集和记录与教学相关的数据,促进教师进行教学反思并增强评估个人教学实践的意识。在收集和记录数据时要利用好各种工具，这不仅是数据收集准确性和全面性的保证，也是教师建立教学自我纠正系统的技术基础。

1. 教师个体积极收集和记录与教学相关的数据

教师反映性实践需要教师随教学过程收集数据，通过仔细观察学生在课堂上的表现，记录学生的参与度、理解程度、问题和困惑等方面内容来了解学生的学习情况。同时要做好课堂记录，包括学生提出的主要问题、学生在哪些地方有疑惑以及是如何突破学习困境的等，可以帮助教师分析和反思教学过程。教师还可以有意识地收集学生对教学的反馈意见和建议，特别是对自身学习需求和困难的反馈。

教师积极收集和记录与教学相关的数据可以用来全面了解学生的学习情况，包括他们的学习进度、知识掌握程度、困难和需求等，有助于教师根据学生的实际情况进行差异化的教学设计和个性化的学习指导；通过统计学生的考试成绩、作业完成情况、课堂互动反应等数据，通过教师可以了解自己的教学是否达到了预期目标，是否需要进行调整和改进；通过收集和记录与教学相关的数据，教师可以发现自己在教学过程中可能存在的问题和面临的挑战，为改进教学和教学创新提供支持。

教师积极收集和记录与教学相关的数据，对教师的专业成长也具有重要作用[①]。通过记录教学数据促进教师教学反思，可以帮助教师提高自我认知，明确自身的教学成长目标和期望。通过收集和记录教学数据，教师能够对自己的教学实践进行全面的审视和总结，有助于教师制订个人专业发展规划；通过收集教学数据，教师可以发现自己运用的教学方法、策略是否有效，从而实现教学创新和实践改进。另外，值得关注的是，保持观察力和记录习惯是教师个体教学反映性实践的需要，同时也是建立教师教学自我纠正系统的过程。

2. 利用各种工具和技术进行数据收集和记录

教师个人收集和记录数据的工具和技术有很多，一般常见的包括创建电子表

---

① RIGGS I M. Teaching portfolios for support of teachers' professional growth[J]. NASSP Bulletin, 2000, 84(618): 22-27.

格来记录学生的出勤、发言、作业完成情况等；利用在线学习管理系统，通过系统软件的学生作业、学习进度、讨论区互动等功能，教师可以便利地收集相关数据；利用录音录像设备记录课堂教学过程，可以帮助教师全面地了解自己的教学及学生的课堂反应；利用在线的调查工具，既可以测评学生的学习情况，也可以及时收到学生对教师教学的意见和建议。

之所以倡导教师利用各种工具和技术进行数据收集和记录，是因为相比传统的手工方式，使用电子表格、在线问卷调查等工具可以极大地简化数据收集的过程，并且可以自动计算和整理数据，使工作效率大大提升；通过利用在线测评平台、学习管理系统等工具，教师可以迅速获得学生的学习进展、答题情况等数据，反馈和评估也更为及时；利用工具和技术可以将数据以图表、图像等形式进行可视化呈现，使数据更加清晰、直观。更值得关注的是，教师可以不断地学习和掌握先进的工具和技术，促进个人成长。

3. 确保数据的准确性和完整性

确保数据的准确性和完整性是数据收集和记录过程中非常重要的一环，如果数据本身出现问题就无法保证后面的分析和处理的正确性，更无法进行有效的教学反思和改进。要确保数据的准确性和完整性，需要选择适宜的数据收集工具，并根据实际需求和目标进行合理的问题设置和内容安排，减少数据误差和缺失；收集数据的教师应具备相关的专业知识，能够准确理解数据，能够正确地进行数据的测量和记录；数据收集完成后还应进行检查和验证，包括对数据进行逻辑性检查、重复性检查、异常值检查等以及与现场观察、其他数据源的对比验证，确保数据的准确性和完整性。

之所以要确保数据的准确性和完整性，是因为进行深入科学的数据分析及决策都有赖于准确和完整的数据，如果数据存在错误、缺失或不完整，可能会导致错误的分析和判断，进而影响教学决策。追求数据的准确性和完整性的过程有助于教师养成严谨的科学态度和细致的工作作风。

（二）数据分析和解读

数据分析和解读的过程实际是对获得的数据进行深入分析，发现数据的规律、总结教学过程的经验、寻找教学问题和改进的方向。这一过程对于教师而言也是进行教学诊断和研究的过程，有助于教师个体的教学反映性实践，助推教师建立教学自我纠正系统。

1. 对收集的数据进行深入分析

对教学数据进行分析是指对收集到的教学数据进行处理和概览以获取基本的统计信息和趋势。深入分析则是在基本数据分析上进一步挖掘和研究教学数据中的潜在信息和关联关系以获得更深入、更具体的洞察和见解。

下面以收集学生的课堂参与数据为例说明对收集数据的深入分析。学生课堂参与数据一般包括课堂发言的次数、提问频率、回答问题的准确性等指标的数据，对这些指标数据进行深入分析就是要深度挖掘，了解更深层的联结。

（1）在分析学生发言次数时，不仅要对比次数多少，还要分析各个学生每次发言的质量，是否与主题相关、是否提供了有价值的见解，从中得出学生是否具有批判性思维和深入理解的能力。还可以进一步分析发言次数多的学生与教师和其他同学的互动模式，是否回应他人的观点、是否倾听他人的不同意见，以此分析学生在团队合作和社交方面的表现；发言次数较少的学生是因为对课程没兴趣、自信不足还是不善表达等，发现原因才能够为其提供个性化的支持。另外，还可以将学生的发言次数与学习成绩进行关联分析，探究发言活跃度与学习成绩之间的关系等。

（2）提问的频率高可以表明学生课堂参与的热情和积极性。对提问的频率数据进行深入分析则要进一步分析学生提出问题的类型和质量，是提出了能够引发大家深入思考和讨论的问题还是只提出了流于表面的问题。还可以分析学生所提问题的主题和领域，发现学生对哪些主题感兴趣，从而理解学生的学习偏好。在有些学生提问后其他学生是否会追问细节、要求其进一步解释或又提出了相关的问题等，这样可以更全面地了解学生的提问行为。

（3）除了分析回答问题的准确性，还可以进一步分析学生在回答问题时对所学知识的理解程度以及能否将其灵活应用。通过数据还可以分析学生是否能够提出合理的论证、提供支持性的证据或进行逻辑推理，了解学生在解决问题和思考复杂概念时的能力水平。观察学生是否能够接受反馈并进行纠正也是分析准确性的重要方面。

通过对收集的数据进行深入分析，可以提高教师的分析能力，为其进行教学反映性实践奠定基础，助力其建立教学自我纠正系统。国内外多项研究都为此提供了具体实例。例如，有教师从行为参与、认知参与以及情感参与三个方面收集数据，分析高中阶段学优生、学中生和学困生化学课堂的参与情况并提出改善学生参与现状的相关措施[①]。

2.寻找教学问题和改进的方向

在对收集的数据进行深入分析后，可以通过识别学生的目标达成情况、发现学生常见错误和问题、比较不同学生群体之间的差异、分析学生反馈和建议等方式寻找和发现教学问题和改进的方向。

下面以通过数据识别学生目标达成情况为例，寻找教学问题和改进方向。某数学教师设计了一份测验，为评估学生对课程教学目标中某个特定概念的掌握情况收集了学生的答题数据。通过分析高分群体答题数据发现，他们在测验中对目标概念表现出较高的准确性和理解能力，能够正确回答与该概念相关的问题并提供清晰的解释和推理过程，表明教师的教学可能对于这些学生缺乏挑战性，需要为高分群体学生提供更高阶的问题和拓展性的任务。而通过分析低分群体答题数据发现，这些学生在回答问题时会出现错误或混淆概念的情况，表明教师可能在教学过程中没有有效地传达和解释相关的概念，导致学生出现理解上的困难，教师需要提供足够清晰和详细的概念解释；学生在应用概念时出现困难，表明教师可能在教学中没有给予学生足够的练习和实践机会，需要思考如何设计更多的实践任务和案例分析以提升学生的应用能力；还有学生将目标概念与其他类似概念混淆的情况，表明教师需要更加强调不同概念之间的差异并提供明确的比较和对比说明，帮助学生准确理解和运用概念；有些学生在回答问题时忽视关键步骤或使用错误的公式，表明教师需要强调解题的步骤和方法并提供指导和提示，帮助学生培养解题的系统性和准确性。

---

① 皇甫倩，王后雄，彭慧.高中生课堂参与度现状及其影响因素的调查研究——以高中化学学科为例[J].教育理论与实践，2015，35（23）：55-57.

(三)教学反映性实践的综合应用

教师个体的教学反映性实践是一种主动、持续的教学实践方式,强调教师对自身教学行为的观察和反思。通过不断观察和反思,教师能够对复杂的教学情境作出灵活和及时的反应,从而形成教学实践性知识。但由于教学已形成了非常系统的理论甚至已固化成了教师的教学信念,往往使得教师遵循"科技理性"模式,完全没有意识到这种规范在复杂环境下给教学实践带来的束缚,一定意义上阻碍了教学的创新。因此,教师个体的教学实践应将科技理性与教学反映性实践相结合,使教学过程成为与教学研究并举的实践反映。

1. 科技理性结合教学反映性实践

科技理性是一种基于科学知识、客观事实、逻辑推理和经验证据的理性思维方式,旨在指导科技决策和实践,追求合理性、效率和可持续发展。遵循科技理性的教学要求,教师要将科学原理和规律融入教学内容、强调根据客观数据进行决策和行动、进行严密的逻辑思考、以理论及经验证据指导教学实践等。源于实证主义思想的科技理性教学论,随着教学研究及实践的不断发展日益走向成熟,形成了一套完整的理论,然而在面对"教学实践"时却有些窘困。教师的教学活动是一种专业性的实践,这种教学实践常常处于不确定的情境之中,难以事先假设将发生的问题,就像埃德加·沙因(Edgar H. Sch)、内森·格莱泽(Nathan Glazer)等学者认同的"专业知识与实践真实世界的需求之间存在着一道鸿沟,专业实践的问题仍然包含了独特性和不可预测性元素"[①],科技理性在教学实践多样情境下需要由较符合实践的富有艺术性及直觉性的实践认识论替代,即行动中反映[②]。

正如舍恩所描述的那样,教师常常会在"行动中认识""做中学",实则是把教学当成一门艺术,当学生出现问题时,教师不会责怪学生,而是会积极寻找解决问题的方法和途径。以一位语文教师的一堂写作课为例。教师按照写作课的基本规范,为学生布置了写作主题,清晰地说明了本次写作任务的目标和要求,包

---

① 舍恩. 反映的实践者:专业工作者如何在行动中思考[M]. 夏林清,译. 北京:教育科学出版社,2007:37.
② 舍恩. 反映的实践者:专业工作者如何在行动中思考[M]. 夏林清,译. 北京:教育科学出版社,2007:40.

括写作类型、文体、字数限制、结构要求等。教师又介绍了与写作任务相关的基本写作技巧和策略，包括如何组织思路、提升句子连贯性、运用修辞手法等，还通过示范、范文分析和讲解具体的写作步骤帮助学生理解和掌握这些技巧。然而，在学生实际写作中却发现许多学生写出来的东西不能反映主题、表达不清晰、句子结构混乱。教师在学生写作的同时，自己也按此主题写了一篇作文，念给学生听，让学生分析一下老师作文的特点，结果发现学生无话可说。教师想到了一个方法，让学生结组相互批改，需发现2条以上优点、找到至少1个问题，然后提出建设性的意见，进行修改或重写；再重新结组重复上面的方法；重复2轮后推荐优秀作文进行展示。整个过程中学生参与度高且所有同学的作文水平都有了很大的提高。

可见，教师在教学实践中不是循规蹈矩的，而是面对复杂情境融入艺术化的处理方法，在学生遇到问题时积极寻找解决方法和途径。结组让学生互批作文，其实是转变了学生的角色，为学生提供了更多的实践机会，这一转变极大地激发了学生的学习热情。这就是教师的教学反映性实践，能够助力教师建立教学自我纠正系统。

2. 与教学研究并举的实践反映

在反映性实践的研究中，较普遍的观点是把研究与实践相对立，称研究者为"专业学派"，称实践者为"专业工作者"，他们生活在两个不同的世界，有着各自的生活轨道。传统的观点认为研究者在大学或研究机构中生产知识，实践者是在运用这些知识，而现实中研究者与实践者"追求不同的事业，彼此之间几乎不交流。……当我们不用传统观点看待专业知识，认可实践者有可能成为在不确定、不稳定、独特和冲突的情境中的反映研究者时，我们就要重新思考研究与实践之间的关系。从这个角度来看，研究就是实践者所从事的活动。它被实践情境的特征所激发，在现场中进行，而且即时行动[1]。"

就教师教学实践而言，我们希望教师将研究者与实践者的角色合二为一。教师教学实践过程本身也是一种教学的研究活动，正如上文所言，"它被实践情境

---

[1] 舍恩. 反映的实践者：专业工作者如何在行动中思考[M]. 夏林清，译. 北京：教育科学出版社，2007：243-246.

的特征所激发，在现场中进行"。教学研究为教师提供了理论基础和科学依据，指导他们在教学实践中做出更有效的决策。通过研究个人的教学实践活动，教师可以深入探究教育学问题、教学方法和学生学习特点、风格等，从而改进自己的教学实践。教师作为实践者，在日常教学中能够感知到学生的需求和问题并积累丰富的实践经验。这些实践经验可以成为教师教育教学研究的重要资源，为其开展研究提供真实的案例和数据。从现实来看，教师既是课堂的实施者，也是教育改革的实践者。通过承担研究者和实践者的角色，教师可以不断提升自己的专业能力和知识水平，增强自身的教育影响力，助力教学自我纠正系统的建立，对教育教学理论的发展也会产生积极的影响。

三、教师个体教学反映性实践贡献

教师个体教学反映性实践对教师建立教学自我纠正系统具有重要贡献。表现在：其一，教师进行教学反映性实践要对教学过程进行观察和记录，促使丰富的教学数据和信息的产生。这些数据和信息是教师对自身实践过程的体悟，是通过外在观察无法获得的。由此，教师个体反映性实践为教师建立教学自我纠正系统提供了重要的数据基础。其二，教学反映性实践是教师探索和研究教学实践问题、发现教学问题和寻找解决方案的过程。这一过程能够激发教师进行反思与调整，进而推动教师教学自我纠正系统的建立。其三，教师个体教学反映性实践为教师提供了专业发展和创新的机会与动力。通过支持教师的自主专业发展和促进教师教学创新和持续发展，为教师建立教学自我纠正系统服务。

（一）提供丰富的教学数据和信息

教师教学反映性实践的数据是教师个人教学观察和记录的结果。这种数据与外部数据源完全不同，是教师反映性实践的产物，是教师通过实践中的观察和体悟得到的，反映的是教师对自身教学行为的深入思考和体验、对教学过程的理解和调整以及教学方法的适应性和效果评估。

1. 个人教学观察和记录

教师个体教学反映性实践是基于其个人的经验、知识和专业素养进行的。每个教师都有自己独特的教学风格和偏好,因此他们的反映性实践也会有所不同;教师个体的教学反映性实践强调反思的重要性,教师通过反思自己的教学过程和效果,审视自己的教学决策和行为。教师个体的教学反映性实践之所以能够开展,是因为面临的复杂情境,教师要能够随时应对教学挑战;教师个体的教学反映性实践是自主进行的,他们有权自主决定何时进行反思和改进,这种自主性能够激发教师的创新思维和主动性,使其成为教学改进的主导者和推动者。这种独具特色的教学实践活动使得教师个人的教学观察记录成为所有教学数据中最特别的部分,表现在如下方面。

(1)主观性和情感性。教师个人的教学观察记录基于个人的经验、知识和专业素养,这些记录往往包含了教师的主观看法和情感体验。教师通过记录自己的思考、感受和反应,表达对教学过程和效果的真实理解和评价。这种主观性和情感性使教师个体的教学观察记录更加丰富和生动。

(2)具体性和细节性。教学过程的关键时刻、学生的表现、教学资源的使用等都会被教师详细记录。这种具体性和细节性有助于教师更全面地了解和分析教学情境并作出针对性的改进措施。

(3)反思性和批判性。教师个体反映性实践下的教学观察记录往往反映了教师的深度思考,在提出问题、分析问题、寻找解决问题方案的过程中更注重反思和批判。这种反思性和批判性使教师个人的教学观察记录更具有深度和价值。

(4)实践性和可操作性。教师个人的教学观察记录是为了实际应用而产生的,记录了反映性实践过程中应对问题的行动计划、改进措施等,具有实践性和可操作性。这种实践性和可操作性使教师个人的教学观察记录成为实际教学改进的重要依据。

2.教学反映性实践数据

教师的教学反映性实践数据是教师对自身教学实践进行深度思考和理解的产物,教师进行教学反映性实践时会产出一些与其他途径获得的不一样的数据。教师教学反映性实践数据主要来自教师个人的体悟和直接经验,其中教师个人反思性的数据占主流,特别是课堂活动、学生反应等方面的内容居多。

以教师组织的一次数学课堂小组合作学习为例。教师要求学生分组解决问题"某班级有 30 名学生,其中男生比例是总人数的 40%。请问该班级中男生和女生各有多少人?"这一过程获得的数据如下。

(1)小组互动情况数据,包括组内的交流方式、角色分工、沟通效果等,具体包括两个方面,一方面是学生的参与度,观察和记录每个学生在小组讨论中的积极程度,如主动提问、发表意见和参与讨论的次数等,具体到哪些小组能够有效地合作并共同解决问题,哪些小组存在沟通困难或合作不和谐的情况。另一方面是小组合作成果,记录每个小组在解决问题时得出的答案和解决问题的思路,呈现他们的方法、步骤和结果。

(2)学生的思维过程数据,通过观察学生在解决问题时的思考过程、策略选择以及解题方法的合理性等,描述学生的思维过程。

小组 A:

思考过程:首先意识到要解决男生和女生人数的问题,明确了问题的目标。然后,他们考虑使用比例的概念来解决问题,在男生和女生的人数与总人数之间建立起比例关系。

策略选择:选择使用代数方程式来表示问题并设定变量。他们决定设男生人数为 x,那么女生人数就是总人数减去男生人数即($30-x$)。

解题方法的合理性:该小组同学列出了方程式:$x = 0.4 \cdot 30$,表示男生人数是总人数的 40%;通过求解这个方程得到 $x = 12$;根据方程,女生人数为 $30 - 12 = 18$。小组同学验证了他们的解答满足原始条件,即男生比例是总人数的 40%。这种解题方法是合理的,因为他们使用了代数方程和比例的概念,且解答符合问题要求。

小组 B:

思考过程:开始思考时可能对问题感到迷惑,大家不确定从何处入手。之后组内一名同学强调问题中提供了男生的比例是总人数的 40%,这一强调好像让大家有了入手点。

策略选择:有同学提议先计算出男生的人数,然后再用总人数减去男生人数得到女生的人数。

解题方法的合理性：根据男生比例是总人数的 40 %，计算得到男生人数为 0.4·30 = 12；用总人数减去男生人数，得到女生人数为 30 − 12 = 18。这种解题方法是合理的，因为 B 组同学按照问题给的比例信息计算男生人数并使用简单的减法计算出女生人数。

……

教师又对整个合作学习活动进行了总结，包括活动设计的目的、实施过程中的挑战和成功之处等。教师还记录了对学生合作学习活动中的表现、互动和学习效果的个人感悟。

（二）激发教师反思与调整的需求

在教师教学反映性实践中会发现教学问题。当教师探索和研究这些教学实践问题并确认教学问题和解决方案时，会激发教师反思与调整的需求。这一过程推动了教师教学自我纠正系统的建立。

1. 探索和研究教学实践问题

教师教学反映性实践的过程实际是教师在教学过程中对自己的教学进行观察、思考和评估，从而发现并研究教学实践中存在的问题的过程。探索教学实践问题，使教师反思与调整教学。换言之，正是在探索和研究教学实践问题中，激发了教师反思与调整的需求。

以某教师教学地理"地球自转与公转"概念为例。教师在教学时发现，学生对地球自转与公转概念理解困难，更难以有效运用于实际问题中。教师意识到自己通过讲解和图示的方式来介绍地球自转与公转的概念并不能让学生理解概念，需要从学生的角度看关键点在哪里：教师首先仔细听取学生的问题陈述，确保准确理解学生遇到的困难或疑惑，然后与学生进行沟通，让他们能够清楚地表达问题的具体内容和难点。继而考查学生的基础知识，如地球的轨道形状、自转轴倾斜等，并通过提问、小测验以及完成简单任务来评估学生的基础知识水平，确定是否存在知识缺失或误解。

教师根据学生的问题和基础知识考查结果，分析造成学生困惑的可能原因，发现地球自转与公转是地理学科中的基本概念，但对于初学者来说，这些概念相对抽象和复杂，因为理解地球自转与公转需要一定的天文学和地理学知识作为基础，学生需要具有一些前置的知识，如学生不了解地球的轨道形状、自转轴倾斜等相关概念，那么理解地球自转与公转概念就会存在困难。特别是在学生缺乏实际观察和体验的情况下，无法将其与日常生活或实际问题联系起来就更难以理解。

教师通过教学反映性实践，研究和探索教学实践问题，这是教师教学反映性实践的结果，也是教师建立教学自我纠正系统的过程。

2. 确认教学问题和解决方案

当教师确认了学生学习问题后便会自然地考虑自己的教学问题。教师开始进行教学反思，由于学生欠缺前置知识，即使教师讲解再详细，学生也依然不能理解概念的具体含义。如果没有体验和对实物的观察，学生还是不能理解概念，更难以运用于实际情境。在确认了教学问题后，教师决定引入互动性活动，让学生能够通过体验和观察来学习。具体任务为分组探究地球自转与公转的原理和影响（各组被分配到特定情境，如探讨地球自转与公转对季节变化的影响、地球自转与公转日照时间的影响），要求通过小组合作进行实验、观察和讨论，获得结论。

教师与学生一同准备实验所需的材料，具体如下。

①地球仪或模型：用于演示地球的自转和公转运动。

②灯光和手电筒：用来模拟太阳光照射地球的情况。

③纸板、铅笔和标尺：用于制作日晷或模拟地球倾斜的实验装置。

④时钟或计时器：用于记录观察时间和测量日照时间的变化。

⑤记录表格或笔记本：用于记录实验数据和观察结果。

互动和探究过程如下。

①讨论小组成员各自的任务分配，明确研究问题和预期观察点。

②小组根据讨论的内容和目标，设计相应的实验或观察方案。

③小组成员合作进行实验，记录数据和观察结果。使用时钟或计时器测量日照时间的变化，使用纸板、铅笔和标尺制作日晷或模拟地球倾斜的装置。

④小组成员共同分析实验数据和观察结果并进行讨论。

在讨论过程中，大家对一些问题产生了争议，具体如下。

①地球自转和公转的速度是否会对季节变化产生显著影响？

②季节变化是否只受地球自转和公转的影响，还有其他因素的参与吗？

③在不同纬度地区，季节变化的幅度是否相同？

教师在整个过程中不断地探索和研究使教学问题得以解决，不仅改进了教学，还使自己获得了专业成长。

（三）支持教师自主发展和持续创新

教师个体教学反映性实践为教师提供了自主发展和持续创新的机会。通过对自身教学实践的反思、评估和改进，教师能够不断提高自身的教学能力和专业水平，为学生提供更丰富、更有意义的学习体验和成长机会。

1. 提供了教师自主发展的新渠道

教师个体的教学反映性实践，要求教师在教学实践中反思、自省，是一种教师个人主导的实践活动。教师教学反映性实践为教师提供了自主发展的新渠道，原因如下。

①教师的发展建立在教师个人反思和自我评估的基础上，教师不断地反思自己的教学过程和教学效果，认识自己的优势和不足。这种自我评估的过程使教师能够更加清晰地认识到自己的教学需求和成长方向，从而自主地选择适合自己的专业发展路径。

②教师教学反映性实践是一种学习者导向的教学实践，在实践过程中教师始终将学生放在教学的中心位置，关注学生的学习需求和个体差异，根据学生的特点和需求调整自己的教学策略和方法。这种学习者导向的教学方式赋予了教师更多的自主权，使其能够灵活地应对学生的需求和变化。

③教师教学反映性实践鼓励教师不断尝试新的教学方法和策略，并在实践中进行实验和创新。教师可以自主地探索和应用新的教学技术、教学资源和评估方式以满足学生的学习需求和增强教学效果。这种创新和实验的空间为教师提供了自主发展的机会，使其能够在教学实践中不断成长和进步。

教师个体教学反映性实践赋予了教师双重身份，既是教学的研究者又是教学的实践者，在这一过程中，教师不是遵从教学规范完成教学任务的教书匠，而是不断生产教学实践性知识的专业工作者。可见，正是教师教学的反映性实践为教师提供了自主发展的新渠道。

2. 通过反映性教学实践持续创新

教师教学的反映性实践是一种换位思考的实践，不再单纯以标准、规范开展教育教学，更多的是站在学生的角度思考并组织教学。在这个过程中教师需要具备创新思维。教学反映性实践鼓励教师主动寻找并尝试新的教学方法、策略和技术工具。

教师通过反映性教学实践会持续创新，原因如下。

①在反映性教学实践中，教师通过反思和评估自己的教学实践，能够发现教学中存在的问题和挑战，这种问题的意识就是创新的基础。

②教师在教学反映性实践中会主动寻找解决问题的策略和方法，为此会加强学习并在教学实践中不断探索。这种探索和寻找解决方案的过程促使教师开展创新实践。

③教师在反映性教学实践中会尝试新的教学方法、策略或技术并根据实施效果不断地调整和改进。这种不断实验和调整的过程有助于教师发现有效的创新方式。

④反映性实践鼓励教师关注学生的需求和兴趣以为其提供更好的学习体验，教师通过与学生互动、观察学生表现等方式了解学生的学习特点和需求，从而调整教学策略并开展创新实践。

综上，反映性教学实践促使教师不断地发现问题，研究和探索新的教学方法、策略以谋求问题的解决。这就是教师通过反映性教学实践持续创新的过程。

第九章 教师教学自我纠正系统的运行

教师教学自我纠正系统是教师利用信息技术手段,在复杂情境下面对任何因个人因素出现的教学问题和错误,通过启动内部的"自适应系统"来快速地纠正和改进。这里的"自适应"是教师在长期的教学反映性实践过程中形成的一种应对环境变化的机制性反应。"自适应系统"以教师获取和分析教学反馈信息的技能为基础,依据面临的环境结合学生的学习兴趣、风格等特点,能够实时地对教学程序、内容、方法和策略等进行决策和优化。教师建立教学自我纠正系统是开展嵌入式教师教学评价的需要,也是实现教师专业成长和教学改进的需要。本节探讨教师教学自我纠正系统运行,主要内容包括教师教学的"自适应系统"、教师教学自我纠正系统的技术支持、教师教学自我纠正系统的工作流程。

一、教师教学的"自适应系统"

教师教学"自适应系统"概念的源于人工智能、大数据分析和信息技术的发展,目前已在多个领域广泛应用,如智能助理和语音识别系统、在线学习平台和教育系统、移动应用和社交媒体等等。随着技术的不断发展和应用场景的扩展,自适应系统将在更多领域得到应用,目的是为用户提供更加个性化和优化的服务和体验。教师的"自适应系统"是一种随着教师专业成长而获得的能力。获取和分析反馈信息是教师教学"自适应系统"的基础,其核心是根据学生需求和环境因素的变化来发现问题并解决问题。

(一)教师教学"自适应系统"的基础

"自适应系统"是适应环境变化而自动调整及优化的运行系统[1]。"自适应系

---

[1] TERENCE W, MARKUS W, CHRISTOPH T. Self-adaptive systems: A systematic literature review across categories and domains[J]. Information and Software Technology, 2022, 148.

统"的自动调整及优化需要基础能力的支持,即具有获取和分析教学反馈信息的能力。

1. 获取教学反馈信息

获取教学反馈信息是教师教学"自适应系统"的基本能力,基本的教学反馈信息来源于以下几方面。

①教师个人通过课堂观察、测验等手段获得的反馈信息。其一,学生教学表现:教师可以通过观察学生在课堂上的参与度、对教学内容的理解程度和学习水平来获取教学反馈信息,如学生所提的问题、答问的准确性、作业完成情况等。其二,教学目标达成情况:教师可以通过测验、课堂提问等手段,考察和评估学生对教学目标的掌握情况,如设置测验题目、问卷调查等。其三,教学方法与手段的学生认可度:教师可以在课堂上直接征询学生的意见,了解学生对其选择的教学方法与手段的满意度;也可以与学生事先约定,为教师教学方法的适切程度设置回应渠道和方法,如通过通信渠道私信教师,课堂以手势、表情等示意教师。

②通过信息技术手段获取的教师教学反馈信息。其一,通过在线学习平台或相应系统,教师可以设计和分发测验和作业,收集学生的答题结果和作业完成情况。其二,学习管理系统中记录的学生学习活动、参与度和进度等信息,包括登录频率、学习时间、资源访问情况等。

③教师实践共同体及评价参与人员的教学反馈信息。尤其是在教学目标设计、教学内容及方法选择、教学组织安排等方面的反馈和建议。

综上所述,教师获取的教学反馈信息是教师教学"自适应系统"建立的基础。通过个人手段、信息技术手段以及教师实践共同体和评价参与人员的反馈信息,教师能够更好地了解学生的学习情况。

2. 分析教学反馈信息

在获取教学反馈信息的基础上,教师需要对得到的信息进行分析,这里特别强调教师要善于利用人工智能、大数据。主要的分析内容集中在学生学习行为分析、学习内容掌握情况分析、学生情感和态度分析、教学资源投入情况分析4个方面。

①通过各种途径获得学生学习行为数据,如学习时间、学习进度、学习资源的使用情况等,分析学生的学习习惯和行为模式。如果学生的平均学习时长较短,

表明其在学习上缺乏持续性和专注度；分析学生的学习起止时间可以发现学生的学习习惯和作息规律；学习资源的点击次数可以反映学生对不同类型资源的偏好和使用频率。学生学习行为分析有很重要的价值。有研究开发了一种系统模型对学生在线学习的学习态度和学习行为持续时间进行探索，建立学生画像；此外，还开发了智能引导模型帮助在线教学满足学生需求和指导学生学习行为[1]。该研究意味着学生学习行为分析可以促进教学改进和学生学习效果增强。

②在通过测验、作业、课堂观察等各种方式获得反馈信息的基础上分析学生对学习内容的掌握情况。例如，分析学生数学小测验的答题情况和得分情况，可以得到学生对该内容的整体理解情况；学生在完成作业或项目任务时的表现，可以间接反映他们对学习内容的掌握情况；观察学生在课堂上的主动参与程度和回答问题的准确性，可以初步评估他们对学习内容的掌握情况。

③通过文本情感分析和语音情感识别等技术，对学生课堂讨论、提交的作业等表达的情感态度进行综合分析，从而了解学生的情绪状态、学习动机等。以一次关于环境保护主题的讨论为例，教师可以使用自然语言处理技术对学生提交的文本消息进行情感分析。某学生在讨论中发表观点"我认为环境保护是我们每个人的责任，我们应该减少污染和资源浪费。我非常担心气候变化对地球造成的影响。"通过文本情感分析，教师可以得出该学生的态度是积极的，情感是担忧的，并且担忧程度较强。这表明该学生对环境保护问题非常关注，并且有着较高的情感参与度。若利用语音情感识别技术对该学生的语音特征进行分析，则会注意到其音调上升、语速加快等特点，从而进一步判断出该学生处于担忧或焦虑状态。随着人工智能技术的发展，分析学生情感和态度的技术逐渐成熟。例如，有研究基于在线学习交互文本识别学习者的情绪，构建了基于交互文本的情绪识别研究与应用框架，还提出了一种基于案例推理的情绪调节方法，引导聆听者调节说话人的负面情绪[2]。该研究说明，在教师教学"自适应系统"中进行学生情感和态度分析是可行和有价值的。

---

[1] LIANG K, ZHANG Y Y, HE Y S, et al, Online Behavior Analysis-Based Student Profile for Intelligent E-Learning[J]. Journal of Electrical and Computer Engineering, 2017, 2017: 1-7.
[2] TIAN F, GAO P D, LI L Z, et al. Recognizing and regulating e-learners'emotions based on interactive Chinese texts in e-learning systems[J]. Knowledge-based systems, 2014, 55: 148-164.

通过学生对教师提供的学习资源，如课件、多媒体资料等的使用情况，教师可以了解哪些教学资源更受学生欢迎、哪些内容对学习更有效。某数学教师在课程中向学生提供了各种教学资源，统计发现学生对某课件下载和查看的人数及次数远高于其他课件，进一步分析发现，该课件提供了清晰的图表和示例，与学生的学习需求更匹配。

教师教学"自适应系统"的基础不仅是获取教学反馈信息，还需要对相关信息进行分析。通过对学生学习行为、学习内容掌握情况、学生情感和态度以及教学资源投入情况的分析，教师可以更深入地了解学生的学习情况以便采取相应的教学策略和方法，提供个性化的教学指导，促进学生的学习成长。

（二）学生需求的系统分析

教师教学自我纠正系统的核心是根据学生需求发现问题并解决问题。纠正问题和错误的关键在于环境的适应性以及学生需求的满足，所以分析的重点应是把握学生学习兴趣、风格等特点以及结合特定环境的学生学习特点。

1. 学生学习兴趣、风格等特点的把握

对于学生学习兴趣、风格等特点，可以通过各种形式掌握的数据展开分析。教师通过统计学生在各种学习活动中的参与情况，可以初步了解学生对不同学习内容和形式的兴趣程度；通过分析学生成绩和评价，比较他们在哪些学习领域或任务中表现出色，也能发掘其潜藏的学习兴趣和优势。借助学习管理系统或在线平台提供的数据分析工具，还可以剖析学生的诸多行为特征（如学习时间、路径选择以及访问频率），从而揭示他们在整个学习过程中的偏好并逐渐形成个人化风格。

之所以要了解和把握学生学习兴趣、风格等特点，是因为这是建立教师"自适应系统"的需要。通过了解学生的学习兴趣和学习风格，教师可以为每个学生提供个性化的教学内容和学习活动；了解学生的学习兴趣和喜好，可以帮助教师更准确地选择和设计教学资源，针对学生的学习风格和喜好提供多样化的教材、课件和多媒体资料，增强学生的学习兴趣和吸收力；了解和把握学生学习兴趣、风格等特点，可以帮助教师灵活调整教学策略和方法，提高教学成效。另外，把握学生学习兴趣、风格等特点，也是在为适应特定环境而调整和优化教学奠定基础。

2.结合特定环境的学生学习需求分析

结合特定环境进行学生学习需求分析，是由于环境对学生学习具有重要影响[①]。环境因素包括教学方法、教材和学习资源、班级氛围和同伴关系、家庭背景和支持以及社会文化背景和价值观等。这些因素对学生的学习态度、学习动力、学习兴趣和学习效果等都有重要影响。不同的教学方法会对学生的学习产生影响，如采用互动式的教学方法可以促进学生的积极参与和思维发展；教材和学习资源的选择和质量也会对学生的学习产生影响，优质的教材和多样化的学习资源可以激发学生的学习兴趣、增强学习效果，同时，教材内容的难易程度和适应性也需要与学生的年龄、认知水平和背景相匹配；班级氛围和同伴关系对学生的学习态度和学习动力会产生影响，积极向上的班级氛围和良好的同伴关系可以激发学生的学习热情和合作精神，促进学习效果的增强；家庭背景和支持对学生的学习也有重要影响，家庭环境中的教育资源、家长的教育期望和支持以及家庭的经济状况等都会影响学生的学习态度、学习动力和学习成绩；社会文化背景和价值观对学生的学习态度和学习方式会产生重要影响，不同社会文化环境下人们对教育的重视程度、学习观念和价值取向可能存在差异。因此，需要结合特定环境对学生学习需求进行分析，为适应环境的教学决策与优化奠定基础，这是建立教师教学"自适应系统"的必经之路。

（三）适应环境的决策与优化

教师教学的"自适应系统"最根本的是要"自适应"，而之所以需要"自适应"，是因为环境因素的改变导致了不适应，表现为原有的教学决策错误或产生教学问题。因此，要进行现实环境的特点分析，在此基础上进行适应环境特点的教学决策。

1.现实环境的特点分析

一般认为影响教学的环境因素包括教学方法、教材和学习资源、班级氛围和

---

① HOPLAND A O, NYHUS O H. Learning environment and student effort[J]. International Journal of Educational Management, 2016, 30(2): 271-286.

同伴关系、家庭背景和支持以及社会文化背景和价值观等。要进行现实环境的特点分析，需要了解环境因素的变化，建立一个系统的数据收集机制，定期收集与环境因素相关的数据，可以使用问卷调查、观察记录、学生评价等方式，获取教学方法、教材和学习资源、班级氛围和同伴关系等方面的信息，通过对比不同时间点的数据可以了解环境因素是否发生了变化。

进行现实环境的特点分析，需要先行收集相关数据。在此基础上，可以对比不同教学方法的效果，比较不同班级或学校的班级氛围和同伴关系的差异，或者对比不同学生群体的学习资源利用情况等。通过对比分析，可以发现现实环境中的共性和特点。在分析现实环境的特点时，还需要考虑各种影响因素，如家庭背景和支持、社会文化背景和价值观等，需要综合考虑影响因素，分析它们与现实环境的关系。当然，还需要密切关注环境的动态变化，及时更新分析结果以适应不断变化的教育环境。

2. 适应环境特点的教学决策

"自适应系统"实际是要做出适应环境特点的教学决策。在认真分析环境特点的基础上，考虑学生的特点、课程目标以及教育政策等因素，确定教学所追求的目标和期望的结果；根据环境特点和教学目标，探索适应性的教学策略方案，包括改进教学方法、优化教材资源、改善班级氛围等方面的决策；将制订的教学决策付诸实施并进行持续的评估和调整，具体表现在密切关注教学效果和学生反馈，及时进行评估和反思，并根据评估结果调整和优化教学决策以达到更好地适应环境特点的目标；保持对教育领域最新研究成果和教育政策的关注，持续学习，不断地改进。

教师教学"自适应系统"的建立要经历数据收集、数据分析、教学策略设计、监测教学过程和学生表现、改进和调整等阶段。教师教学"自适应系统"的建立和应用可以帮助教师更好地理解学生的需求、调整教学策略并持续改进自己的教学实践，它为构建教师教学自我纠正系统提供了重要的支持和基础。

二、教师教学自我纠正系统技术支持

教师教学自我纠正系统是一种利用信息技术和数据分析手段，帮助教师评估和改进自己教学实践的系统。它通过收集、分析和反馈教学过程中产生的数据，帮助教师了解自己的教学效果，发现问题并进行改进，提高学生的学习效果。其建立和运行需要技术的支持和保障，具体表现在两个方面，一方面是硬件设备的支持，另一方面是软件应用的支持。

（一）硬件设备的支持

教师教学自我纠正系统运行离不开硬件设备的支持，无论是数据的采集还是储存及管理都对硬件设备提出了一定的要求。只有科学管理硬件设备，才能提高教师在教学过程中的效率并确保硬件设备的正常运行。

1. 硬件设备的要求

教师教学自我纠正系统运行需要硬件设备的支持，一般根据具体教师的教学自我纠正系统和软件应用的需求而定，但要实现信息收集、处理的基本功能，需要满足一些基本的硬件设备要求。

①电脑或移动设备：教师需要使用一台可靠的电脑或移动设备以便进行教学自我纠正系统的访问和操作。它可以是台式电脑、笔记本电脑、平板电脑或智能手机等。

②处理器和内存：硬件设备需要具备足够的处理能力和内存来支持教学自我纠正系统的运行。通常建议使用多核处理器和尽可能大（至少4GB以上）的内存。

③存储空间：硬件设备需要有足够的存储空间来存储教学资源、学生数据和系统应用程序。建议至少提供128GB以上的硬盘空间或云存储服务。

④显示器：为了方便教师查看和操作数据和相关文件界面，建议使用显示屏尺寸适中（至少14英寸）且分辨率较高的显示器。

⑤键盘和鼠标/触控板：教师需要使用舒适、灵敏的键盘和鼠标/触控板进行输入和操作。可以选择符合个人习惯和需求的外部键盘和鼠标。

⑥网络连接：硬件设备需要具备可靠的网络连接以便教师能够访问互联网和相应的教学和学习管理平台。建议使用有线或无线网络连接，确保网络稳定性和带宽满足需求。

⑦其他外设：根据实际需求，考虑其他外设设备，如摄录像设备、课堂监控

设备以及打印机、扫描仪等，支持教师进行文件打印、扫描等操作。

综上，教师教学自我纠正系统的建立需要硬件设备的支持，包括电脑或移动设备、处理器和内存、存储空间、显示器、键盘和鼠标/触控板、网络连接以及其他外设。这些设备能够为教师提供稳定的教学工具，支持他们进行高效的教学活动。

2. 硬件设备的管理

对硬件设备进行管理是非常必要的，通过有效管理可以提高教学效率、改善教学体验、延长设备寿命、保护数据安全等。

①提高使用效率：合理管理硬件设备可以提高教师在教学过程中的使用效率。通过维护和保养硬件设备，确保其正常运行和稳定性，避免硬件故障导致的时间和资源浪费。提高硬件使用效率的具体方法：其一，合理配置硬件资源，优化系统设置和软件应用程序以及定期维护和更新硬件设备。例如，将多个任务分配给不同的处理器，同时使用快速的固态硬盘加快数据访问速度，提高计算机的整体性能。其二，优化操作系统设置和关闭不必要的后台进程可以减少资源占用，提高响应速度。其三，选择适合任务需求的高效软件应用程序并定期更新软件版本，以获得更好的功能和性能，这也能提高硬件的使用效率。其四，定期清洁设备、更新驱动程序和固件、进行系统维护等，可以确保硬件设备的正常运行和稳定性，进一步提高使用效率。

②增强教学体验：良好的硬件设备可以提供更清晰、高质量的内容展示，如定期清洁显示器和键盘可以确保屏幕清晰明亮，避免灰尘和污渍影响教师和学生对内容的观看和操作。通过优化网络设置、采取网络安全措施并及时升级网络设备，可以保证网络的稳定性和速度，使教师能够顺畅地使用在线教育平台、共享教学资源和与学生进行互动。学生也能够在没有中断或延迟的情况下参与在线讨论、提交作业和提供教学反馈，从而获得更流畅、高效的在线学习体验。

③延长设备使用寿命：通过定期维护和保养硬件设备，可以延长其使用寿命。具体措施为定期清洁设备表面和内部的灰尘、污渍等杂物，防止它们堆积并影响设备正常运行；正确使用和操作设备，避免过度使用或滥用；及时更新软件和固件以获取最新的功能和性能优化，同时修复已知的漏洞和问题；避免超负荷使用设备，尽量避免长时间高负荷运行等。

④保护数据安全：通过设置密码、使用加密技术、定期备份数据以及加强数据隐私保护，可以有效增强硬件设备管理的数据安全性。这些措施不仅可以保护教师和学生的隐私，还能够防止数据泄露、篡改或丢失，确保收集处理的数据的完整性和可靠性。硬件设备维护及使用人员都应该意识到数据隐私的重要性并采取适当的安全措施，如限制对相应数据的访问权限、加强网络安全、定期审查和更新安全策略等。

综上，通过提高使用效率、改善教学体验、延长设备使用寿命和保护数据安全，教师可以更好地管理硬件设备，为教师教学自我纠正系统的建立提供稳定和高效的硬件环境，有助于增强教学效果，为学生提供更好的学习体验。

（二）软件应用的支持

在教师教学的自我纠正系统技术支持中提到的软件应用是指为教师提供辅助功能和工具的计算机程序。这些软件应用被设计用来支持和提升教师在教学过程中的自我纠正能力。软件应用可以安装在个人电脑、智能手机、服务器等各种计算设备上。

1. 软件应用内容

软件应用旨在帮助教师更好地管理和分析教学数据、提供学习资源并使教师与学生能够进行有效的协作与反馈。

①教学管理软件：教学管理软件应用可以帮助教师进行教学计划制订、课程设计和学生成绩管理等方面的工作。这些软件通常提供了可视化的界面和功能，使教师能够更好地组织和管理教学活动并及时获取学生的学习情况。

②数据分析软件：数据分析软件应用可以帮助教师对学生的学习数据进行分析和评估。通过收集和处理学生的学习成绩、测验结果、作业表现等数据，教师可以提升洞察力，发现学生的学习问题并采取相应的纠正措施。

③学习资源软件：学习资源软件应用提供了丰富的学习资源，如电子书、教育视频、在线课程等。教师可以根据教学需求选择适当的资源，在教学过程中引导学生使用这些资源进行学习和自我纠正。

④协作与反馈工具：这些软件应用提供了教师与学生之间交流和反馈的渠

道。例如，教师可以使用在线讨论平台、即时通信工具或电子邮件来与学生进行沟通，提供指导和反馈。

综上所述，教学管理软件、数据分析软件、学习资源软件和协作与反馈工具是教师建立教学自我纠正系统常用的软件应用。它们提供了丰富的功能和资源，帮助教师更好地管理教学、分析数据、提供学习资源并与学生进行有效的协作与反馈。

2.软件应用管理

这里的软件应用管理，是指对支持教师教学自我纠正系统运行的、安装于各种机器设备上的软件的管理。

①安装和配置：软件应用管理涉及将所需的软件应用程序安装到教师的设备上并确保其正确配置和运行。此外，还需设置必要的参数、选择适当的选项以满足教师教学自我纠正系统运行的需求并确保软件与其他系统或网络兼容。

②更新和升级：软件应用管理还包括定期检查并更新软件应用程序以确保其具有最新的功能和修复了已知的漏洞。教师需要及时安装软件提供的更新或升级版本以获得更好的性能和更高的安全性。

③授权和许可证管理：软件应用管理还涉及管理软件应用的授权和许可证。教师需要确保使用的软件应用程序的授权合法有效并遵守相关的许可条款和条件。

④使用者培训：软件应用管理还包括为使用者提供相关的用户支持和培训。使用者需要了解如何正确使用软件应用程序的各种功能和工具以最大限度地发挥其作用。软件提供商或技术支持团队应提供相应的培训，帮助使用者熟悉软件应用。

⑤监控和评估：软件应用管理还涉及对软件应用程序的监控和评估。管理者可以跟踪软件应用程序的使用情况、性能指标和使用人员的反馈，评估其在具体使用过程中的效果并进行必要的调整和改进。

综上所述，通过正确安装和配置软件应用、定期更新和升级、管理授权和许可证、提供使用者培训，并进行监控和评估，教师可以有效地管理软件应用，确保其正常运行和发挥最佳效果。

3. 软件应用优化

优化是促进软件系统开发和发展的重要手段[①]。软件应用优化可以更好地支持教师教学自我纠正系统的运行，提高工作效率和保证数据管理的安全性。软件应用优化主要涉及以下方面。

①用户界面优化：软件应用提供直观、易用和友好的界面。通过简洁明了的布局和导航设计，教师能够快速找到所需功能并高效地操作。同时应注重可定制性，允许教师根据个人喜好和需求进行界面的个性化设置。

②功能和工具优化：软件应用提供丰富、全面且实用的功能和工具来支持教师的自我纠正，包括数据分析工具、学习资源管理、作业批改、评估与反馈等功能。通过确保这些功能和工具的稳定性和高效性，进而提供准确的数据分析和反馈，帮助教师更好地识别学生的问题并采取相应措施。

③效率和性能优化：软件应用致力于提高工作效率和提升系统的性能，应不断优化软件的响应速度和加载时间，减少教师在等待过程中的时间浪费；还应注意减少软件的资源占用和能耗以提高系统的整体性能，确保软件在不同设备上的流畅运行。

④数据管理和安全优化：软件应用应提供可靠的数据管理和安全机制，包括数据的备份与恢复、数据隐私保护、权限管理等方面。教师的教学数据应得到妥善的管理和保护，确保数据的完整性、机密性和可用性。

⑤多平台和互联网优化：软件应用需支持多平台的访问和使用，优化在不同设备上的兼容性。同时，考虑到互联网的普及和便捷性，软件应用可提供在线访问和云存储功能，使教师能够随时随地进行教学自我纠正。

通过优化用户界面、功能和工具，提高效率和性能，加强数据管理和安全性以及支持多平台和互联网，教师可以获得更好的软件应用体验，有助于教师更好地应用软件支持和改进他们的教学实践。

---

① RUHE G. Optimization in Software Engineering: A pragmatic approach[J]. Contemporary Empirical Methods in Software Engineering, 2020: 235-261.

三、教师教学自我纠正系统的工作流程

教师教学自我纠正系统的工作流程是指为完成该系统的相应任务，按照一定的顺序和规则组织起来以达到特定目标的步骤和操作过程。一般而言，这一流程大致包括数据采集、存储和管理，数据分析与评估，问题诊断和改进等步骤。

（一）数据采集、存储和管理

数据的采集、存储和管理主要涉及从多个来源获取数据、清洗和处理数据，并将其转换、整合和安全地存储起来以满足后续分析和使用的需求。

1. 数据的采集、存储

教师教学自我纠正系统运行需要大量的数据支撑，而且需通过不同的方式采集。一般需要采集和存储的数据主要包括以下方面。

①学生作业成绩：教师可以选择使用现有的在线作业提交平台或应用程序，也可以根据需要定制自己的系统。这些平台和应用程序提供了学生作业提交的渠道；教师可以通过平台或应用程序将作业内容发布给学生并设置作业题目、要求、截止日期等，学生可以在平台上看到作业的详细信息；学生完成作业后，在规定的截止日期前将作业通过指定的平台按照要求进行提交；教师可以通过平台或应用程序查看学生的作业，进行评分和批改（也可自行使用或设置相应的评分程序）并提供针对学生的个性化评语和建议；学生可以在平台上查看自己的作业成绩和相关反馈，了解自己的学习情况。系统会自动记录并存储这一系列的操作，并将这些数据与学生的个人信息关联起来，以便后续的数据分析和跟踪。

②课堂互动情况：教师可以借助教育技术工具，如电子白板、在线课堂平台等，在课堂上记录学生的互动情况。这些互动情况包括学生身份信息（如姓名、学号或ID）、互动行为数据（如提问或疑惑、回答或解释问题、评价或讨论其他同学的问题或回答、参与小组讨论相关信息以及通过举手或点击按钮等方式进行的互动反馈）、每个互动行为发生的时间以及课堂环境信息（如课程名称或编号以及主持互动的教师姓名）。此外，还可记录所属学科、使用的教育技术工具和在线平台名称等。这些互动记录可以通过软件或应用程序实时保存并以文本形式存储。采集到的数据可结构化存储于数据库中，每个互动行为对应一条记录并包

含上述各项数据字段。这种数据存储方式有助于后续分析、统计和可视化,从而更好地了解学生在参与度、学习进展和互动模式等方面的情况。

③学生对教师教学反馈信息:学生对教师教学反馈信息的采集和存储旨在了解学生对教学质量、教学方法以及课程内容等方面的意见和建议。可通过多种方式收集反馈数据,如利用在线调查工具或问卷平台创建反馈表单以供填写;随堂鼓励学生口头反馈并记录于笔记本或录音设备中;与个别学生沟通直接询问并记录下来。采集到的数据包括身份信息、评价文字描述、改进建议和意见、问题或困惑以及提交时间、课程名称或编号和被评价教师姓名等。结构化数据保存在数据库中,每个条目对应一个记录;非结构化数据保存为文本文件、音频文件或笔记等形式。

④其他相关数据:还可以收集其他相关的数据,如学生的考试成绩、课堂出勤情况、学习行为数据(如在线学习时间、访问学习资源的频率等)。这些数据可以通过学校管理系统或教育技术工具进行采集和存储。

综上所述,在教师教学自我纠正系统中,数据的采集和存储是关键步骤。通过收集学生作业成绩、课堂互动情况、学生对教学反馈信息以及其他相关数据,教师可以更好地了解学生的学习情况和教学效果,从而进行必要的调整和改进以改善教学质量和学生的学习体验。

2. 数据的管理

这里的数据管理,主要是指对采集和存储的相关数据的管理工作。针对教师教学自我纠正系统运行,数据管理的主要内容和方法如下。

①数据的清洗和整理:教师教学自我纠正系统依赖于对收集到的教学数据进行分析和决策,因此确保数据的质量和准确性至关重要。现实中收集的数据都存在一定的误差和错误率,错误率通常在 0.5%~30% 之间浮动,1%~5% 的错误率是非常普遍的[1]。数据的清洗和整理可以提升数据质量、保证数据的一致性、提高数据的可用性,优化分析效果。进行数据清洗和整理主要是去除重复数据、处理缺失数据、纠正错误数据、对数据进行格式规范化。数据清洗和整理可以使用数

---

[1] REDMAN T. The impact of poor data quality on the typical enterprise[J]. Communications of the ACM, 1998, 41(2): 79-82.

据清洗工具进行批量处理和修正错误数据；针对特定的数据问题，编写脚本程序进行自动化的数据清洗和整理[①]；对于一些复杂或难以自动处理的数据问题，需要教师及数据管理人员进行人工审核和修正，确保数据的正确性和一致性；还可以利用数据库功能进行数据清洗和整理，包括去重、填充缺失值、修改错误数据等。

②数据备份和恢复：数据备份是在特定时间点获取的数据快照副本，以全局通用格式存储并在一段有用期内进行跟踪，每个后续数据副本都独立于第一个副本进行维护[②]。在教师教学自我纠正系统的工作流程中，为了保证数据的安全性、可靠性和长期保存，应建立定期备份机制、设置灾难恢复方案以防止数据丢失或损坏。具体可以选择自动化备份工具、备份到远程服务器、灾难恢复测试以及定期更新备份策略等方式来完成数据备份和恢复的工作。这样能够确保教学数据的可靠性和持续可用性，为教师的教学分析和决策提供有力支持。

③数据的存储和索引：数据的存储和索引是为了有效管理和组织教学数据并提高数据的访问和查询效率。通过选择合适的数据存储方式，如数据库、云存储等，并建立索引以加快查询速度，可以确保所记录数据的一致性、完整性和快速访问。同时，还需要考虑数据备份和恢复机制，保证数据的安全性和可靠性。这样能够为教师提供高效的数据支持，提升自我纠正系统的效能。

④数据权限管理：数据权限管理是一种对数据传输和使用过程中涉及的相关主体权利进行定义、说明、保护和监测的一种综合机制。进行数据权限管理是为了保护相应数据的安全性和隐私性，避免未经授权的访问和操作。通过设定不同用户或角色的数据访问权限并控制数据的读取、修改和删除权限，可以确保已存储数据的完整性、可靠性和合规性。同时，还需要使用适当的认证与授权机制、访问控制列表、基于角色的访问控制等技术手段来实现数据权限管理。这样能够有效防止数据泄露、滥用和误操作，增强管理数据的安全性和保密性。

（5）数据归档和删除：根据相关法律法规和隐私政策，个人数据应按照一定期限进行保留并在不再需要时进行归档或删除。归档和删除不再需要的数据可以有效释放存储资源，提升系统的性能和效率。同时，通过归档和删除不再需要

---

① 蒋勋，刘喜文. 大数据环境下面向知识服务的数据清洗研究 [J]. 图书与情报，2013（05）：16-21.
② NELSON S. Pro data backup and recovery [M]. New York: Springer, 2011: 2.

的数据，可以减少潜在的安全风险。进行数据归档和删除，可以根据法律法规和隐私政策的要求，确定不同类型数据的保留期限，制订明确的数据归档和删除策略。对于不再频繁使用但仍需要保留的数据，可以将其归档到离线或冷存储介质中，当然也要采取适当的加密措施。还要定期对系统中的数据进行审核和清理，识别并删除不再需要的数据。

综上，通过有效的数据管理措施，教师能够确保数据的质量和安全，提高数据的可用性和可信度。这样的数据管理流程为教师的自我纠正系统提供了坚实的基础，使教师能够更好地应用数据进行教学分析和改进。

（二）数据分析与评估

数据分析与评估是支持教师教学自我纠正系统运行的重要环节，对数据进行总体描述、比较和关联，能够为教师提供有价值的信息和反馈以支持其诊断教学问题并改进。

1. 对数据进行总体描述

对数据进行总体描述是指对所收集的数据，如学生作业成绩、课堂互动记录、学生对教师教学的反馈以及其他相关数据等，进行整体概括以便快速了解数据的特征和趋势。对数据进行总体描述的主要目的在于直观地了解数据的分布情况、集中趋势和离散程度，从而帮助教师全面把握数据的特征。通过总体描述还可以帮助教师发现数据中的异常值或异常情况，如极端高低分、集中趋势偏离等，进一步引起教师的关注并采取相应的措施。

对数据进行总体描述需要考虑数据的性质：对于定量数据，可以通过计算范围、平均数、中位数和标准差来对数据进行总体描述。以收集的学生考试成绩数据为例，考虑分数的范围，计算最高分和最低分之间的差值，得出整体分数的范围；计算平均数，将所有学生的分数相加再除以学生的总人数，得出平均分数；找出中位数，将所有学生的分数按照从小到大的顺序排列，找出处于中间位置的分数；计算标准差，测量学生成绩数据的离散程度，标准差越大表示分数的波动性越高。对于定性数据，可以通过统计频数、百分比和绘制柱状图来进行总体描述。通过这些描述方法，教师可以获得关于数据整体特征和分布的信息。以学生对教师课程内容的评价为例，如果将评价意见分为"很好""一般""不满意"等，计算频数就是计算每个评价类别出现的次数，即统计每种评价意见的人数；计算百分比，将每个评价类别出现的次数除以总样本数，得到每个类别的百分比；绘制柱状图，横轴表示评价类别，纵轴表示频数或百分比，直观地展示不同类别的频数或比例。

2. 对数据进行比较分析

对数据进行比较分析是数据分析与评估的重要内容，通过比较不同时间段或不同群体之间的数据，教师可以发现数据内隐的变化和发展趋势，从而作出有针对性的教学决策和改进。如比较不同学期学生成绩变化趋势，可以判断学生学习是否有改善，是上升的趋势还是下降的趋势；可以识别群体的差异和特点，如比较不同班级学生的学习进度差异，可以了解到哪些班级学生需要提供帮助或加大挑战力度以满足不同学生群体的需求。

对数据进行比较分析可以从多角度进行，如可以进行时间维度的比较、群体维度的比较、指标维度的比较等。时间维度的比较可以比较不同时间段内数据的变化，如不同学期、不同月份或不同周的数据。群体维度的比较是比较不同群体之间的数据差异，如不同班级、不同年级或不同特定学生群体的数据。指标维度的比较是比较不同指标之间的数据差异，如学生的成绩、出勤率、参与度等。

进行比较分析可采用统计的方法，这是常用的方法之一，通过计算平均值、百分比、差异分析等统计指标，可以量化不同群体或不同时间段的数据差异。例如，要比较两个不同班级的学习进度差异，可以计算每个班级的平均成绩，通过对比两个班级的平均成绩便可以了解到哪个班级整体上表现更好或更差；还可以计算百分比来比较两个班级中达到特定学习目标的学生比例，从而进一步了解两个班级之间的学习差异；还可以通过计算每个学期的平均成绩对比发现学生成绩在不同学期之间的变化情况。另外，使用可视化工具也是一种直观有效的比较分析方法，通过图表、表格或可视化仪表板等工具，可以清晰地展示数据之间的差异和趋势。例如，教师想要比较不同学期的学生成绩变化趋势，便可以利用折线图来可视化每个学期学生成绩的变化情况。横轴表示学期，纵轴表示成绩，每条折线代表一个学生或一个班级。通过将不同学期的折线图叠加在一起，教师可以直观地比较学生成绩的变化趋势。如果某个学期的折线相对于其他学期呈现明显上升或下降的趋势，教师便可进一步探究原因并采取相应的教学策略进行调整。

3. 对数据进行关联分析

关联分析是寻找数据项之间关联关系的一种分析方式，用关联规则的形式进行描述[①]。它可以帮助我们了解不同变量之间的关联程度以及它们如何随着时间、地点或其他因素的改变而变化。由于系统采集的数据通常来自多个渠道，具有多个维度，如前所述的学生成绩、学生对教师教学的反馈建议、教学资源使用情况等。在数据分析过程中便可以将这些不同维度的数据进行关联分析，探索它们之间的相互影响和关系。

在进行数据的关联分析时，教师可以利用各种统计方法，如相关系数、散点图和回归分析等，同时运用数据可视化技术，如条形图和折线图等，更直观地展示不同变量之间的关系。通过进行数据的关联分析，教师能够深入了解不同变量之间的关联情况，如学生成绩与教学资源使用情况、学生评价与教学效果之间的关系。如果教师想要了解学生成绩与教学资源使用情况之间的关系，可以收集学生的成绩数据并记录每个教学单元中所使用的教学资源，如教材、课件和多媒体资料等。然后，使用相关分析方法计算学生成绩与教学资源使用之间的相关系数。如果相关系数显示出较强的正向关联，那么可以推断使用更多或更好的教学资源可能会对学生成绩产生积极影响。同样地，如果教师关注学生评价与教学效果之间的关联，可以收集学生对教学的评价数据并将其与学生成绩进行关联分析。通过比较学生评价与成绩的关系，教师可以了解自己的教学效果是否与学生的感知和评价一致。此外，教师还可以探究学生评价与教学资源使用之间的关系，收集学生对教学资源的评价数据，并将其与教学资源的具体使用情况进行关联分析。这样可以了解哪些教学资源受到学生的欢迎和认可，以及哪些资源可能需要进一步改进或替换。

（三）问题诊断和改进

问题诊断和改进建立在采集和分析相关数据的基础上，是教师教学自我纠正

---

① 熊赟，朱扬勇，陈志渊. 大数据挖掘 [M]. 上海：上海科学技术出版社，2016：32.

系统工作的重要一步,也是建立教师教学自我纠正系统的根本目的。教学问题诊断和改进是一个循环的过程,需要教师持续地进行反思、调整和实践。

1. 教学中的问题诊断

教学中的问题诊断是指对教学过程中存在的问题进行分析和判断,找出问题的根本原因和影响因素[①]。进行教学中的问题诊断,其一,能帮助教师及时发现教学中存在的问题并通过分析找出问题的原因。通过采取针对性的改进措施,教师可以逐步改善教学质量,增强学生的学习效果。其二,能帮助教师更好地了解学生的学习情况和需求,进而进行个性化的教学。通过分析学生的问题和困难,教师可以有针对性地调整教学策略,满足不同学生的学习需求,增强教学效果。问题诊断一方面是要确定问题的性质、成因和影响,另一方面是要将问题进行归类和优先级排序。

确定问题的性质、成因和影响是为了更加全面地了解问题的本质。在此举例说明,数学课上,教师发现学生在解方程时经常出错。其一,需要确定问题性质。这需要观察学生在解方程过程中的表现,发现学生对解方程的概念理解不深,没有掌握正确的思维方式和方法,导致解题时容易犯错误。其二,确定问题的成因。经分析发现,教学内容难度过大,没有循序渐进地引导学生理解概念;教学方法不当,没有使用适合学生的教学策略;学生缺乏自主学习能力,没有形成扎实的基础等。其三,确定问题的影响。学生在解题过程中频繁出错,会降低他们的解题准确性和效率,这不仅会降低学生在数学考试中的成绩,也会影响其在课堂上的表现。当学生发现自己在解方程时经常出错,很可能会逐渐失去对自己数学能力的信心,导致其对数学学习产生怀疑和抵触情绪,形成对数学学科的畏惧感。这种负面情绪和态度将进一步削弱学生的学习动力和投入度,甚至有可能影响学生对数学学习的整体兴趣。

将问题进行归类和优先级排序是为了使教师能更好地安排改进措施的顺序和重点,确保有效解决教学中存在的问题。需先行将问题按照不同的性质、范围或关联进行归类。比如在数学教学中,可以将问题分为概念理解问题、解题方法问题、学习动力问题等。通过将问题分类,教师可以更清晰地了解每个问题涉及的

---

① 陈瑞生.课堂教学有效性的问题、诊断与矫正[J].教育探索,2010(01):19-22.

方面，从而更有针对性地制订解决方案。确定优先级时，须考虑问题的影响范围、对学习的影响，以及是否为学习基础问题等。处理时，优先考虑对整体教学影响大、直接影响学习效果以及涉及基础知识及概念的问题。因为学生在基础知识上的困难或误解会对后续学习造成负面影响。

2. 教师教学实践改进

教师教学实践改进是指根据问题诊断的结果，制订出具体的改进措施并将其应用于教学实践中。教师教学实践改进的意义在于，通过调整教学内容、改变教学方法或优化教学资源，教师教学能够更好地满足学生的学习需求，增强教学效果[1]。

确定了问题的性质、成因和影响后，可以将问题进行归类和优先级排序并采取相应的实践改进方法。以语文课上教师发现学生存在阅读理解能力较弱的问题为例，可先将其归类为"理解能力问题"，教师发现学生阅读理解能力弱对学生学习的影响很大，所以将优先级定为高级，优先解决。具体的策略是调整教学内容、改变教学方法、优化教学资源等。

①调整教学内容：根据学生的阅读能力水平，选择合适的阅读材料。考虑到学生阅读理解能力的不同，对于阅读理解能力相对较弱的学生，教师可以选择一些简短、内容明确的文章作为起点，逐渐引导他们进行阅读和理解。对于阅读理解能力相对较强的学生，引入较长、较复杂的阅读材料；提供课前预习材料，这些预习材料可以包括相关的词汇、背景知识或简要概述，以便学生在阅读正式文章之前有所准备；教授阅读策略，如主旨归纳、关键词标记、上下文推测等，帮助学生更好地理解阅读材料。

②改变教学方法：教师可以尝试采用多种教学方法提升学生的阅读理解能力。例如，可以使用预测、提问、概括和推理等策略引导学生深入思考和理解文本。还可以组织小组讨论、角色扮演或互动游戏等活动，提高学生的参与度和理解能力。对于阅读理解能力相对较弱的学生，教师可以进行个别辅导，根据学生的具体情况量身定制学习计划并提供更多的指导和支持。

---

[1] 陈慧娟，李凌艳，田俊. 以学校教育教学自我诊断促进教师自主发展[J]. 教育科学，2017，33(02)：41-46.

③优化教学资源：教师可以利用丰富的教学资源支持学生的阅读理解能力提升。例如，可以引入多媒体技术，向学生展示相关的图像、视频或音频，帮助他们更好地理解文本内容。另外，教师还可以鼓励学生积极利用图书馆、在线阅读平台或课外阅读资源，培养他们的阅读兴趣和习惯。通过优化教学资源的使用，教师可以有效地提升学生的阅读理解能力。

综上，教师通过采取调整教学内容、改变教学方法和优化教学资源的措施，能够更好地满足学生的学习需求和提升教学效果。由此可见，教学改进是教师教学自我纠正系统中最为关键的部分，能够帮助教师不断提升自身的教学能力和专业水平，从而为学生提供更有效、个性化的教育体验。

参考文献

著作

[1] 马俊峰. 评价活动论 [M]. 北京：中国人民大学出版社，1994.

[2] 韦伯. 经济与社会（上卷）[M]. 林荣远，译. 北京：商务印书馆，1997.

[3] 桑新民，陈建翔. 教育哲学对话 [M]. 石家庄：河北教育出版社，1996.

[4] 滕尼斯. 共同体与社会：纯粹社会学的基本概念 [M]. 林荣远，译. 北京：商务印书馆，1999.

[5] 高孝传，杨宝山，刘明才. 课程目标研究 [M]. 北京：教育科学出版社，2001.

[6] 鲍曼. 共同体：在一个不确定的世界中寻找安全，欧阳景根，译，南京：江苏人民出版社，2003.

[7] 廖哲勋，田慧生主编. 课程新论 [M]. 北京：教育科学出版社，2003.

[8] 布迪厄，华康德. 实践与反思：反思社会学导引 [M]. 李猛，李康，译. 北京：中央编译出版社，2004.

[9] 温格. 情境学习：合法的边缘性参与［M］. 王文静，译. 上海：华东师范大学出版社，2004.

[10] 陈玉琨. 教育评价学 [M]. 北京：人民教育出版社，2019.

[11] 舍恩. 反映的实践者：专业工作者如何在行动中思考 [M]. 夏林清，译. 北京：教育科学出版社，2007.

[12] 张厚粲，徐建平. 现代心理与教育统计学（第3版）. 北京：北京师范大学出版社，2009.

[13] 张洪秀. 教育测量与评价方法 .[M]. 长春：吉林大学出版社，2014.

[14] 王孟成. 潜变量建模与 Mplus 应用: 基础篇. 重庆: 重庆大学出版社, 2014.

[15] 史晓燕. 教育测量与评价. [M]. 北京: 北京师范大学出版社, 2016.

[16] 熊赟, 朱扬勇, 陈志渊. 大数据挖掘. 上海: 上海科学技术出版社, 2016.

[17] 杨现民, 田雪松, 等. 中国基础教育大数据 2016—2017: 走向数据驱动的精准教学 [M]. 北京: 教育科学出版社, 2018.

[18] 史晓燕. 教师教学评价: 主体·标准·模式·方法 [M]. 北京: 北京师范大学出版社, 2018.

[19] 孙家泽, 王曙燕. 数据挖掘算法与应用 [M]. 北京: 清华大学出版社, 2020.

[20] THORNDIKE E L An introduction to the theory of mental and social measurements[M]. New York: Teachers College, Columbia University, 1904.

[21] TYLER R W. Basic Principles of Curriculum and Instruction[M]. Chicago: The University of Chicago Press, 1949.

[22] GUBA E G, LINCOLN Y S. Fourth generation evaluation[M].London: Sage Publications, Inc, 1989.

[23] EGON G, LINCOLN Y S. Fourth Generation Evaluation[M]. London:Sage Publication, 1989.

[24] NELSON S. Pro data backup and recovery [M]. New York, NY: Springer, 2011.

[25] TYLER R. Basic Principles of Curriculum and Instruction (Reprint edition)[M]. Chicago:University Of Chicago Press, 2013.

[26] Gupta G K. Introduction to data mining with case studies[M]. PHI Learning Pvt. Ltd, 2014.

[27] DILLENBOURG P. Orchestration graphs: Modeling Scal able education.[M]. Lausanne: Epfl Press, 2015.

[28] CEN L, WU F, YU Z L, et al. Chapter 2-A Real-Time speech emotion recognition system and its application in on line learning[M]. San Diego: Academic Press, 2016.

论文

[1] 梁建春. 试论教师的教学态度 [J]. 医学教育，1992（10）：41-44.

[2] 韩延明. 试谈教学方法的科学分类与应用 [J]. 课程. 教材. 教法，1994（5）：9-13.

[3] 夏慧贤. 论教师的专业发展 [J]. 外国教育资料，2000（5）：44-48.

[4] 肖川. 教育情景的特质 [J]. 中小学管理，2000（2）：27.

[5] 马玲亚. 略论有效学习的指导策略 [J]. 教学与管理，2002（30）：36-37.

[6] 李亚东，田凌晖. 主体性评价及其模式初探 [J]. 太原：教育科学研究，2002（07）：23-26.

[7] 王爱平，车宏生. 学习焦虑、学习态度和投入动机与学业成绩关系的研究——关于《心理统计学》学习经验的调查 [J]. 心理发展与教育，2005（1）：55-59；86.

[8] 庄秀丽. 开普敦开放教育宣言：开启希望之门 开放教育资源 [J]. 中国信息技术教育，2008（6）：85-86.

[9] 杨淑萍. 重新审视课堂教学评价的功能、内容与标准 [J]. 教育理论与实践，2009，29（28）：44-47.

[10] 李健，王亚民. 一种基于 Web 信息系统的性能测试模型 [J]. 现代图书情报技术，2009（10）：45-49.

[11] 卢立涛. 测量、描述、判断与建构——四代教育评价理论述评 [J]. 教育测量与评价（理论版），2009（3）：4-7；17.

[12] 阎亚军. 教师教学行为方式变革的实践逻辑 [J]. 教育学术月刊，2009（11）：3-5.

[13] 崔允漷. 课程实施的新取向：基于课程标准的教学 [J]. 教育研究，2009（1）：74-79；110.

[14] 陈瑞生. 课堂教学有效性的问题、诊断与矫正 [J]. 教育探索，2010（1）：19-22.

[15] 郑东辉.什么样的课程方案评价是好的评价[J].当代教育科学,2011(16):13-15;40.

[16] 许佩卿.学习力及其作用[J].教书育人,2011(30):75-77.

[17] 叶海龙."实践共同体"及其对教师专业发展的启示[J].当代教育科学,2011(16):24-26.

[18] 张天雪,李娜.教师教学准备行为评价指标体系的建构[J].当代教育科学,2011(1):19-21.

[19] 惠斌武,陈明锐,杨登攀.Web应用系统性能测试研究与应用[J].计算机应用,2011,31(7):1769-1772.

[20] 李雁冰.论综合素质评价的本质[J].教育发展研究,2011,33(24):58-64.

[21] 郑丹丹.关注教师教学信念发展[J].太原:教学与管理,2013(13):8-11.

[22] 范蔚,叶波,徐宇."师生共进"的有效教学评价标准建构[J].教育理论与实践,2013,33(19):57-60.

[23] 蒋勋,刘喜文.大数据环境下面向知识服务的数据清洗研究[J].图书与情报,2013(5):16-21.

[24] 李臣之,孙薇.发展主义作业观[J].课程·教材·教法,2013,33(7):17-24.

[25] 陈真真.基于课堂应答系统的大学英语教学设计及实践——以基于WEB的Socrative课堂应答系统为例[J].现代教育技术,2013,23(10):87-91.

[26] 胡咏梅,施世珊.相对评价、增值评价与课堂观察评价的融合——美国教师评价的新趋势[J].比较教育研究,2014,36(8):44-50.

[27] 杨碧君,曾庆玉.影响学生课堂投入的关键课堂教学环节[J].中国教育学刊,2014(11):53-56.

[28] 陈向明.行动研究对一线教师意味着什么[J].教育发展研究,2014,33(4):3.

[29] 皇甫倩,王后雄,彭慧.高中生课堂参与度现状及其影响因素的调查研究——以高中化学学科为例[J].教育理论与实践,2015,35(23):55-57.

[30] 蒋卓轩,张岩,李晓明基于MOOC数据的学习行为分析与预测[J]计算机研究与发展,2015,52(3):614-628.

[31] 董会芹. 影响小学生问题行为的家庭因素研究 [J]. 教育研究, 2016, 37（3）: 99-109.

[32] 李子建, 邱德峰. 实践共同体: 迈向教师专业身份认同新视野 [J]. 全球教育展望, 2016, 45（5）: 102-111.

[33] 于开莲. 评价与教学: 从分离走向融合 [J]. 教育理论与实践, 2016, 36（4）: 53-56.

[34] 伍远岳. 高效教学的教育学审视 [J]. 北京: 中国教育学刊, 2016（4）: 21-25.

[35] 彭银梅. 基于多感官刺激的学生课堂参与研究 [J]. 教育理论与实践, 2017, 37（29）: 59-61.

[36] 陈慧娟, 李凌艳, 田俊. 以学校教育教学自我诊断促进教师自主发展 [J]. 教育科学, 2017, 33（2）: 41-46.

[37] 李秀丽. 我国高校慕课建设及课程利用情况调查分析——以中国大学MOOC等四大平台为例 [J]. 图书馆学研究, 2017（10）: 52-57.

[38] 张娜. 从对教育的评价到促进教育的评价——教育评价国际研究进展综述 [J]. 基础教育, 2017, 14（4）: 81-88.

[39] 陈国明. 三省市初中生家庭作业负担研究 [J]. 全球教育展望, 2017, 46（6）: 100-115.

[40] 庄玉昆. 教学双主体"共存·共享·共生"关系辨识 [J]. 太原: 教学与管理, 2017,（3）: 13-16.

[41] 何善亮. 论教育研究者的问题意识 [J]. 教育理论与实践, 2017, 37（19）: 6-10.

[42] 王萍, 孔青霞. 高中学生课堂提问的体验研究 [J]. 中国教育学刊, 2018（12）: 77-80.

[43] 张亚星. 自主·合作·探究: 学生学习方式的转变 [J]. 华东师范大学学报（教育科学版）, 2018, 36（1）: 22-28; 160.

[44] 郭炯, 郝建江. 人工智能环境下的学习发生机制 [J]. 现代远程教育研究, 2019, 31（5）: 32-38.

[45] 李玉斌，宋金玉，姚巧红．游戏化学习方式对学生学习效果的影响研究——基于35项实验和准实验研究的元分析[J]．电化教育研究，2019，40（11）：56-62．

[46] 周玉容．大学教学评价标准的双重困境与破解之道[J]．武汉：高等教育研究，2019，40（10）：75-81．

[47] 陆芳，魏李婷．大数据背景下大学生学习状态研究的方法探析[J]．黑龙江高教研究，2019，37（12）：143-148．

[48] 冯翔，邱龙辉，郭晓然．基于LSTM模型的学生反馈文本学业情绪识别方法[J]．开放教育研究，2019，25（2）：114-120．

[49] 邱颖，魏本亚．价值论转向：学生主体性研究的回顾与展望[J]．福州：教育评论，2019（07）：35-39．

[50] 赵鑫，李森．我国教学方法研究70年变革与发展[J]．课程．教材．教法，2019，39（3）：14-21．

[51] 杨红云，陈旭辉，顾小清．多媒体学习中视觉情绪设计对学习效果的影响———基于31项实验与准实验研究的元分析[J]．电化教育研究，2020，41（1）：76-83．

[52] 李鹏．评价如何促进学习？——从泰勒到厄尔的探索与反思[J]．外国教育研究，2020，47（1）：31-44．

[53] 潘家辉，何志鹏，李自娜，等．多模态情绪识别研究综述[J]．智能系统学报，2020，15（4）：633-645．

[54] 徐冠兴，魏锐，刘坚，等．合作素养：21世纪核心素养5C模型之五[J]．华东师范大学学报（教育科学版），2020，38（2）：83-96．

[55] 郑旭东，马云飞．脑电图技术的教育研究图景与趋势——基于2000-2019年国际文献的知识图谱分析[J]．现代远程教育研究，2020，32（4）：36-47．

[56] 冯玲玉，甄宗武，虎二梅．"以学习活动为中心教学设计"视角下的混合式教学机理分析[J]．电化教育研究，2021，42（11）：100-106．

[57] 徐丽芳，张慧．教育游戏化：将课堂变成一场协同冒险游戏——以Classcraft为例[J]．出版参考，2021（5）：27-31；35．

[58] 邹云龙，陈红岩.学习能力的本质内涵和维度建构研究[J].东北师大学报（哲学社会科学版），2021（6）：156-162.

[59] 胡金木，赵林卓.学习兴趣的发展阶段、影响因素与激发路径[J].课程.教材.教法，2021，41（11）：78-85.

[60] 张春莉，宗序连，邓惠平，等.不同学习方式对小学生数学知识建构的影响[J].教育研究与实验，2021（4）：77-82.

[61] 范红梅.学生在场：主体性彰显的教学样态——以"关心国家发展"为例[J].西安：中国政治教学参考，2021（38）：45-47.

[62] 吴砥，王俊，王美倩，等.技术发展视角下课堂教学环境的演进脉络与趋势分析[J].上海：教育评论，2022，28（5）：49-54.

[63] 余胜泉，汪凡淙.数字化课程资源的特征、分类与管理[J].北京：大学与学科，2022，3（4）：66-81.

[64] 王陆，赵宇敏，张薇.突破与重构：教师教学行为改进的理论模型[J].兰州：电化教育研究，2022，43（8）：5-12；20.

[65] 王爱玲，王爱芬，陈花.中学教师教学设计能力表现水平实证研究[J].太原：教育理论与实践，2022，42（25）．

[66] 武小鹏."教"与"学"新兴技术的发展状况与启示[J].中国大学教学，2022（Z1）：119-128.

[67] 张乐乐，顾小清.多模态数据支持的课堂教学行为分析模型与实践框架[J].开放教育研究，2022，28（6）：101-110.

[68] 杨彦军，徐刚，童慧.智能学习环境中基于多模态数据的深度学习监测研究[J].电化教育研究，2022，43（6）：68-76.

[69] 崔允漷，郭华，吕立杰，等.义务教育课程改革的目标、标准与实践向度（笔谈）——《义务教育课程方案和课程标准（2022年版）》解读[J].现代教育管理，2022（9）：6-19.

[70] 史晓燕，赵利曼.嵌入式教师教学评价：价值重构、实践逻辑与运用价值[J].中国教育学刊，2022（9）：27-31.

[71] 刘玉萍，徐学福.服务大规模个性化教学的制度建构逻辑[J].电化教育研究，2022，43（5）：40-46；69.

[72] 吴砥，王俊，王美倩，等.技术发展视角下课堂教学环境的演进脉络与趋势分析[J].开放教育研究，2022，28（5）：49-55.

[73] 倪瑞轩，蔡森，叶保留.内存高效的持久性分布式文件系统客户端缓存DFS-Cache[J/OL].计算机应用，1-10[2023-08-25].http://kns.cnki.net/kcms/detail/51.1307.TP.20230810.1706.005.html.

[74] 王薇，何庆青.培养学生问题解决能力的学习活动设计和课堂评价准实验研究[J].教育学报，2022，18（5）：44-55.

[75] 赵泓尧，赵展浩，杨皖晴，等.内存数据库并发控制算法的实验研究[J].软件学报，2022，33（3）：86.

[76] 黄友初，马陆一首.教师实践性知识的内涵剖析与研究展望[J].教师教育研究，2022，34（2）：1-6.

[77] 陈静远，胡丽雅，吴飞.ChatGPT/生成式人工智能促进以知识点为核心的教学模式变革研究[J].华东师范大学学报（教育科学版），2023，41（7）：177-186.

[78] 陈静，谢长法.数字化转型下虚拟教研室建设的逻辑框架与推进路径[J].电化教育研究，2023，44（6）：54-59；73.

[79] 张秀梅，赵明仁，陆春萍.技术赋能的中小学教学模式创生路径研究——政策、理论、成果、特点与趋势[J].中国电化教育，2023（8）：32-40.

[80] 李俊飞，谭顶良.增值评价中的有效反馈问题探讨[J].北京：中国考试，2023（5）29-36.

[81] 陈立娟.智能技术时代的精准教学：主体之维与行动取向[J].现代大学教育，2023，39（2）：19-26.

[82] 吴全华.中小学教师评价改革的基本取向[J].当代教育科学，2021（7）：75-80.

[83] 李莎莎，龙宝新.研究生虚拟学习氛围的运行机制和营建策略[J].研究生教育研究，2023（2）：19-26.

[84] 冉亚辉. 中小学课堂教学突破教学难点的基本方法论析 [J]. 课程. 教材. 教法，2023，43（3）：56-62.

[85] AYRES L P. History and present status of educational measurements[J]. Teachers College Record, 1918, 19(7): 9-15.

[86] STUFFLEBEAM D L. A depth study of the evaluation requirement[J]. Theory into practice, 1966, 5(3): 121-133.

[87] STUFFLEBEAM D L. The relevance of the CIPP evaluation model for educational accountability[J]. SRIS Quarterly, 1972, 5(1).

[88] HORE T. Visual behavior in teacher-pupil dyads[J]. American educational research journal, 1976, 13(4): 267-275.

[89] DLANDININ D J.Teachers and Teaching: From Classroom to Reflection. .London:Flmer Press, p125.

[90] Danielson, C. and T. McGreal (2000), Teacher Evaluation to Enhance Professional Practice, Association for Supervision and Curriculum Development (ASCD), Alexandria, VA.

[91] RIGGS I M. Teaching portfolios for support of teachers' professional growth[J]. NASSP Bulletin, 2000, 84(618): 22-27.

[92] TOMLINSON C A. (2001). How to Differentiate Instruction in Mixed-Ability Classrooms[EB/OL]. [2023-08-05]. http:// toolbox2.s3-website-us-west-2.amazonaws.com/accnt_42975/ site_42976/Documents/Harrison_PLDiffAnchorActivities.pdf.

[93] ZHANG L F. Thinking styles: Their relationships with modes of thinking and academic performance[J]. Educational psychology, 2002, 22(3): 331-348.

[94] BROWN S. Assessment for learning[J]. Learning and Teaching in Higher Education, 2004(1): 81-89.

[95] WEIL S A, POLLACK K T, BRANDT S A, et al. Dynamic metadata management for petabyte-scale file systems[C]//2004 ACM/IEEE Conference on Supercomputing (SC' 04). New York: ACM Press, 2004.

[96] MACDONALD R. The use of evaluation to improve practice in learning and teaching[J]. Innovations in Education&Teaching International, 2006, 43(1): 3-13.

[97] LEVIN T, NEVO Y.Exploring Teachers' View on Learning and Teaching in the Context of a Trans-disciplinary Curriculum.Journal of Curriculum Studies. 2009, 41(4).

[98] WEBSTER-WRIGHT A. Reframing professional development through understanding authentic professional learning[J]. Review of educational research, 2009, 79(2): 702-739.

[99] JENNINGS P A, GREENBERG M T. The Prosocial Classroom: Teacher Social and Emotional Competence in Relation to Student and Classroom Outcomes [J]. Review of Educational Research 2009,79 (1): 491–525.

[100] ROCK M L, GREGG M, THEAD B K, et al. Can You Hear Me Now?: Evaluation of an Online Wireless Technology to Provide Real-Time Feedback to Special Education Teachers-In-Training[J]. Teacher Education and Special Education, 2009, 32(1), 64–82.

[101] THOMPSON C B. Descriptive data analysis[J]. Air medical journal, 2009, 28(2): 56-59.

[102] DISETH A, et al. Academic Achievement among First Semester Undergraduate Psychology Students:The Role of Course Experience,Effort,Motives and Learning Strategies[J]. Higher Education, 2010 (3).

[103] BENGIO Y, COURVILLE A, VINCENT P. Representation learning: a review and new perspectives[J]. IEEE transactions on pattern analysis and machine intelligence, 2013, 35(8): 1798-1828.

[104] GEORGE S. NoSQL–NOT ONLY SQL[J]. International Journal of Enterprise Computing and Business Systems, 2013, 2(2).

[105] REEVE J, LEE W. Students' classroom engagement produces longitudinal

changes in classroom motivation[J]. Journal of Educational Psychology, 2014, 106(2), 527-540.

[106] WHITEHILL J, SERPELL Z, LIN Y C, et al. The Faces of Engagement: Automatic Recognition of Student Engagement from Facial Expressions[J]. IEEE Transactions on Affective Computing, 2014, 5(1):86-98.

[107] DELLOS J. Kahoot! a digital game resource for learning [J]. Technology District Learning, 2015(12): 49-52.

[108] KOEDEL C, ROCKOFF J E. Value-added modeling: A review[J]. Economics of Education Review, 2015, 47: 180-195.

[109] LEE E Y, LEE M W, FULAN B M, et al. What can machine learning do for antimicrobial peptides, and what can antimicrobial peptides do for machine learning?[J]. Interface focus, 2017, 7(6): 20160153.

[110] SILALAHI M. Perbandingan performansi database mongodb dan mysql dalam aplikasi file multimedia berbasis web[J]. Computer Based Information System Journal, 2018, 6(1): 63.

[111] BURTON R. A review of Nearpod–an interactive tool for student engagement[J]. Journal of Applied Learning and Teaching, 2019, 2(2): 95-97.

[112] COFFMAN D L, CAI X, LI R, et al. Challenges and Opportunities in Collecting and Modeling Ambulatory Electrodermal Activity Data[J]. JMIR Biomedical Engineering, 2020, 5(1): e17106.

[113] RUHE G. Optimization in Software Engineering: A pragmatic approach[J]. Contemporary Empirical Methods in Software Engineering, 2020: 235-261.

[114] CHIU C K, TSENG J C. A Bayesian Classification Network-Based Learning Status Management System in an Intelligent Classroom[J]. Educational Technology & Society, 2021, 24(3): 256-267.

[115] AGUSTIANI M, NINGSIH S, MURIS A A. Students' Learning Motivation Through Edmodo: Blended Learning In Esp Classroom[J]. Research and Development Journal of Education, 2021, 7(1), 39-49.

[116] DUPRE G. (What) Can Deep Learning Contribute to Theoretical Linguistics?[J]. Minds and Machines, 2021, 31(4): 617-635.

[117] TERENCE W, MARKUS W, CHRISTOPH T. Self-adaptive systems: A systematic literature review across categories and domains[J]. Information and Software Technology, 2022, 148.

[118] NDIHOKUBWAYO K, UWAMAHORO J, NDAYAMBAJE I Assessment of Rwandan physics students'active learning environments: classroom observations[J]. Physics Education, 2022, 57(4).

[119] Coursera[EB/OL][2023-08-15]. https://about.coursera.org.

[120] Udacity.About Us [EB/OL]. https://www. udacity.com/us/, 2023-08-06.